Sous la direction de
Alain Dieckhoff

RADICALITÉS RELIGIEUSES

AU CŒUR D'UNE MUTATION MONDIALE

Albin Michel

Avant-propos

Installation par le président Donald Trump d'un « bureau de la foi » destiné à protéger une liberté religieuse censément attaquée par les administrations démocrates, désignation par des rabbins de l'armée israélienne de la guerre à Gaza comme « ordonnée par Dieu » alors qu'en écho le Hamas exalte sa lutte au nom de la « foi et de la croyance », constitutionnalisation par la Papouasie-Nouvelle-Guinée – État du Pacifique de 10 millions d'habitants – de son identité chrétienne, bain rituel du Premier ministre Modi au confluent de fleuves sacrés lors de la grande Kumbh Mela, immense pèlerinage au nord de l'Inde : autant de faits récents qui attestent que le religieux fait un retour en force sur la scène internationale et qu'il est, plus que jamais, mêlé au politique.

Cette effervescence renouvelée va à l'encontre d'une vision simplificatrice qui voit la modernité comme un phénomène marginalisant inéluctablement le religieux. En réalité, c'est plutôt à sa recomposition inattendue à laquelle on assiste, en particulier sous des formes intransigeantes.

C'est à ces radicalités religieuses que ce volume à plusieurs voix est consacré. Après trois chapitres transversaux qui se penchent sur des questions centrales (les types de radicalité, le rapport à la violence, l'articulation avec le nationalisme), une quinzaine de chapitres traitent de front l'éventail des radicalités dans différents univers religieux à travers le monde, de l'Égypte au Myanmar, du Brésil à la Russie, des États-Unis à l'Afrique de l'Ouest, de l'Europe au sous-continent indien en passant par le Moyen-Orient. Ces éclairages en profondeur montrent qu'au-delà des cas particuliers ces mouvements juifs, chrétiens, musulmans, bouddhistes et hindouistes déclinent leur radicalité soit sur un mode plutôt « quiétiste » (en retrait du monde), soit sur un mode très engagé politiquement. Mais toujours en se démarquant avec force d'un adversaire commun : la société des individus, coupée de toute transcendance.

Ce volume atteste la grande vitalité de la recherche sur le fait religieux en France puisqu'il réunit essentiellement des politistes, des sociologues et des historiens, rattachés à des institutions académiques de l'Hexagone (universités, ÉPHÉ, ÉHÉSS...). Il rassemble plus particulièrement plusieurs chercheurs du Centre de recherches internationales (Sciences Po) au sein duquel s'est développé un écosystème d'enseignement et de recherche très vivace avec l'Observatoire international du religieux et la chaire d'études sur le fait religieux[1]. Notons enfin que la publication de cet ouvrage collectif est parfaitement en phase avec le lancement du projet interdisciplinaire ReligiS (Religions et sociétés face aux défis contemporains), porté par l'université de Strasbourg, qui structurera durablement le champ d'études sur le religieux en France.

Alain Dieckhoff

1. https://obsreligion.cnrs.fr/;https://www.sciencespo.fr/ceri/fr/content/chaire-detudes-sur-le-fait-religieux.html

COMPRENDRE LES RADICALITÉS

1.

Se retirer du monde ou prendre le pouvoir : les deux formes de radicalité religieuse

Alain Dieckhoff

Le « pari bénédictin », en écho à saint Benoît, fondateur du monachisme d'Occident, c'est celui que devraient faire aujourd'hui, selon l'essayiste américain Rod Dreher, les catholiques convaincus, afin de constituer des réseaux structurés de croyants, en retrait d'une culture matérialiste corruptrice qui s'attaque aux valeurs chrétiennes traditionnelles, en particulier celles liées à la famille[1]. Pour accompagner cette opération d'exil intérieur, des entreprises spécialisées comme Monasphère mettent d'ailleurs en œuvre en France des projets immobiliers à proximité de lieux spirituels chrétiens.

De l'autre côté de l'Atlantique, le village de Kiryas Joel, dans l'État de New York, fondé par la communauté hassidique de Satmar dans les années 1970, devient, en 2019, sous le nom de Palm Tree, une commune indépendante où résident désormais plus de 30 000 Juifs qui observent scrupuleusement les règles du judaïsme hassidique, y compris la séparation entre hommes et femmes dans l'espace public.

Au sein du protestantisme évangélique qui, venu des États-Unis, se répand un peu partout dans le monde, les franges les plus

1. Rod Dreher, *Comment être chrétien dans un monde qui ne l'est plus. Le pari bénédictin*, Perpignan, Artège, 2017.

extrêmes réclament, à l'instar du prédicateur R. J. Rushdoony, de refonder des nations chrétiennes sur la base de gouvernements établis sur la loi biblique. Dans l'attente de cette perspective lointaine, il convient déjà de soustraire les enfants à l'influence néfaste de l'enseignement public en se séparant des autres et en développant l'école à la maison.

Dans le monde islamique, les croyants sont encouragés à adopter les signes de reconnaissance d'une piété démonstrative (barbe non taillée et moustache rasée pour les hommes ; voile intégral ou *niqab* pour les femmes), et entreprennent des missions de prédication pour convaincre leurs coreligionnaires de se convertir à cet islam « pur », des origines.

Se retirer du monde ou consolider des bastions de la foi est une option. Il en est une autre : exalter sa propre « lignée croyante » pour mieux dévaluer, voire combattre les autres. Nombreux sont ceux qui empruntent ce chemin aujourd'hui. Ici, le patriarche de Moscou et de toutes les Russies exalte les troupes russes en Ukraine en voyant dans leur engagement un combat métaphysique contre les forces du Mal. Ce combat est rédempteur puisque par leur mort, les soldats russes font un sacrifice qui les lave de tout péché. En Inde, dans la ville d'Ayodhya, à la place d'une mosquée rasée jusqu'à ses fondements par des militants nationalistes hindous en 1992, ces derniers n'ont eu de cesse de construire un temple dédié au dieu Ram, censé être né précisément à cet endroit. En janvier 2024, le Premier ministre indien lui-même, Narendra Modi, inaugurait le nouveau temple en consacrant solennellement l'idole qui y a été installée. Dans le monde islamique, et parfois au-delà, les jihadistes radicaux n'hésitent pas à tuer, en masse, les renégats musulmans (y compris les chiites), comme les hérétiques de tous ordres (chrétiens, juifs) espérant ainsi édifier une sorte de cité musulmane « idéale », débarrassée de toute altérité. Au Myanmar, le vénérable W., moine bouddhiste dont le véritable nom est Ashin Wirathu, tout en exaltant la grandeur compassionnelle du bouddhisme, attise la haine raciale et religieuse, et encourage des pogroms contre la minorité rohingya (musulmane), avec le consentement tacite de la junte au pouvoir[1].

Sous diverses latitudes, des fidèles ordinaires, des hommes de foi, des responsables politiques mobilisent ainsi la religion pour se protéger d'un monde séculier vu comme menaçant mais aussi pour mettre en œuvre des stratégies assumées de (re)conquête. Ces développements ne doivent rien au hasard. Gilles Kepel avait pressenti dans les années 1990 une nouvelle effervescence du religieux, qui contestait la modernité triomphante. Il y a trente ans cette nouvelle visibilité du spirituel pouvait apparaître comme un épiphénomène sans lendemain, voire comme le chant du cygne d'un monde religieux qui s'étiole. Aujourd'hui, le doute n'est plus de mise ; cette visibilité témoigne d'un mouvement profond qui remet en cause le paradigme qui a dominé dans les sciences sociales : celui de la sécularisation. Cette dernière a été associée à la modernisation, caractérisée par des processus comme l'urbanisation, l'industrialisation, la généralisation d'une éducation de masse. Parce que la modernisation favorise l'essor d'une compréhension rationnelle du monde, elle contribue à miner progressivement les fondements des religions qui touchent à l'au-delà, au magique, au surnaturel. Partant de l'expérience historique propre à l'Occident, la sécularisation a été présentée dans les années 1970 comme une dynamique unilinéaire, irréversible et universelle. Or, s'il y a bien, à l'échelle du monde, sécularisation, celle-ci est complexe, partielle et réversible.

Comme l'a excellemment montré José Casanova, la sécularisation ne doit pas être traitée comme un bloc. Il convient de bien distinguer trois éléments : la différenciation des sphères, c'est-à-dire la séparation des activités politiques, économiques, sociales par rapport aux institutions et aux normes religieuses ; le déclin

1. Voir le film documentaire de Barbet Schroeder, *Le Vénérable W.*, 2016.

des croyances et des pratiques religieuses ; la privatisation de la religion, c'est-à-dire sa relégation dans le for intérieur. Si la sécularisation comme différenciation est une dynamique puissante, à portée universelle, le reflux des appartenances confessionnelles est un phénomène plus parcellaire, essentiellement européen, tandis que la privatisation de la religion n'est pas un facteur structurel significatif de la modernité. Au contraire, on assiste plutôt à une relative déprivatisation de la religion, c'est-à-dire à l'abandon par certains responsables religieux de la posture de retrait qui était la leur au profit d'une posture d'affirmation offensive dans l'espace public, sur des questions sociétales (contraception, mariage pour tous…) mais aussi proprement politiques (rôle de l'Église catholique dans la démocratisation en Pologne dans les années 1980). Il convient donc de se garder d'une conception univoque de la sécularisation.

De même, il est capital de se départir d'une vision linéaire de la sécularisation comme d'un phénomène inexorable ne pouvant connaître aucun reflux. Ainsi, par exemple, le XVIIIe siècle n'a pas été seulement le siècle des Lumières, il a aussi été celui du piétisme et du « Grand Réveil » américain. Le mouvement de sécularisation peut donc tout à fait être accompagné d'épisodes de réaffirmation religieuse, comme le sociologue allemand Hans Joas le souligne fort justement. C'est précisément parce que le religieux parvient à se recomposer qu'il persiste et se renouvelle, y compris dans notre monde hypermoderne, mais sous des formes toutefois variables.

La modalité la plus fréquente d'expression du religieux est ce que nous pourrions appeler le religieux *mainstream*, celui qui est souvent proche des grandes institutions ecclésiales. Pour le catholicisme, c'est ce religieux de proximité qu'on continue de trouver dans les paroisses, mais aussi dans les écoles confessionnelles, les établissements de soins, les associations caritatives… Hormis dans les lieux de culte, le religieux n'y est pas affirmé fortement. Il a plutôt un rôle discret d'imprégnation et alimente des actions menées au nom de vertus comme la charité, l'hospitalité, la justice… C'est ce religieux du quotidien, à bas bruit, qui anime encore la vie de nombreux fidèles. Il est globalement modéré dans son expression publique, mais précisément, parce qu'il est moins visible, il est important de ne pas oublier son existence.

Notre réflexion ne portera toutefois pas sur ce religieux *mainstream*, mais sur les courants qui défendent un religieux plus affirmé, plus absolu, ce que de nombreux chercheurs, journalistes, observateurs ont fréquemment appelé intégrismes ou fondamentalismes. Par ces termes, il s'agit de désigner des formes intégrales qui entendent affirmer, à la fois sur le plan doctrinal et sur celui des pratiques, un religieux sans concession qui veut se démarquer de la voie moyenne, plus fédératrice et consensuelle, que prônent les institutions et/ou les traditions établies. Cet effort pour désigner par un terme générique des phénomènes attestés dans des univers religieux différents a fréquemment fait l'objet de contestation, certains considérant que la diversité des trajectoires historiques comme la variété des modalités d'expression de ce religieux ne permettaient pas de les regrouper sous un terme unique. Lorsqu'elle est émise de bonne foi, ce type de querelle méthodologique n'a rien de nouveau. On la voit ressurgir régulièrement. Ainsi la question s'était posée de savoir si l'on pouvait rassembler sous le même terme d'autoritarisme des expériences différentes comme le bonapartisme, les fascismes et les dictatures latino-américaines. Aujourd'hui la même question revient autour du populisme : peut-on, par exemple, regrouper sous ce même concept des régimes comme le Venezuela de Maduro, la Hongrie d'Orban et la Turquie d'Erdogan ? La réponse est invariablement la même : il y a bien entendu entre les cas d'espèce des différences sur lesquelles les historiens, en particulier, attirent notre attention. Il y a aussi, par-delà les différences, des éléments de continuité, de proximité, de parenté qui permettent de les fédérer sous un concept unique.

Le recours à un concept unique comme intégrisme ou fondamentalisme – retenons tout à fait provisoirement ces deux termes – est aussi critiqué, car il regrouperait de façon indue des modalités d'expression du religieux proprement incomparables. Ainsi, si l'on reprend les exemples mentionnés au début de ce chapitre, peut-on assembler sous un même vocable des mouvements qui prônent le retrait de la cité pour préserver un mode de vie strictement encadré par les codes religieux (comme le font certaines communautés évangéliques ou les communautés juives hassidiques) et d'autres mouvances qui, tout en défendant également une vision rigoureuse de leur religion, encouragent, à l'inverse, l'intervention des croyants dans la société pour la transformer et la rendre plus conforme à la loi de Dieu – telle qu'ils l'interprètent –, fût-ce en recourant à la violence ? Il y a là une différence essentielle sur laquelle nous reviendrons car elle est structurante pour comprendre le religieux aujourd'hui. Toutefois, ces deux modalités d'expression du religieux partagent deux choses. D'une part, elles rejettent l'idée d'une société sinon sans Dieu, du moins où le religieux serait maintenu à l'écart, dans une position subordonnée, situation dans laquelle il se trouve désormais, avec des nuances, en Europe occidentale. D'autre part, elles veulent a minima défendre la communauté des fidèles, voire fréquemment accroître son assise, y compris parfois par la force.

Intégrisme et fondamentalisme renvoient aussi, en termes de religiosité, à un engagement religieux intense, zélé, voire exacerbé qui peut dériver purement et simplement, comme l'a relevé Adrien Candiard, vers le fanatisme, c'est-à-dire un exclusivisme absolu qui conduit alors à l'intolérance et à la violence[1]. Le fanatisme que Voltaire stigmatisait comme une maladie de l'esprit est l'aboutissement ultime d'une religiosité poussée à l'extrême. Ce zèle s'exprime par la fidélité sourcilleuse à l'égard de la norme

1. Adrien Candiard, *Du fanatisme. Quand la religion est malade*, Paris, Cerf, 2020.

religieuse que le fidèle entend *respecter à la lettre*. Ce souci de conformité nous permet d'introduire deux notions importantes.

La première est celle d'orthodoxie. Elle est centrale puisqu'en effet le fidèle engagé dans une expérience religieuse plénière proclame sans cesse son attachement viscéral à la croyance (*doxa*), tenue pour « vraie ». Il défend inébranlablement l'opinion correcte en matière de foi contre toutes les déviances, les accommodements, les compromis. La loyauté envers la vraie foi doit servir de guide au croyant qui ne doit pas en dévier. Remarquons que nous n'introduisons pas de distinction opératoire entre orthodoxie et orthopraxie. Une première raison tient au fait que toute religion est à la fois opinion et pratique. Sans doute certaines religions insistent-elles davantage sur les doctrines, les dogmes (à l'instar du catholicisme) ; d'autres sur les actes (à l'instar du judaïsme et de l'islam). Or, les premières ont bel et bien besoin de pratiques pour être mises en œuvre (à commencer par la prière), et les secondes définissent aussi un socle de principes fondamentaux (sur l'omniscience de Dieu, la liberté humaine, le monde après la mort…). Les religions ne se passent ni de pratique ni de théologie. Une seconde raison tient au fait qu'elles ont toutes deux la même fonction : elles fixent les contours de la légitimité religieuse, et déterminent ce qui doit être cru et fait. Elles définissent aussi, par le négatif, d'autres doctrines et pratiques comme illégitimes, voire illicites, doctrines et pratiques que les tenants de l'orthodoxie combattent, récusent, rejettent.

Si l'orthodoxie fixe la norme religieuse, en l'inscrivant dans une certaine permanence, elle n'est pas pour autant immuable. Le contenu de l'orthodoxie se transforme en effet en fonction des changements sociaux et/ou politiques. Ainsi, dans le monde sunnite, l'orthodoxie incontestée fut longtemps l'islam traditionnel fondé sur l'école théologique ash`arite, les quatre écoles juridiques (chafiisme, malikisme, hanafisme, hanbalisme) et le soufisme. Du fait de la présence au Caire de la célèbre université islamique Al-Azhar, elle se propagea très largement à l'ensemble du monde musulman. Toutefois, comme l'a remarquablement montré Stéphane Lacroix dans le cas égyptien, une redéfinition de l'orthodoxie s'est peu à peu opérée dans la seconde moitié du XXe siècle avec la diffusion croissante du salafisme – dont l'ancrage initial est l'Arabie saoudite. Désormais, ce salafisme, qui entend incarner la pureté religieuse, donne le ton au sein du sunnisme. De même, dans le cadre du judaïsme, se sont progressivement développées, en Israël et aux États-Unis, des communautés ultra-orthodoxes qui insistent sur des codes vestimentaires stricts, sur une vie entièrement vouée à l'étude du Talmud, et cherchent à limiter les contacts avec le monde « profane ». Ce modèle de « société d'érudits » s'est largement diffusé à partir des années 1970 dans le monde entier comme un idéal à émuler, sinon à reproduire strictement, comme archétype d'une vie juive « authentique » – alors qu'il ne correspond que peu à ce que pouvait être le judaïsme d'avant-guerre.

La deuxième notion qui mérite discussion est celle de tradition. Elle est constituée de l'ensemble des textes, discours (souvent fixés par écrit) et gestes qui sont transmis de génération en génération et font autorité. La tradition institue un ordre symbolique auquel l'homme de foi doit fidélité : le respect de la tradition est inséparable de l'orthodoxie. L'homme de tradition est celui qui honore une tradition religieuse qui va en quelque sorte de soi. Il ne la questionne pas. Cette évidence est toutefois ébranlée avec l'émergence de la modernité. Dès lors qu'émergent d'autres conceptions du monde, fondées sur la raison, la tradition est nécessairement mise à l'épreuve. Par réaction naît le traditionalisme qui entend la conserver comme corps de doctrines et comme mode de vie à un moment où elle est contestée, dénoncée, attaquée. Les traditionalistes apparaissent pour préserver les valeurs et les formes héritées du passé, parce qu'elles n'ont plus pour tous un caractère normatif absolu. Ils prennent conscience de la tradition comme tradition parce qu'elle ne va plus désormais de soi. Cette réaffirmation réactive de la tradition est à l'œuvre aussi bien dans l'ultra-orthodoxie juive au XIXe siècle que dans le traditionalisme catholique qui s'est développé à compter des années 1960 par rejet des textes d'ouverture adoptés par le concile Vatican II. Toutefois, il peut y avoir des cas où une orthodoxie nouvelle cherche à donner le ton en récusant des traditions bien ancrées : c'est typiquement le cas du salafisme qui, dans sa prétention à incarner le « pur islam », combat l'islam traditionnel, en particulier le soufisme et le culte des saints qu'il a nourri pendant des siècles. La démolition des tombeaux des saints musulmans est dès lors un devoir religieux pour l'édification des fidèles, comme l'étaient au XVIe siècle la destruction des statues de saints ou celle des reliques et des retables par les iconoclastes protestants. L'affirmation d'un nouveau rigorisme religieux peut donc aller de pair avec le reniement assumé de certaines traditions.

Nous avons noté qu'il y avait deux modalités différentes d'expression du religieux : la première passe par une exigence majeure, celle de la stricte observance des préceptes religieux ; la seconde, tout en se situant aussi dans le champ de l'orthodoxie, passe par l'engagement des croyants dans la cité, y compris sur le plan politique, pour qu'elle soit régie par la loi de Dieu. Cette dualité est repérable dans différents univers religieux, plus particulièrement dans les trois monothéismes. C'est bien un même engagement religieux fort que réclament les tenants du courant catholique traditionaliste lancé par Mgr Lefebvre, les adeptes du salafisme et les ultra-orthodoxes juifs. Cela signifie pour les premiers préserver la liturgie fixée par le pape Pie X (en particulier la messe en latin), pour les deuxièmes adhérer strictement à l'islam des « pieux ancêtres » (*al-salaf al-salih*), pour les troisièmes respecter les préceptes du judaïsme de façon extrêmement rigoureuse, en choisissant systématiquement l'option la plus contraignante dans l'interprétation des règles. Il s'agit dans tous ces cas de faire sienne l'*intégralité* de la foi et de rester fidèle à ses *fondements*. Ces deux termes sont essentiels. Admettre l'intégralité de la religion, cela veut dire l'accepter dans sa totalité, sans rien en retrancher, ni en ajouter. Revenir aux fondements de la religion, cela veut dire préserver coûte que coûte ses assises intangibles. Ces termes renvoient à deux notions importantes, celle d'intégrisme et celle de fondamentalisme, qui ont abondamment circulé dans le domaine des sciences des religions – mais aussi dans le discours médiatique – au cours des quarante dernières années.

Le mot « intégrisme » est indéniablement lié, à l'origine, au catholicisme. Apparu à la fin du XIXe siècle en Espagne, il a été diffusé dans les pays de langues romanes pour désigner l'aspiration d'une religion à encadrer dans une société donnée les actes et les pensées des hommes. Il recouvre en réalité deux idées qui sont, dans la pratique, souvent liées (quoique pas toujours), mais qu'il convient impérieusement de distinguer d'un point de vue analytique comme nous y invite Jean-Marie Donegani. Ces deux idées sont l'intégralisme et l'intransigeantisme : « L'intégralisme désigne l'aspiration du catholicisme à répondre à la totalité des questions humaines, sa volonté d'ensemencer et d'inspirer tous les aspects de la vie des sociétés et de l'existence des individus. L'intransigeantisme désigne l'attitude de refus total que la pensée catholique a exprimée envers les principes et les valeurs au fondement du monde moderne[1]. » De l'ébranlement révolutionnaire à la fin du XVIIIe siècle jusqu'au concile Vatican II, l'Église a été pleinement intégriste, défendant une position à la fois intégraliste et intransigeante. Elle a fini par composer, s'accommoder, transiger avec les valeurs et les réalités du monde moderne, abandonnant ainsi son intransigeantisme tout en préservant sa posture intégraliste, sa vocation étant de continuer à donner sens à l'existence humaine dans sa totalité. C'est précisément parce que l'Église a connu cet aggiornamento décisif que la dissidence lefebvriste a vu le jour dans les années 1970 pour défendre la

1. Jean-Marie Donegani, *La Liberté de choisir. Pluralisme religieux et pluralisme politique dans le catholicisme français contemporain*, Presses de la FNSP, 1993, p. 173.

position de non-compromis total avec la modernité. La distinction analytique entre intégralisme et intransigeantisme, si elle est née autour d'une réflexion sur le catholicisme, est à mon sens tout à fait pertinente pour d'autres religions, qui ont, elles aussi, eu à répondre au défi de la modernité.

Le deuxième terme qui mérite d'être explicité est celui de « fondamentalisme ». Il est né, lui, dans le monde protestant aux États-Unis avec la publication dans les années 1910 d'une série de quatre-vingt-dix textes *The Fundamentals : a Testimony to the Truth* visant à établir les principes fondamentaux du christianisme (centralité du Christ, salut par la grâce...). Parmi ces fondements intangibles auxquels il est interdit de déroger figure l'inerrance de la Bible, qui conçoit l'Écriture sainte (en particulier sa traduction anglaise connue sous le nom de King James Bible) comme la véritable et indiscutable Parole de Dieu. Ce scripturalisme implique la condamnation de toutes les innovations théologiques (nées en particulier de la critique biblique) mais aussi, plus globalement, de toute une série d'idées modernes (socialisme, athéisme, évolutionnisme...). Même si le fondamentalisme, porté surtout par les presbytériens et les baptistes, était très peu bienveillant envers le catholicisme – qualifié de romanisme –, il est frappant de constater qu'il partageait la même condamnation de la modernité que l'Église. En parcourant *The Fundamentals*, on retrouve les mêmes anathèmes contre l'exégèse historico-critique, le matérialisme socialiste et les théories de l'évolution que dans certaines encycliques de Pie IX (1846-1878) et Pie X (1903-1914). Cette convergence ne doit rien au hasard, dans la mesure où le fondamentalisme apparaît comme une réaction à la modernité, doublement menaçante. Elle constitue une menace externe, celle d'un monde désenchanté et sécularisé d'où le religieux est exclu ou du moins réduit à la portion congrue. C'est contre elle que se dressent les ultra-orthodoxes juifs, les fondamentalistes protestants et les salafistes. Mais leur combat a également une dimension interne : il s'agit de lutter farouchement contre la modernité qui s'insinue dans l'orthodoxie religieuse et propose d'adapter le culte, voire d'accorder la théologie avec « l'esprit du temps ». Toute réforme est invariablement dénoncée comme dangereuse, car elle compromet la plénitude de la foi.

Même s'ils procèdent de matrices différentes, les termes « intégrisme » et « fondamentalisme » renvoient bien tous deux à la valorisation de l'attachement strict aux principes originels de la religion (avec souvent un fort scripturalisme) et au rejet de la modernité, qu'elle soit défendue par l'État séculier, diffusée dans la société environnante ou valorisée par un establishment religieux réformateur.

Il existe toutefois une deuxième modalité d'expression du religieux qui, tout en se situant aussi dans le champ de l'orthodoxie, réclame l'engagement affirmé des croyants en politique, y compris aux plus hauts sommets de l'État, afin que la société devienne plus religieuse.

En Israël, les tenants du sionisme religieux, gagnés par la fièvre messianique, encouragent l'expansion de la présence juive en Cisjordanie, qu'ils tiennent pour un impératif religieux suprême devant hâter la fin des temps. L'État doit honorer sans hésitation cette obligation. À défaut, il est légitime de se dresser contre lui et ses représentants.

Aux États-Unis, les chrétiens évangéliques les plus engagés se sont retrouvés, depuis l'émergence de la Majorité morale en 1979, sous la houlette du pasteur baptiste Jerry Falwell, autour de la volonté de refaire de la stricte morale protestante la norme de référence de la société américaine. Cette moralisation passe par une lutte acharnée contre toute extension de droits aux homosexuels (mariage, adoption, procréation médicalement assistée), comme aux femmes (avortement). Pour atteindre cet objectif, l'implication en politique via, en l'occurrence, le Parti républicain est ouvertement défendue.

Dans le monde arabe, les partisans des Frères musulmans défendent farouchement la (ré)islamisation de la société ; pour ce faire, les vecteurs politiques traditionnels (associations, syndicats, partis…) doivent être utilisés sans états d'âme. En l'absence de liberté d'organisation, il est légitime, pour le néo-frérisme qui apparaît en Égypte dès les années 1950, de recourir à la violence « révolutionnaire » afin de renverser les dictateurs en place, invariablement qualifiés de mauvais musulmans.

On retrouve des phénomènes similaires de politisation du religieux, que nous pouvons nommer « nationalisme religieux », en dehors des religions abrahamiques, en Inde avec le BJP (« Parti du peuple indien ») ou au Myanmar et à Sri Lanka avec certains groupes bouddhistes.

Au terme de cette réflexion, il apparaît qu'il existe deux formes de radicalité religieuse, terme que nous retenons pour désigner ce souci d'aller aux fondements, aux racines de la religion. La radicalité « première manière » est piétiste : elle entend avant tout défendre la « vraie » foi et la stricte observance des pratiques religieuses et ne s'inscrit pas dans un projet politique. La radicalité « seconde manière » est activiste : elle veut défendre les vertus d'une rigoureuse orthodoxie mais en intervenant énergiquement dans la sphère politique, avec l'objectif final d'édifier un État religieux.

Il s'agit bien entendu d'idéaux-types, d'une catégorisation qui doit permettre de saisir deux dynamiques, non de nier la complexité du réel. Ainsi, que la préoccupation première de la radicalité piétiste soit la religion ne signifie nullement que ses adeptes ne fassent pas de politique, en particulier en créant des partis qui défendent leurs intérêts. Les fondamentalistes protestants des Pays-Bas sont présents depuis 1922 à la chambre basse du Parlement au sein du parti politique réformé ; les ultra-orthodoxes juifs siègent depuis 1949 à la Knesset à travers l'Agoudat Israel. Quant aux salafistes égyptiens, ils se sont mobilisés en masse, durant la parenthèse démocratique de 2011-2013, derrière le parti al-Nour, et ont obtenu un quart des sièges à la Chambre des représentants.

En outre, il existe une certaine perméabilité entre les deux types de radicalité. Ainsi, si l'intégrisme à la Mgr Lefebvre est surtout préoccupé par des questions religieuses liées à la liturgie et au sacerdoce, il véhicule une vision catholico-nationale où le catholicisme a vocation à occuper une place privilégiée dans l'État. Il n'est dès lors pas vraiment surprenant que des adeptes de ce traditionalisme aient trouvé leur place au sein d'un parti nationaliste comme le Front national, plus particulièrement lorsqu'il était dirigé par Jean-Marie Le Pen. On constate un mouvement similaire de glissement vers le nationalisme religieux au sein du groupe hassidique des Loubavitch qui, sous l'égide de son dernier rabbi, Menachem Mendel Schneerson (1902-1994), a opté pour une lecture messianique des victoires militaires d'Israël et s'est opposé à un quelconque retrait des territoires occupés. Enfin, certains pans du salafisme se sont non seulement, à l'instar de leurs adversaires Frères musulmans, politisés, mais ont pu prôner le recours à la violence jihadiste.

2.

Les sciences sociales et la violence au nom de la religion

Denis Pelletier

Depuis vingt-cinq ans, c'est-à-dire depuis les attentats du 11 septembre 2001 sur le territoire américain, la question des ressorts religieux de la violence, guerrière et terroriste, nous est peu à peu devenue familière. Elle revient dans l'actualité à chaque nouvelle crise, alimente en controverses le débat politique, nourrit la recherche en sciences sociales. En France, après les attentats de 2015, nous avons vu un gouvernement plaider, crédits et postes à la clé, pour la relance de l'islamologie dans l'Université française, tout en pariant que le renforcement de l'enseignement de la laïcité à l'école préviendrait les dérives radicales de jeunes gens tentés par la violence terroriste. C'est au demeurant dans l'Europe entière, mais selon des principes qui différaient d'un pays à l'autre, que se sont mises en place des politiques dites de « déradicalisation[1] ». Ces politiques ont conduit psychologues, psychanalystes et sociologues à s'interroger sur le type de rationalité qui préside au passage à l'acte terroriste[2], et suscité en retour

1. Voir sur ce point Juliette Galonnier, Stéphane Lacroix, Nadia Marzouki (dir.), *Politiques de lutte contre la radicalisation*, Paris, Presses de Sciences Po, 2022.

2. Le livre du sociologue cognitiviste Gérald Bronner (*La Pensée extrême. Comment des hommes ordinaires deviennent des fanatiques*, Paris, Presses universitaires de France, 2015) est représentatif de cette approche.

des controverses avec des chercheurs de disciplines et d'orientations méthodologiques différentes. Ainsi s'est constitué depuis un quart de siècle, au cœur de nos sociétés, entre l'espace de la recherche, celui des médias et celui de l'action publique, un répertoire de significations qui ont trait à la « violence religieuse », répertoire à la fois commun et conflictuel.

« Violence au nom de la religion » : un répertoire de sens partagé et conflictuel

La dimension conflictuelle tient à deux types de raisons. D'une part, ce répertoire articule trois niveaux d'analyse qui impliquent des ressorts d'explication différents, parfois opposés. L'échelle peut être globale, attachée à comprendre comment les transformations du monde depuis la fin de la guerre froide ont rendu au registre religieux une capacité d'action dans l'espace public mondial. Elle peut être régionale, centrée sur les conjonctures locales ou nationales dans lesquelles ce registre est mobilisé au service d'une violence d'État, de communautés ou de mouvements se réclamant d'une identité héritée d'un passé religieux que cette violence réactive. Elle peut enfin, on l'a dit, se pencher sur les personnes qui tuent leurs semblables en invoquant le nom de Dieu, que cette violence s'exerce individuellement dans le cadre d'une action terroriste, ou collectivement lors d'un massacre. D'autre part, la question de la « violence religieuse » mobilise des chercheurs, des anthropologues, des sociologues, des politistes, des historiens, qui l'abordent avec des cultures disciplinaires différentes. Elle intéresse aussi exégètes et théologiens, dans la mesure du moins où ceux-ci recourent dans leur travail à l'une ou l'autre des sciences sociales que l'on vient de citer, histoire et anthropologie au premier chef. D'une discipline à l'autre et d'une échelle d'analyse à l'autre, les manières d'entrer sur le terrain diffèrent, et avec elles les résultats de l'enquête.

Les controverses qui en résultent trament un espace commun de sens. Certes, bien rares sont les chercheurs capables de parler avec une égale compétence des attentats perpétrés en Europe, de la dimension religieuse prise par les affrontements au Proche-Orient, de la place de l'Église catholique dans le génocide rwandais ou des violences antimusulmanes dans l'Inde de Narendra Modi. Mais toutes et tous partagent suffisamment pour pouvoir se comprendre et débattre en connaissance de cause. La « violence religieuse » s'est ainsi construite comme un « lieu commun » au sens propre du terme, un espace de sens où chacun entre avec ses outils et ses convictions, en sachant *qui* il va y trouver et *comment* il pourra nouer la discussion.

Dans cet espace commun, une évidence s'est en particulier imposée rapidement : si l'on peut rencontrer, dans la plupart des univers religieux, une violence proprement religieuse – on pense notamment aux différentes formes prises, à travers l'histoire, par la violence rituelle ou sacrificielle –, ce dont il est question aujourd'hui relève d'une violence perpétrée *au nom de la religion, au nom du religieux.* Cette évidence a surgi dans le débat public français au lendemain des attentats de 2015. Si les meurtriers avaient invoqué le nom de Dieu au moment de tuer, « ce n'était pas l'islam » qui était en cause : tuer au nom de l'islam, c'est d'abord trahir l'islam. Il s'agissait à la fois de comprendre ce qui se passait, et de faire immédiatement obstacle à l'assignation des croyants de la religion musulmane à quelque complicité que ce fût avec les meurtres commis. Il s'agissait aussi, du point de vue des sciences sociales, d'échapper au risque de l'essentialisation, qui fait d'emblée obstacle à leur travail de compréhension du monde.

Restent alors les débats sur le sens à donner à la locution « au nom de » : de quelle manière et jusqu'où implique-t-elle la religion qu'elle mobilise ? Comment cette implication s'articule-t-elle à d'autres motifs de la violence ? S'agit-il, en invoquant le religieux, de mobiliser une puissance d'agir attachée à ces régimes de convictions bien spécifiques que sont les religions ? S'agit-il seulement d'une instrumentalisation ? Les différentes manières dont chercheurs et chercheuses répondent à ces questions sont au cœur des pages qui suivent. Le lecteur aura compris qu'il ne s'agit pas ici de donner raison à l'un contre l'autre, ni de porter un jugement de valeur sur la meilleure aptitude de telle ou telle discipline à comprendre ce qui nous arrive. On s'efforce ici, à partir de quelques auteurs et sans prétention à l'exhaustivité, de dessiner les lignes de force qui trament l'espace commun à l'intérieur duquel chercheuses et chercheurs s'essaient à comprendre ce que signifie l'expression « violence au nom de la religion ».

La violence d'un monde global

Depuis les attentats de 2015, une controverse s'est développée entre les deux politistes français Gilles Kepel et Olivier Roy. Le premier avait arpenté l'Égypte et le Proche-Orient avant de devenir un spécialiste de l'islam des banlieues de l'Hexagone ; le second était à l'origine un spécialiste de l'Afghanistan et de l'Asie centrale. L'un et l'autre ont basculé, après les attentats de 2001 et dans un cadre marqué par les polémiques autour du « choc des civilisations » de l'Américain Samuel Huntington, vers l'analyse de courants musulmans qui se radicalisaient en lien avec la globalisation du monde. Kepel analyse le « jihadisme » – terme depuis lors devenu banal – comme une idéologie mondiale ordonnée à la lutte contre un Occident assigné à ses origines chrétiennes et à son passé de croisades. Il se développe en vagues successives, issues de recompositions elles aussi successives qui affectent les tensions internes au monde musulman, en utilisant le monde d'Internet et des réseaux sociaux pour se répandre à l'échelle transnationale. Dans *Le Prophète et la Pandémie*, paru en 2021, Kepel met en évidence l'émergence en Europe d'un « jihadisme d'atmosphère » d'inspiration salafiste et qui fait de l'islam « radical » le support idéologique d'un combat global contre les démocraties libérales.

Dans un article paru dans *Le Monde* le 25 novembre 2015, peu après l'attentat du Bataclan, sous le titre « Le jihadisme est une révolte nihiliste », Olivier Roy proposait d'inverser la relation entre « islam radical » et mondialisation. À ses yeux, le terrorisme d'inspiration musulmane ne s'analyse pas comme une « radicalisation de l'islam », mais comme une « islamisation de la radicalité » qui prend naissance chez des jeunes gens désinsérés de leur héritage religieux – nombre d'entre eux sont soit des convertis récents, soit des individus coupés de l'islam pratiqué en famille – et qui voient dans l'argument d'autorité d'un islam jihadiste le support d'une protestation nihiliste sans véritable perspective politique. De ce nihilisme, la seule issue serait la mort violente. « Ce qui fascine, écrit-il en 2016 dans *Le Djihad et la Mort*, c'est la révolte pure, et non pas la construction de l'utopie. La violence n'est pas un moyen : elle est la fin. C'est une violence *no future*[1]. » Dans cette perspective, la globalisation du monde est moins le *support* de la radicalité, comme chez Gilles Kepel, que son *théâtre*. Combinée à la sécularisation qui est son corollaire, elle est à l'origine, dans l'islam, mais aussi dans le christianisme, d'un « temps de la religion sans culture », c'est-à-dire d'un rapport au religieux qui a oublié la longue histoire dont il hérite et se tient dans une sorte de présent perpétuel, disponible à toutes les instrumentalisations, ouvert à une dérive mortifère qui prive ceux qui s'y abandonnent de toute base sociale et politique.

Il est intéressant de confronter ces deux approches hexagonales du rapport entre mondialisation et violence au nom de la religion à deux auteurs issus du Sud. Le premier, Talal Asad, est un chercheur américain né à Médine dans un milieu polyglotte et international : d'origine autrichienne et juive, son père, né Leopold Weiss, était un diplomate converti à l'islam qui avait épousé une Saoudienne. Encore mal connu en France, Talal Asad

1. Olivier Roy, *Le Djihad et la Mort*, Paris, Éditions du Seuil, 2016, p. 13.

est un anthropologue du religieux, devenu l'un des auteurs les plus lus par les spécialistes. Dans *On Suicide Bombing*, paru en 2007 et traduit en français en 2018 sous le titre *Attentats-suicides. Questions anthropologiques*, il s'efforce d'expliquer l'horreur que suscite chez nous la violence des attentats commis au nom de l'islam, et d'en proposer une analyse qui rompe avec celle qui, à ses yeux, est dominante dans l'opinion américaine depuis le 11 Septembre, selon laquelle les attentats-suicides sont « l'expression violente soit d'un islam perverti et totalitaire, soit d'un irrépressible réflexe religieux primordial (et donc irrationnel) que le sécularisme a pu surmonter[1] ». Nourrie par la critique de la notion occidentale, d'origine chrétienne, de « guerre juste », qui disqualifie la violence « terroriste » tout en fournissant des arguments moraux en faveur d'une guerre que la nécessité rendrait acceptable, son argumentation se déploie sous deux registres.

Le premier est assez classiquement tiers-mondiste, et l'on rappellera qu'Asad, né en 1932, a publié ses premiers travaux dans les années 1970, au temps de la guerre du Vietnam et de l'utopie tiers-mondiste. La globalisation est pour lui le stade le plus récent d'un long processus d'occidentalisation du monde dont les ressorts coloniaux ont été la guerre et la violence, commises au nom d'une exigence de « civilisation » des populations dominées, au regard de laquelle on doit comprendre la violence perpétrée aujourd'hui au nom de l'islam. Le second se nourrit de son travail d'anthropologue, et radicalise la critique formulée naguère par Edward Saïd à l'encontre de « l'orientalisme ». Les enquêtes de terrain d'Asad l'ont conduit à une critique radicale de la notion même de « religion ». Inventée dans le sillage des Lumières, solidaire de ce que les anglophones appellent *secularism* et qui se situe en français entre « sécularisation » et « laïcisation », elle est à ses yeux le support d'une relégation des « religions non chrétiennes »,

1. Talal Asad, *Attentats-suicides. Questions anthropologiques*, Bruxelles, Zones sensibles, 2018, p. 121.

et d'abord de l'islam, à un passé d'archaïsme et d'irrationalité. Si le terrorisme qui invoque l'islam ne peut être considéré comme religieux, c'est d'abord parce que l'islam n'est pas une religion, sauf aux yeux des Occidentaux qui le combattent avec le support idéologique de sciences sociales ordonnées à un universalisme de la domination. L'islam est une « tradition discursive », évolutive et mouvante, une sorte d'explication sociale du monde qui ne cesse de se reprendre à l'épreuve de contextes politiques locaux, et se trouve désormais saisie en tant que telle dans le cadre de la contestation d'un ordre mondial dominé par l'Occident.

Arjun Appadurai, lui, est un sociologue et anthropologue né en Inde en 1949. Il est aussi l'un des théoriciens les plus fertiles de la pensée postcoloniale et de la critique de la mondialisation. Dans *Géographie de la colère*, paru en 2006 et traduit l'année suivante en français, il s'intéresse aux formes extrêmes qu'ont prises les violences politiques locales et régionales, dans les deux dernières décennies du XXe siècle. Adversaire d'une anthropologie culturaliste dont Samuel Huntington est à ses yeux le parangon, il n'accorde pas une place centrale à la question religieuse, mais à des enjeux d'angoisse identitaire autour desquels se noue à ses yeux le lien entre le local et le global. « La violence à grande échelle des années 1990, écrit-il, semble typiquement s'accompagner d'un surplus de fureur, d'un excès de haine qui suscite des formes inouïes de dégradation et de viol, tant du corps que de l'être même de la victime : corps torturés et mutilés, personnes brûlées et violées, femmes éviscérées, enfants amputés à coups de machette, humiliations sexuelles de toute nature. Que pouvons-nous faire de cet excédent, qui se déchaîne au vu et au su de tous, qui s'est souvent exercé sur des amis et des voisins, et qui ne prend plus les formes sous lesquelles la dégradation de la guerre de groupe tendait à se dissimuler par le passé[1] ? »

1. Arjun Appadurai, *Géographie de la colère*, Paris, Payot et Rivages, 2007, p. 25.

Pour lui, la globalisation exacerbe l'inquiétude identitaire des individus qu'elle réduit à l'état de sujets indistincts, anonymes et identiques, confrontés à l'impossibilité de donner un sens spécifique, à la fois personnel et partagé avec les membres de leur communauté d'appartenance, aux événements qui tissent leur existence. Les violences qu'il décrit sont des violences contre les corps d'individus érigés au rang d'étrangers immédiats, violences qu'il qualifie de « vivisectionnistes et vérificationnistes[1] », au sens où il s'agirait, en déshumanisant les corps des victimes, de s'assurer de sa propre différence par rapport à eux, une différence que la mondialisation tend à rendre illisible. Mais « que pouvons-nous faire de cet excédent ? », s'interroge-t-il, et comment le décrire avec précision ? On voit bien en revanche comment l'appartenance religieuse, érigée au rang d'identité individuelle et collective, peut lui servir de support. Il partage avec Asad, pour des raisons différentes, une forme d'écart par rapport à la mise en avant de la religion comme référentiel de la violence exercée. Comme lui aussi, il conduit à analyser le rapport à la mondialisation à partir d'un changement d'échelle, en mettant l'accent sur la violence entre proches, souvent entre voisins.

Tuer, défigurer son semblable. La violence entre voisins

Le passage de l'échelle globale à l'échelle régionale modifie en profondeur le logiciel d'analyse des violences menées au nom de la religion. Les spécialistes du Proche-Orient ont très largement montré combien celles qui ont suivi les « printemps arabes » de 2010-2011, comme en Syrie ou en Égypte, ont relevé de logiques politico-religieuses régionales bien davantage que de bouleversements mondiaux. Tous soulignent aussi que ces violences tuent d'abord des musulmans, non des chrétiens, même si les

1. *Ibid.*, p. 18.

chrétiens arabes en sont aussi les victimes. Tous mettent en garde contre une analyse trop religieuse de ces violences. Spécialiste du chiisme, Laurence Louër souligne ainsi l'instrumentalisation de la révolution religieuse par l'Iran chiite, au-delà des premières années d'enthousiasme révolutionnaire : « Côté iranien, la doctrine de l'exportation de la révolution ne consiste plus à exporter son modèle politique, dont l'aura s'est depuis longtemps profondément affaiblie en Iran et à l'extérieur, mais se mue en une politique d'influence des plus classiques destinée à consolider des acquis et à acquérir de nouveaux leviers partout où cela est possible, mais dans le cadre d'un strict calcul coût-bénéfices, en saisissant des aubaines plus qu'en développant une politique volontariste[1]. »

Dans un ouvrage récent sur les « violences religieuses » en Afrique, entièrement tramé d'exemples locaux et d'analyses de terrain, Marc-Antoine Pérouse de Montclos livre trois lignes d'analyse qui illustrent la prudence requise. D'une part, le référent religieux est bien souvent instrumentalisé pour des motivations avant tout « prosaïques et surtout opportunistes » : « La sociologie des "soldats de Dieu" laisse apparaître une grande variété de motifs susceptibles d'inciter des jeunes à prendre les armes au nom d'idéaux tirés du Coran. On y retrouve pêle-mêle des motivations liées à l'appât du gain, à des conflits fonciers, à des revendications politiques, à des règlements de comptes communautaires, à des besoins de protection physique ou, encore, au souhait de se venger des exactions commises par les forces gouvernementales[2]. » D'autre part, il souligne la tendance des mouvements à se séculariser en se militarisant, à mesure que les

1. Alain Dieckhoff et Philippe Portier (dir), *Religion et politique*, Paris, Presses de Sciences Po, 2017, p. 312.

2. Marc-Antoine Pérouse de Montclos, *Prophètes en armes ! Des « violences religieuses » en Afrique*, Paris, Maisonneuve & Larose, Hémisphères Éditions, 2024, p. 103-104.

utopies religieuses laissent place à une entreprise plus classique de guerre. Enfin, il met en doute la dimension prioritairement transnationale donnée aux itinéraires jihadistes : « La lecture des trajectoires terroristes à travers le prisme du salafisme montre toutes ses limites lorsqu'elle insiste indûment sur des dynamiques transnationales de radicalisation religieuse au lieu de s'intéresser aux racines politiques et locales des conflits[1]. »

Pour échapper aux apories que produit la tension entre les usages du référentiel religieux et son instrumentalisation, il n'est pas inutile de sortir du monde musulman, dont l'omniprésence dans le débat scientifique et dans l'actualité politique finit par contraindre l'analyse. Stéphane Audoin-Rouzeau est un spécialiste de la Première Guerre mondiale, dont il a renouvelé l'historiographie, avec Annette Becker et quelques autres, en mettant l'accent sur la dimension culturelle et religieuse de la mobilisation des soldats et de l'arrière, et en inscrivant le « consentement à la violence » dans le sillage d'une histoire de la brutalisation des sociétés européennes de l'époque contemporaine, qui avait été formulée, quelques années auparavant, par l'historien américain, d'origine allemande, George L. Mosse[2]. Dans un livre paru en 2017, il raconte comment le génocide des Tutsis au Rwanda en 1994, survenu dans un contexte où l'héritage missionnaire du catholicisme était omniprésent, est venu plus tard percuter son propre itinéraire intellectuel. Lors d'un séjour en 2008, après avoir visité l'église de Nyamata, théâtre d'un massacre, il note dans son Journal : « C'est le religieux qui a donné au massacre son surcroît d'énergie : il faut être aveugle pour ne pas le voir [...]. La dimension religieuse du massacre est de toute évidence

1. *Ibid.*, p. 99.

2. George L. Mosse, *De la Grande Guerre au totalitarisme. La brutalisation des sociétés européennes* (1990), traduit de l'anglais par Édith Magyar, Paris, Hachette, 1999.

capitale. Les églises comptent parmi les épicentres de la violence meurtrière. Ce serait un sujet à traiter en priorité[1]. »

L'expression « surcroît d'énergie » fait écho au mot « excédent » qu'utilise Appadurai : elle ne fait pas de la religion le moteur initial du massacre, mais laisse ouverte la question de savoir *comment* celle-ci a contribué à lui donner sa forme et sa puissance de destruction. Quelques années avant le génocide des Tutsis, la guerre était revenue en Europe à travers la crise de l'ancienne Yougoslavie après la mort de Tito. Les trois guerres de Croatie (1991-1995), de Bosnie-Herzégovine (1992-1995) puis du Kosovo (1998-1999) ont mis aux prises trois nationalismes dont chacun pouvait mobiliser un imaginaire d'identité religieuse, catholique pour les Croates, orthodoxe pour les Serbes, musulman pour la moitié des habitants de Bosnie et pour les Albanais du Kosovo (80 % de la population avant la guerre). Ces guerres furent le théâtre d'actes génocidaires, officiellement reconnus par la Cour internationale de justice pour qualifier le massacre de huit mille musulmans, adultes et enfants, à Srebrenica en juillet 1995. Elles furent aussi marquées par des pratiques de nettoyage ethnique, qui alliaient la violence de masse contre les civils, le viol de guerre, le meurtre et l'expulsion forcée, la destruction des lieux de culte et des cimetières confessionnels, sur des bases qui furent alors qualifiées à juste titre d'« ethniques et religieuses ». Cette violence extrême fut en outre, avant tout, une guerre « entre voisins », déchirant les villages, les sociabilités de la veille, et même les familles.

De l'ex-Yougoslavie au Rwanda, un imaginaire chrétien a donc servi de support à une extrême violence communautaire et nationaliste. De son écart avec l'imaginaire musulman, qui domine la littérature et le discours public sur la violence au nom de la religion, témoigne la place qu'y occupe la Vierge. Anthropologue,

1. Stéphane Audoin-Rouzeau, *Une initiation. Rwanda (1994-2016)*, Paris, Éditions du Seuil, 2017, p. 111.

Élisabeth Claverie a enquêté sur la manière dont elle est apparue à Medjugorje, un village de Bosnie-Herzégovine, à partir de 1981. Dans *Les Guerres de la Vierge*, elle montre comment le registre des apparitions se modifie avec l'approche puis le déclenchement de la guerre. C'est à partir de la fin des années 1980 qu'à la figure de la « Mère miséricordieuse » commence à s'ajouter, puis à se substituer, celle de la « Femme de l'Apocalypse », annonçant la montée de la violence qui menace les catholiques croates et leur promettant son soutien dans l'épreuve face au Mal qui menace. « En actualisant les capacités mobilisatrices de certaines formes de l'eschatologie catholique traditionnelle, écrit Claverie, ce discours offrait une prise puissante à certains entrepreneurs politiques[1] » du nationalisme croate. Or, attachée à une anthropologie compréhensive qui s'interdit tout jugement de valeur concernant les logiques qu'elle repère sur son terrain d'enquête, elle ne tranche pas entre la croyance populaire en une Vierge de protection qui se muerait en Vierge de combat, et les usages politiques qu'en font les milieux nationalistes lorsqu'il s'agit de renforcer une identité catholique face à l'ennemi musulman ou orthodoxe. S'agissant du Rwanda, Audoin-Rouzeau ne tranche pas non plus. Mais il invoque l'exemple de Medjugorje, en parallèle avec l'évolution analogue du discours de la Vierge apparue en 1981 dans l'église de Kibeho, et dont les paroles se chargent d'une dimension apocalyptique, annonciatrice du désastre qui se dessine, à partir du début des années 1990[2].

---

1. Élisabeth Claverie, *Les Guerres de la Vierge*, Gallimard, 2003, p. 225.
2. Voir sur ce point l'enquête d'Émilie Brébant, *Au Rwanda, la Vierge est apparue*, Paris, Vendémiaire, 2016.

Une histoire sans fin

C'est que la Vierge, figure majeure du catholicisme, a derrière elle une longue carrière d'apparitions, tantôt protectrice bienveillante (Lourdes), tantôt annonciatrice de malheurs apocalyptiques (La Salette, Fatima), parfois enfin guerrière combattante. Lors de la bataille de la Montagne Blanche qui marqua en 1620, à proximité de Prague, le début de la guerre de Trente Ans, son image lacérée par les protestants fut brandie avec succès par le carme Dominique de Jésus-Marie, confesseur de Maximilien de Bavière, pour convaincre les troupes catholiques que le Christ ne pouvait pas ne pas les soutenir dans leur combat contre ceux qui avaient ainsi mutilé sa mère[1]. L'histoire tient sa place dans la recherche en sciences sociales sur la violence au nom de la religion : cette place est celle d'une histoire sans fin, la répétition dans l'actualité de gestes très anciens, au risque de témoigner d'une continuité au-delà des siècles dont les historiens savent, dans le moment même où ils la mobilisent, qu'elle porte en elle le risque de l'anachronisme.

Le parallèle entre croisade et guerre sainte, formulé après les attentats de 2001 pour comprendre le conflit entre « Islam » et « Occident », a rapidement montré ses limites. On peut certes en travailler les ressemblances et les écarts, à la fois dans leur origine médiévale et leur reprise à l'époque contemporaine. Mais les imaginaires de la croisade et de la guerre sainte ont contre eux le défaut d'avoir été invoqués par les acteurs eux-mêmes, George Bush après les attentats du 11 Septembre, Oussama Ben Laden dans sa rhétorique contre les « croisés » de l'Occident. Comment établir une distance critique à l'égard de la violence si l'on s'enferme dans un registre de sens convoqué par les acteurs

1. Voir Olivier Chaline, *La Bataille de la Montagne Blanche. Un mystique chez les guerriers*, Paris, Noésis, 1999.

eux-mêmes au service de cette violence ? Deux autres moments de l'histoire ont joué un rôle clé dans l'apport des historiens au débat.

En premier lieu, dans *Violence et monothéisme*, paru en français en 2009 et qui prolonge *Le Prix du monothéisme*[1], l'égyptologue Jan Assmann a vu dans l'invention du monothéisme le moment fondateur d'une violence proprement religieuse. Il reprend et approfondit la distinction que proposait Walter Benjamin en 1921, dans *Pour une critique de la violence*, entre une « violence mythique », caractéristique des polythéismes antiques et fondatrice de l'ordre juridique, et une « violence divine », inventée dans le judaïsme et reprise par la tradition monothéiste, dont la caractéristique est d'être à la fois expiatoire et destructrice de cet ordre institué. Pour lui, le polythéisme est « une culture de la reconnaissance et de la traductibilité mutuelle » des dieux de peuples différents : s'ils peuvent être impliqués dans les affrontements entre les nations qui les honorent, il s'agit d'un affrontement strictement politique. En introduisant l'idée d'un dieu unique, les monothéismes se seraient privés de cette « traductibilité » des dieux, ouvrant ainsi la voie à une violence capable de mobiliser le registre religieux au nom d'une vérité unique et universelle.

À dire vrai, sa proposition a suscité davantage de commentaires et de critiques en milieu catholique que dans le champ des sciences sociales, pour lequel elle essentialise sur le mode d'une critique du monothéisme une violence dont on a vu qu'elle était présente dans d'autres univers religieux. Chez les théologiens en revanche, notamment chez William T. Cavanaugh qui dénonce « le mythe de la violence religieuse », elle a conduit à reprendre la thèse de la « violence mimétique » qu'a développée René Girard à partir de la tradition du « bouc émissaire », victime expiatoire vouée à mettre fin par son sacrifice à l'escalade de la violence au

1. Aubier-Flammarion, 2007.

sein de la communauté qui le tue rituellement. Pour Girard, de la figure de Job à celle du Christ mourant volontairement sur la croix, c'est dans l'univers judéo-chrétien que s'est construite la seule critique de la violence mimétique. Elle interdit que la religion puisse encore être mise au service de la guerre. À l'islam, déclara-t-il au lendemain des attentats du 11 Septembre, il « manque l'essentiel du christianisme : la croix. Comme le christianisme, l'islam réhabilite la victime innocente, mais il le fait de manière guerrière » (*Le Monde*, 6 novembre 2001).

Une telle pensée du martyre, dans l'islam et dans le christianisme, se positionne à l'extrême limite des sciences sociales, sans doute même au-delà. Toutefois, la théorie mimétique de René Girard est suffisamment prégnante, notamment dans le milieu anglophone, pour être évoquée tant par Asad que par Appadurai. Plus porteur, plus prudent aussi, a été l'apport des historiens modernistes spécialistes des guerres de religion. Dans *Au péril des guerres de religion*, livre dense et concis paru en 2015, Denis Crouzet et Jean-Marie Le Gall proposent un « retour sur le passé eschatologique de l'Europe » à l'occasion duquel ils soulignent le parallélisme entre les formes de violence extrême que décrivent les sources, de la guerre des Paysans (1524-1526) à la révolte anabaptiste de Münster (1533-1535), et celles que l'on voit aujourd'hui dans les massacres au nom de la révolution : mêmes usages iconoclastes de destruction des images, mêmes violences dans la manière de donner la mort, mêmes pratiques de déshumanisation des cadavres, entre décapitation, éventrement, émasculation et dispersion des restes. Plus récemment, Jérémie Foa a étudié les massacres de la Saint-Barthélemy (1572) à partir de récits individuels retrouvés dans les archives, sous l'angle de la « violence commise par des voisins sur leurs voisins ». Cette répétition des gestes d'une violence millénariste et apocalyptique à travers les siècles n'a valeur ni de causalité ni d'héritage, soulignent les auteurs. Elle met en évidence la rémanence de mécanismes et de dispositifs caractéristiques de la relation entre un certain « nous » de la religion et la violence extrême. Mais, pas plus qu'au Rwanda, en Bosnie ou ailleurs, elle ne permet de faire la part de cette « pente » du religieux vers la violence et des circonstances locales, politiques et sociales, qui lui permettent de se donner libre cours.

Revenons à l'espace du débat scientifique dont nous avions posé les cadres au début de ce chapitre. Vers quelque position que l'on se tourne, l'analyse est somme toute déceptive dès lors qu'on souhaite mesurer la part que prend la religion dans les violences contemporaines, et donner ainsi un sens à la locution « au nom de ». Sociologues et politistes s'opposent sur la manière d'articuler les dimensions globales et régionales de leurs approches, quand ils ne remettent pas en cause la catégorie même du « religieux » dont ils connaissent pourtant le poids dans l'espace public. Anthropologues et historiens, les premiers plus familiers des approches locales, les autres de la prise en compte de l'épaisseur de temps qui est au centre de leur démarche, reconnaissent la part récurrente d'un facteur religieux mais échouent à s'accorder sur son poids exact. Entre instrumentalisation et registre de mobilisation pour les uns, entre « excédent » et « surcroît d'énergie » pour les autres, tout se passe donc comme si la religion était à la fois présente et insaisissable, à la manière d'un concept-limite de l'espace de la recherche scientifique, une épreuve opposée à la recherche d'un sens rigoureusement construit.

Faut-il au fond le regretter ? La réponse passe peut-être par ce constat : l'apparition du monothéisme d'une part, les guerres de religion, contemporaines de l'invention de l'État moderne, de l'autre, sont dans l'œuvre de Max Weber les deux moments clés d'un processus de très longue durée, celui de la « démagification » ou du « désenchantement » du monde. En étendant leur puissance à l'échelle de l'univers, les dieux se sont retirés du quotidien, laissant aux sociétés humaines, et aux individus qui les composent, la part d'autonomie qui leur permet de peser sur leur propre histoire. Parce que la sécularisation avait eu partie liée avec l'essor de la démocratie libérale, nous nous sommes reproché d'avoir oublié la part que le religieux pouvait prendre dans la violence, au point de déplorer parfois que des ressorts de sens familiers aux sociétés anciennes nous soient devenus comme étrangers. Est-ce d'un oubli qu'il s'agit, ou d'une épreuve inhérente à la démocratie libérale ? Les débats entre chercheurs témoignent certes de notre incapacité à rendre la raison ultime d'une violence qui, via la référence à la religion, s'autorise elle-même d'une raison ultime. Mais c'est peut-être en assumant cette limite que les sciences sociales participent d'une utopie collective, celle qui consiste à construire un avenir partagé sur le fondement même des différends qui nous séparent aujourd'hui.

3.

Nationalisme, religion, ethnicité

Paul Zawadzki

> « Au grand désespoir des historiens, les hommes n'ont pas coutume, chaque fois qu'ils changent de mœurs, de changer de vocabulaire. »
>
> Marc Bloch

Alors que la radicalité, dans son acception courante, manifeste une volonté de rupture, visant à transformer, jusqu'aux racines, une structure sociale, économique ou politique, les passions nationalistes, ethniques ou fondamentalistes ont en commun le désir d'ancrer une collectivité dans l'inchangeable et dans la permanence d'un héritage. Chacune à leur manière, elles dictent les points fixes des sentiments d'appartenance et des modes d'identification. Il serait paradoxal d'y consacrer un chapitre d'un ouvrage consacré aux radicalités, n'était la violence avec laquelle elles font généralement effraction sur la scène politique de la modernité. En dépit du fait que leurs porte-parole parlent le langage de la fidélité (aux origines, à la lignée, à la vraie foi...), les syncrétismes qui leur donnent forme sont disruptifs, semblant rejouer quelque chose du paradoxe des mouvements contre-révolutionnaires : que tout change pour que rien ne change.

Se pose d'emblée une question de mots. La notion d'extrémisme n'a de sens que du point de vue de celui qui la critique ;

quant à celle de radicalité, elle n'est revendiquée que par certaines traditions de gauche ultra-minoritaires adoptant des formes violentes d'action. Hétéro-désignées, elles sont normatives et descriptives, comme le sont des notions telles que barbarie, cruauté ou fanatisme. Quant aux concepts de nationalisme, d'ethnicité[1], et de religion, leur surcharge sémantique est telle qu'il est impossible de se frayer un chemin dans l'infinie variété de leurs entrelacements empiriques, sans se donner un cadre d'analyse explicite, ainsi que des distinctions idéal-typiques auxquelles il sera loisible de rapporter les expériences historiques singulières.

Partons de l'idée que les sociétés humaines s'instituent en vue d'assurer leur permanence par-delà la mortalité de leurs membres. Suivant Cornelius Castoriadis, nous distinguerons les sociétés de l'hétéronomie qui se pensent soumises à une loi ou à une volonté située à l'extérieur d'elles-mêmes (*avant* et au-dessus), et les sociétés modernes qui cultivent la conscience de s'auto-instituer dans le temps et s'organisent en conséquence. Creusant ces perspectives, Marcel Gauchet a récemment proposé une ambitieuse théorie historique de l'avènement de la démocratie, pensée sur cinq siècles comme basculement d'une structuration hétéronome (religieuse) vers une structuration autonome (politique), au travers de trois vecteurs que sont l'État-nation, le droit naturel moderne et l'orientation historique. Ce long processus donne naissance à des hybrides, l'ancienne structuration religieuse continuant de travailler, selon Gauchet, l'imaginaire des sociétés que la religion ne structure plus. Ainsi comprise, la modernité politique ne produit pas tant une disparition des religions que leur transformation en croyances. Elle donne lieu à une dialectique de perte et de recompositions d'identifications religieuses, ethniques ou nationales.

---

1. Selon la compréhension webérienne que nous suivons ici, l'ethnicité caractérise un lien subjectivement fondé sur les croyances partagées en une origine commune.

Ce large cadre d'intelligibilité conduit en premier lieu à distinguer nation et religion.

La nation contre la religion

Les constructions nationales sont d'une diversité fascinante en raison de leur tissage bigarré fait de langues, de religions, de cultures. Instables dans leurs modalités, les entrelacements du sentiment national et du religieux sont anciens. Le concept de nation reste cependant trompeur lorsqu'il désigne indistinctement la nation au sens de l'Ancien Régime (lien dynastique, lignée ou groupe ethnique) et la communauté de citoyens d'un État. Mise en scène de la souveraineté humaine qui valorise l'action politique, l'invention de la nation moderne participe du mouvement de déprise du religieux et de désagrégation de « l'autorité de l'éternel hier » (Max Weber). Autonomie, autodéfinition, autodétermination…, les mots de son entrée sur la scène *internationale* disent le pouvoir d'agir que les collectivités se donnent sur elles-mêmes.

Deux traits méritent d'être précisés.

En premier lieu, à l'encontre du principe de hiérarchie – pensée comme naturelle et nécessaire –, la nation prend place dans la configuration horizontale et individualiste comme une communauté d'individus égaux. « C'est pourquoi – selon l'anthropologue Louis Dumont – elle est incompatible avec la religion du type ancien. » Beaucoup de temps va s'écouler avant que les partisans de l'ordre et de la tradition ne se l'approprient, en ne fondant qu'à la fin du XIXe siècle des partis expressément « nationalistes ». Le mot – nationalisme – est d'ailleurs tardif, qui se répand à partir de la seconde moitié du XIXe siècle, popularisé en France par Maurice Barrès.

Liée au basculement futurocentrique de la modernité (Krzysztof Pomian), la nation s'affirme, en second lieu, comme un projet politique, celui d'une liberté souveraine qui récuse toute soumission et tout englobement. On prête beaucoup aux nations alors même que nombre de leurs traits – cohésion, sentiment d'appartenance, clivage « eux-nous », ethnocentrisme… – se retrouvent en toute société. En particulier, comme toute collectivité, la société nationale s'ancre dans la durée, élaborant, à chaque moment de son histoire, une certaine représentation de sa permanence dans le temps, autrement dit son identité (selon la compréhension de Paul Ricœur). Même Ernest Renan, que l'on associe à la conception contractualiste de la nation, évoque le « culte des ancêtres » ou le « riche legs de souvenirs ». Mais si la nation cultive le souvenir, notamment celui des souffrances communes, elle ne se contente pas d'obéir au passé. L'histoire n'est pas son code, dirait-on selon la formule du révolutionnaire Rabaut Saint-Étienne. Elle se donne surtout « dans l'avenir un même programme à réaliser » (Renan).

Ces deux traits – égalité et projet – caractérisent aussi bien la nation révolutionnaire se proclamant dépositaire de la souveraineté contre le roi, que les nations romantiques du XIXe siècle, lorsqu'elles revendiquent le droit des peuples à disposer d'eux-mêmes contre les empires. Une même exigence de prendre son destin en main anime les aspirations à unifier, à retrouver, ou à créer un État. Elle s'incarne dans les indépendances américaines contre les métropoles comme dans les révoltes contre les dominations coloniales ou contre l'internationalisme en trompe-l'œil de l'impérialisme soviétique. Si radicalité il y a, ici, elle réside dans le refus de la dépendance et de l'hétéronomie qui prend souvent la forme de l'insurrection armée. La résistance ukrainienne à l'invasion russe en est l'exemple.

Le nationalisme : repolitiser l'ethnicité

Il reste que pour penser la radicalité du nationalisme, il ne suffit pas de l'identifier au processus long de construction de l'État-nation, ni de l'appréhender comme « un principe politique qui affirme que l'unité nationale et l'unité politique doivent être congruentes » (Ernest Gellner). Car, une fois le cadre national posé, le nationalisme fracture la citoyenneté pour opérer un retour du civique vers l'ethnique. Il est donc deux logiques contrastées. Comme forme politique intermédiaire entre l'individu et l'humanité, la nation est inclusionnaire. Sans supprimer les appartenances primordiales (religieuses, ethniques…), elle les dépolitise en les intégrant dans la citoyenneté, accueillant autant de pluralisme que la situation démocratique le permet. En sens inverse, la radicalité du nationalisme procède d'une volonté exclusionnaire de limiter la pleine participation politique au « nous » primordial, quelle qu'en soit la définition. Au même titre que la pensée raciale, « arme redoutable de la destruction des nations » (Hannah Arendt), le nationalisme s'efforce de redéfinir normativement les contours de la citoyenneté autour de l'idée d'un peuple homogène. En s'emparant de la question des origines (ancestralité, filiation, généalogie…), il tend à repolitiser l'ethnicité. Ce faisant, il donne une traduction politique au problème – spécifiquement démocratique selon Tocqueville – de l'inscription des individus dans la trame d'un temps collectif.

Aussi divers que les contextes qui leur donnent naissance, les nationalismes qui gagnent en intensité depuis la fin du XIXe siècle jusqu'aux mouvements fascistes participent d'une culture politique réactive à la modernité politique. Ils s'exacerbent dans les contextes d'institutionnalisation de l'État et de la citoyenneté, que ce soit en France sous la IIIe République, dans l'Allemagne de Weimar ou encore dans les jeunes États d'Europe centrale issus de la chute des empires centraux. Ils ont un point commun : l'antilibéralisme politique. Certaines dimensions de ces nationalismes s'actualisent aujourd'hui à la faveur du « moment illibéral ». De manière significative, ils partagent en outre avec l'islamisme une fixation sur la question du genre et sur le statut du féminin et du masculin. À l'échelle mondiale, cette focalisation rappelle que la hiérarchie des sexes, comme le statut des femmes (généralement émancipées après les minorités religieuses), constitue le dernier point d'achoppement à la « détraditionalisation ».

Posant la prééminence de la nation sur l'État tout en contestant l'égalité civique, ils s'associent à différentes idéologies (traditio-conservatrices, fascistes, national-communistes...) en recyclant à doses variables l'héritage du romantisme politique et celui des contre-Lumières. À l'artificialité de procédures juridico-politiques portées par un État producteur de liens d'allégeance citoyenne, ils opposent l'authenticité de valeurs substantielles et l'enracinement charnel. Charles Maurras, le père du « nationalisme intégral », en a donné une formule frappante en distinguant « pays réel » et « pays légal ». Le slogan « La France au Français » n'est pas seulement xénophobe. Il fractionne la citoyenneté. On en retrouve la logique dans les contextes les plus variés, sous Mussolini (« *Italiani veri* »), comme sous Franco (« *Españoles auténticos* »), dans le nationalisme roumain (« *Români adevărați* »), serbe (« *Прави Срби* », « Vrais Serbes ») ou américain (« *Real Americans* »). Elle imprègne la rhétorique des « vrais Finlandais » qui promeuvent une Finlande « authentique », des « vrais Polonais » fidèles aux valeurs catholiques, ou des « vrais Hongrois » qui défendent une Hongrie « magyare » contre les influences cosmopolites de l'Union européenne. Elle s'étend jusqu'en Asie, avec la notion de « Japonais purs », d'« Indiens purs », ou de « vrais Chinois » utilisée pour exclure les Ouïghours, les Tibétains, voire les Hongkongais jugés trop occidentalisés. En Afrique, avant le génocide de 1994, l'expression « vrais Rwandais » désignait les Hutus comme le peuple légitime du Rwanda, opposés aux Tutsis présentés comme des envahisseurs venus d'Éthiopie.

Radical, le nationalisme l'est donc ici en un sens littéral : il est une politisation des racines. *Les Déracinés* (1897) était le titre du premier tome de la trilogie de Maurice Barrès, *Le Roman de l'énergie nationale*. Jusqu'aux nettoyages ethniques dans l'ex-Yougoslavie, en passant par la pensée *völkisch* centrée sur la notion d'enracinement, ou encore les lois de Vichy, les mots qui l'expriment empruntent aux métaphores organicistes des *racines*, de la *souche* ou du *germe*. Si « rien ne ressemble plus à la pensée mythique que l'idéologie politique » (Claude Lévi-Strauss), le nationalisme modernise les « mythes ethniques » en les recyclant dans la sphère de l'idéologie. S'ouvre alors une zone indécise vers laquelle convergent imaginaire héréditariste de la lignée, absolutisation morale de la nation organique et focalisation sur les origines que rappelle l'étymologie latine du mot nation (naître). En travaillant sur les mythes ethniques qu'il distinguait des mythes raciaux à prétention scientifique (où l'ancêtre est remplacé par la foule des ancêtres anonymes), le sociologue Stanisław Ossowski remarquait ainsi que « dans les conceptions populaires, la race est en réalité un concept ethnique », et que « dans certains cas, la religion est considérée comme le critère de la différence de sang »[1]. La défense de l'organisme national agrège dans son langage les métaphores de l'âme et du sang, de l'esprit et de la race. Allant au plus loin de cette jonction entre ethno-nationalisme et racisme, l'Allemagne hitlérienne avait fourni une théorie pseudo-scientifique au nationalisme *völkisch* alors même que « le nazisme entreprenait un remodelage du continent qui niait à la racine le mouvement d'affirmation des États-nations[2] ».

Significations et affects

Par sa volonté de réintroduire, à contre-courant de la dynamique démocratique, un principe de verticalité (caractéristique des sociétés d'Ancien Régime) dans l'espace égalitaire de la citoyenneté, le

1. Stanisław Ossowski, *Więź społeczna i dziedzictwo krwi* (1939), *Dzieła*, t. 2, Varsovie, PWN, 1966, p. 118 et 120.

2. Philippe Burrin, *Fascisme, nazisme, autoritarisme*, Paris, Éditions du Seuil, coll. « Points », 2000, p. 141.

nationalisme ouvre un conflit *dans* la nation. Celui-ci a tous les traits d'une *lutte inexpiable*, selon l'expression employée par Max Weber à propos de la guerre des dieux. Sa radicalité tient d'un tissage particulier de significations et de passions.

Sur le plan des significations, il procède du choc de deux visions irréconciliables de l'être-ensemble qui opposent deux manières de penser la légitimité (démocratique ou ethnique ?) et la nation (peuple des citoyens ou peuple des ancêtres ?). Dans la hiérarchie des valeurs, les nationalistes transfèrent les significations morales les plus élevées vers la nation à laquelle est soumise la transcendance de la loi. En repoussant le conflit politique hors des frontières du « nous » ethno-national, ils donnent une compréhension particulière aux affrontements politiques, qui ne mettent plus seulement aux prises des idéologies mais des identités primordiales. Le clivage radical entre « eux » et « nous », que Carl Schmitt, philosophe nazi, pose comme essence du politique, opère ici par ethnicisation de l'adversaire transfiguré en ennemi de l'intérieur ou en étranger. Par cette dimension schmittienne, ils ramènent les horizons de la guerre civile vers l'intérieur de la citoyenneté, contribuant à donner corps au fantasme du Peuple-Un. À ce titre, le nationalisme est porteur d'une logique totalitaire, négatrice des divisions sociales et du conflit.

Sur le plan des affects, le propos, ici, n'est pas d'opposer raison et émotions. Qu'il s'agisse des passions universalistes ou nationalistes, leur intensité est indissociable des raisons subjectives – théories, pensées politiques, représentations – qui les nourrissent. Il reste néanmoins que l'énigme du nationalisme, sans cesse interrogée depuis Élie Halévy jusqu'à Pierre Hassner ou Walker Connor, tient à sa puissance, souvent supérieure à celle d'autres passions politiques[1].

1. « Les émotions nationales et guerrières agissaient plus profondément sur l'esprit humain que les émotions internationales et révolutionnaires », Élie Halévy, « Une interprétation de la crise mondiale de 1914-1918 » (1918), *in*

Max Weber l'a relevé dans *Économie et société* : « Si tant est que *national* signifie quelque chose d'unitaire, ce sera aussi une sorte de passion [*pathos*] spécifique[1]. » D'après lui, la passion nationale, politique, est liée à la puissance de l'État. La passion spécifiquement *nationaliste*, fréquemment obsessionnelle comme le relèvent George Orwell et d'autres, se noue bien davantage autour de l'identité menacée, de l'appartenance et des origines. Bien qu'exaltée par un romantisme de la violence, la haine qui l'anime en fait une passion triste, davantage portée par un sentiment de perte et d'injustice que par une volonté de puissance. Le ressentiment nationaliste peut s'orienter vers l'extérieur comme vers l'intérieur, suivant une logique anti-égalitaire, qu'a notamment décrite Norbert Elias[2]. Il tourne alors sa pointe contre les minorités, exigeant que l'on renverse la dynamique d'émancipation, dont, par exemple, protestants et juifs ont pu bénéficier au seuil de l'époque contemporaine.

Dans l'histoire européenne, avec l'antilibéralisme, la plupart des nationalistes partagent une même passion haineuse contre un ennemi plus incarné mais largement mythifié : le Juif, l'anti-nation par excellence. En ses formes renouvelées depuis le XIXe siècle, l'antisémitisme recycle les anciens préjugés religieux et se modernise en passant au politique par le nationalisme. Près d'un siècle après, à mesure de la décrue des nationalismes européens, il change d'échelle et de sens pour se recomposer partiellement en

Élie Halévy, *L'Ère des tyrannies. Études sur le socialisme et la guerre* (1938), préface de Célestin Bouglé, postface de Raymond Aron, Paris, Gallimard, « Tel », 1990, p. 190. Plus récemment, Walker Connor, « Man is a N/Rational Animal », in *Ethnonationalism, The Quest for Understanding*, Princeton, Princeton University Press, 1994, p. 208.

1. Max Weber, *Économie et société*, t. 1, trad. J. Freund *et al.*, Paris, Plon, 1971, p. 427.

2. Norbert Elias, « Notes sur les juifs en tant que participant à une relation établis-marginaux » (1984), dans *Norbert Elias par lui-même*, trad. J.-C. Capele, Paris, Fayard, 1991.

antisionisme radical. Toutefois, des mixtes apparaissent : durant la crise « antisioniste » polonaise des années 1967-1969, qui a poussé vers l'exil quelque 15 000 Juifs, l'identification des « sionistes » n'était guère plus facile que l'identification d'une « race » juive sous Vichy. En l'absence de sionistes avérés, « sioniste » a fini par englober tous ceux auxquels on attribuait une origine juive.

Radical, le nationalisme le serait-il enfin par sa capacité de toucher aux profondeurs du psychisme ? Hitler n'en doutait pas en parlant de « forces pulsionnelles [*Triebkräfte*] d'origine ethnique[1] ». Destruction de la lignée de l'autre ou préservation de la sienne propre, on ne saurait sous-estimer la dimension explosive des enjeux de descendance et de filiation. À l'état incandescent, la politisation des passions ethnicistes et des mythes d'autochtonie produit des violences extrêmes dont le génocide rwandais ou l'épuration ethnique en ex-Yougoslavie constituent des exemples récents. Rapportés à l'imaginaire nationaliste serbe, les viols des femmes prenaient pour objet, comme l'a montré Véronique Nahoum-Grappe, « le lien de filiation généalogique » visant la rupture de la lignée bosniaque.

Examinant la séduction des mythes d'origine, Léon Poliakov se demandait dans *Le Mythe aryen* s'ils n'avaient pas l'avantage de répondre à la question, universelle et première selon Freud : *D'où viens-je ?* En articulant universalité psychique et singularité historique, peut-on conjecturer que les passions nationalistes varient en fonction des inquiétudes quant à l'affirmation ou à la survie des nations ? On pourrait alors avancer, par exemple, que leur puissance en Europe du Centre-Est s'explique par le fait que ces régions, longtemps soumises aux dominations impériales, sont marquées par un sentiment chronique d'insécurité et de fragilité ontologique décrit (parfois en termes psycho-pathologiques) par

1. Traduction modifiée par Laurence Kahn, *L'Avenir d'un silence. Déréalisation, refoulement, amnésie des masses*, Paris, PUF, 2024, p. 235.

bien des auteurs, de Czesław Milosz à Danilo Kiš, en passant par István Bibó.

Mais quels que soient les types de passion latente ou endormie, réactivée par les nationalistes, le déferlement des violences est d'abord rendu possible par les atteintes à l'institution de la citoyenneté. L'effondrement de celle-ci ouvre les processus gradués allant de l'exclusion à l'expulsion, voire l'extermination. « Le premier pas essentiel sur la route qui mène à la domination totale consiste à tuer en l'homme la personnalité juridique », écrit Hannah Arendt dans *Les Origines du totalitarisme*. Il fut franchi dans les années 1920-1930 par les interdictions professionnelles puis les lois raciales – celles de Nuremberg étant les plus connues – privant les Juifs de la plénitude de leurs droits civiques (en Hongrie, en Pologne, en Italie…). Comme le rappelle Laurent Joly, le statut des Juifs de Vichy reprend appui sur des projets de l'Action française visant, dès avant la Première Guerre mondiale, à les dénaturaliser pour en faire des sujets comparables aux sujets coloniaux.

Le nationalisme comme religion ?

La violence évoquée plus haut repose la question du lien entre nationalisme et religion. À partir de l'idée que « le sacré est ce qui mérite le sacrifice et interdit le sacrilège » (Régis Debray), certains auteurs se sont demandé si la violence du nationalisme qui a sacrifié des millions d'hommes n'avait pas une dimension religieuse. La comparaison entre nationalisme et religion procède-t-elle de l'analogie, de l'homologie, de l'identité, de la métaphore ? Depuis Carlton Hayes jusqu'à Anthony Smith, un tel rapprochement s'adosse à une conception durkheimienne du religieux qui l'appréhende au prisme de la distinction universelle du sacré et du profane. L'idée d'une équivalence entre divinité et « société dont les dieux ne sont que l'expression symbolique » avait conduit

Émile Durkheim dans *Les Formes élémentaires de la vie religieuse* à conclure que la modernité n'a rien perdu de sa capacité à « créer des dieux » par sacralisation « des choses purement laïques », telles la Patrie, la Liberté, ou la Raison. De là vient l'idée des déplacements du sacré (métamorphoses, retours…) qui irrigue une vaste littérature sociologique soucieuse de repérer les substituts ou les équivalents fonctionnels de la religion traditionnelle.

Ce paradigme produit d'incontestables effets de sens, éclairant l'aspect *ethnolâtre* du nationalisme. Non sans humour, Ernest Gellner fait ainsi remarquer qu'« à l'âge nationaliste, les sociétés se vouent un culte à elles-mêmes, de manière tout à fait ouverte et impudente ». En leur puissance émotionnelle, les effervescences nationalistes, comme les grandioses cérémonies fascistes, rempliraient-elles les mêmes fonctions sociales que la religion ? Dans une telle perspective qui subsume l'inédit du désenchantement du monde sous l'invariant structural du sacré et du profane, religion, nation ou ethnicité apparaissent comme des « modalités de la communion » (Pierre Manent) soudées par un même ethnocentrisme.

Toutefois, à vouloir retrouver la permanence du socle sacré-profane dans tout englobant suscitant le respect absolu et nourrissant la cohésion d'un « nous », on donne un champ d'application indéfini au concept de sacré. Théorie de la religion et théorie de l'intégration sociale en viennent à se confondre[1]. Si l'on évacue la question de la transcendance, on peut aussi bien soutenir que le marché, l'argent ou le sport sont des dieux modernes. D'où, par exemple, la critique de Raymond Aron, estimant que la religion – telle que conçue par Émile Durkheim – ne se distinguerait ni

1. La recherche d'homologies entre nationalisme et religion conduit Roger Friedland, à « reconsidérer dans quelle mesure la religion est intrinsèquement politique et la politique intrinsèquement religieuse », cf. « Money, Sex, and God : The Erotic Logic of Religious Nationalism », *Sociological Theory*, n° 3/2002, p. 419.

du fanatisme ni du nationalisme tribal. « Quelle tragique ironie – écrit-il dans ses *Mémoires* – que l'idée durkheimienne de la naissance de la foi religieuse dans les transes de la collectivité, à la flamme des torches, ait dû s'incarner à Nuremberg, des milliers et des milliers de jeunes Allemands adorant leur propre communauté et leur Führer[1] ! » On peut y ajouter la critique adressée par Hannah Arendt des comparaisons entre religion et idéologies totalitaires. Elle y voyait les excès du fonctionnalisme conduisant à subsumer sous un même mot tout ce qui remplit la même fonction, indépendamment des contenus de pensée. « C'est comme si j'avais le droit de baptiser marteau le talon de ma chaussure parce que, comme la plupart des femmes, je m'en sers pour planter des clous dans le mur », écrit-elle dans *La Crise de la culture*.

En partant des critiques qui lui sont adressées, il est pourtant possible d'incorporer le meilleur des intuitions d'Émile Durkheim dans une analyse du nationalisme, non plus comme religion, mais comme *religion séculière*. Dans leur caractérisation aronienne, les religions séculières gardent quelque chose des anciennes religions mais elles n'en sont plus. Elles appartiennent au monde de l'idéologie : fondamentalement orientées vers l'avenir, elles rapatrient le salut sur terre, en plaçant l'accent sur l'action des hommes. Dans ce sens, on peut soutenir que les nationalismes sont des religions séculières. S'ils sont tributaires – c'est un truisme – de l'invention de la forme nation, une fois dissipée l'illusion d'un retour pur et simple à la tradition, ils s'efforcent d'y reconduire une dimension holiste et conservatrice qui garde la trace du religieux. En donnant naissance à une grande variété de syncrétismes traditio-nationalistes, ils constituent des recompositions partielles de l'hétéronomie dans les sociétés qui s'individualisent. Ces mixtes de nation et de religion s'expriment d'ailleurs souvent dans les termes de la reconquête de l'identité collective et de la croisade.

1. Raymond Aron, *Mémoires*, Paris, Julliard, 1983, p. 71.

Suivant Benedict Anderson, promesse d'éternité et dialogue avec les morts bâtissent un pont entre nationalisme et religion à mesure que la temporalité traditionnelle s'affaisse. À condition de préciser que l'histoire des nationalistes est écrite par les hommes et non plus par les dieux et que le passéisme religieux est réinvesti dans une forme d'historicisme. Si culte il y a, c'est celui de l'histoire, devenue source de nouveaux récits mythiques.

En cultivant l'originel et l'immémorial, les nationalistes se font les héritiers de la philosophie de la *réhabilitation du préjugé* (Johann Gottfried von Herder, Edmund Burke, Joseph de Maistre…) : la raison individuelle n'est d'aucun poids face à la sagesse pratique venue du fond des âges et transmise de génération en génération. « Nationalisme est acceptation d'un déterminisme » est le titre du premier chapitre des *Scènes et doctrines du nationalisme* (1902) de Maurice Barrès. La religiosité des romantiques (Mickiewicz, Mazzini…) était aussi vive que peu traditionaliste. De même, comme l'ont montré George Mosse ou Fritz Stern, « la foi germanique » introduite dans le mouvement *völkisch* par Paul Bötticher alias Paul de Lagarde rassemblait des croyants qui rejetaient le christianisme traditionnel au profit de l'histoire. Elle se prolongera en une « religion commune de type ethnique ou ethno-raciste » (Ph. Burrin).

On peut déceler l'écho lointain d'un tel mouvement de sacralisation de la nation et de son histoire dans les « politiques historiques » des démocraties illibérales. Ainsi le PiS polonais a tenté de promouvoir un enseignement de l'histoire centré sur les hauts faits d'une nation vertueuse en verrouillant les débats sur le passé par des « lois mémorielles », qui déclaraient illégale l'expression « camps polonais de la mort » et prévoyaient une peine pouvant punir jusqu'à trois ans de prison quiconque attribuait à « la Nation polonaise, publiquement, la responsabilité ou la coresponsabilité de crimes nazis perpétrés par le IIIe Reich allemand ».

Les équivoques du nationalisme « religieux »

Tout comme la nation fait aujourd'hui l'objet d'une histoire mondiale (Pascal Ory), le nationalisme se mondialise. Néonationalismes, néo-populismes, nationalismes religieux, nationalismes impériaux… Comment rassembler sous un même concept l'ensemble hétérogène de passions identitaires et de réactivations religieuses à l'âge de la seconde mondialisation ?

« Le spectre des nationalismes », que Pierre Hassner évoquait pour la seule Europe des années 1980-1990, semblait constitué par « une anxiété générale portant sur l'identité ». Ayant perdu, du fait de l'approfondissement du pluralisme démocratique, la centralité politique qu'ils avaient par le passé, les nationalismes ont partie liée avec la *montée des populismes*, expression suffisamment polysémique pour englober notamment les mouvements situés à l'extrême droite des échiquiers politiques, partageant xénophobie, rejet de l'islam et anti-européisme. Contraints par les normes démocratiques à apurer leurs comptes avec le fascisme tout en cultivant, dans l'ambiguïté, des connivences à l'égard du passé, ces derniers semblent refonder leur consistance dans le projet d'un nouvel ordre illibéral. Le trumpisme en est une variante dans une société où populisme autoritaire de droite et politiques identitaires et ethnicistes de gauche semblent faire système, comme l'ont analysé Mark Lilla ou Yascha Mounk.

Or, le nationalisme se déploie à échelle mondiale globale, à la faveur des convulsions qui accompagnent les processus d'importation de l'État et de dés-impérialisation. Tracer le tableau de ce vaste ensemble appellerait un comparatisme transnational montrant comment, dans chaque situation singulière, les acteurs politiques et sociaux en conflit s'approprient, moyennant transferts et traductions, les catégories de la nation et de l'État. Surgies des différentes formes de « dialectique du particularisme et de l'Empire » (Bertrand Badie), ces recompositions politiques entretiennent des relations ambivalentes à la modernité occidentale. Elles s'incarnent dans des mobilisations contestataires ou dans les régimes autoritaires. La révolution iranienne en fournit l'exemple à la fois singulier et significatif. Plus largement, Hamit Bozarslan a récemment documenté la convergence des visions du monde que propagent les « anti-démocraties » d'Iran, de Russie ou de Turquie. En dépit de tout ce qui les sépare, elles se rencontrent dans une volonté de restauration anti-occidentale qui parle tantôt le langage du sacrifice à la nation, tantôt celui de la communauté des croyants auxquels la nation serait organiquement liée. Si l'on peut parler de « nationalismes » ici, leurs dynamiques relèvent moins de la conflictualité intérieure nouée autour de la citoyenneté que de l'affirmation vis-à-vis de l'extérieur. S'y conjuguent prétention d'universalité, rêve ou nostalgie d'empire et exaltation de la nation comme appartenance.

Le concept de *nationalisme religieux* permet-il d'appréhender ces phénomènes ? Les imbrications du national et du religieux sont légion. Elles caractérisaient déjà cette partie de l'Europe où l'intégration nationale ne s'est pas opérée en termes politiques, mais en termes ethnoculturels ou religieux. Georges Balandier s'y était arrêté dès les premières esquisses des nations en Afrique noire dans le contexte colonial. Symboles et langage religieux accompagnent les indépendances du Maghreb. On les retrouve à Sri Lanka, au Pakistan, en Inde. Ils reviennent en force dans les petites nations surgies des décombres de l'Empire soviétique.

De manière plus délimitée, dans *The New Cold War? Religious Nationalism Confronts the Secular State* (1993), Mark Juergensmeyer avait attiré l'attention sur une dynamique nouvelle, la perte de foi dans l'État et le nationalisme laïc, à partir de situations très diverses : révolution iranienne, Frères musulmans en Égypte, Front islamique du salut (FIS) en Algérie, mouvement Hindutva et BJP (« Parti du peuple indien ») en Inde, droite chrétienne aux États-Unis, sionisme religieux des colons de Cisjordanie, etc. Le concept de *nationalisme religieux* avait alors le mérite de prendre au sérieux les réactivations politiques de religions irréductibles à leurs instrumentalisations. Plus largement, il invite à penser la dualité des références qui travaille les sociétés non occidentales, notamment musulmanes, depuis les indépendances.

Toutefois, appliqué à tant de configurations hétérogènes, autoritaires ou démocratiques, il gagne en extension ce qu'il perd en précision. En particulier, il ne permet pas de problématiser un point décisif : celui de l'ordre des englobants. Désigne-t-il le processus, multiséculaire en Europe, de nationalisation des religions (Irlande, Pakistan…) ou une confessionnalisation des nationalismes ? Dans l'histoire de la modernité démocratique, entre religion transcendante et nation, l'ordre des englobants s'est inversé, donnant par exemple naissance au phénomène des *religions culturelles* (Raymond Lemieux). Ce qui n'empêchait pas les nationalistes de rendre éventuellement hommage au rôle historique des religions dans la sauvegarde de la nation ou de louer l'effervescence religieuse face aux ennemis communs. Ils pouvaient prendre appui sur une conception de la nation consubstantielle au catholicisme, en France, sous la IIIe République, ou en Pologne. Aujourd'hui, Vladimir Poutine ne voit pas d'un mauvais œil Kirill, le patriarche orthodoxe, bénir les missiles dévastant l'Ukraine. Mais, dans une mise en tension avec l'universalisme religieux, les nationalistes absolutisent la valeur de leur nation. Ils ont beau proclamer leur attachement à la religion, ils l'absorbent généralement dans leur visée politique ; *in fine* la religiosité des nationalistes est une passion de l'identité. Les nationalistes chrétiens aux États-Unis s'accordent pour considérer que « le christianisme a vocation à être le ciment d'une nation forte » mais non pour établir des institutions théocratiques (Sébastien Fath). Donald Trump ou Vladimir Poutine disent incarner une mission providentielle, mais aucun n'accepterait que des autorités religieuses lui dictent sa conduite politique.

Il en va tout autrement de ceux qui ont pour projet de rendre à la religion sa place de fondement de l'organisation collective – du moins si l'on prend au sérieux ce « au nom de quoi » ils agissent. On pourrait certes arguer que la nostalgie d'une communauté originelle religieuse hante aussi les nationalistes. « C'est le malheur des siècles et la suite funeste de nos révolutions – écrivait Maurras – qui ont voulu que de nos jours les nations deviennent des intermédiaires inévitables pour ces rapports humains qui, sans elles, s'effondreraient. Il n'en a pas toujours été ainsi. [...] Avant d'être Français, Italien, Anglais ou Germain, l'homme du Moyen Âge fut citoyen d'une civilisation générale [...]. La vraie frontière, la frontière religieuse s'étendait jusqu'à la rencontre de la barbarie. [...] Nous avons eu mais nous avons perdu l'unité humaine[1]. » Toutefois, là où les nationalistes finissent par se résoudre à la division politique du monde en subordonnant tous les aspects de la vie aux intérêts et à la puissance de la nation, les fondamentalistes, eux, rêvent de remettre la religion aux commandes. En ce sens, la réaffirmation fondamentaliste du religieux se distingue aussi bien du traditionalisme que de l'effervescence des nouveaux mouvements religieux.

Comme le relève Rogers Brubaker, l'entrelacement du national et du religieux n'est pas identité. La métaphore implique une distinction entre les fils[2]. Dès lors que la référence centrale de l'action n'est plus la nation, il n'est aucune raison de nommer « nationalistes » ceux qui se réclament, par exemple, de l'*Oumma*. Cette polarité travaille notamment les luttes fratricides – allant jusqu'aux affrontements sanglants de 2007 – du mouvement palestinien : pour l'Autorité palestinienne, la priorité, c'est la Palestine; pour le Hamas (branche palestinienne des Frères musulmans), c'est l'Islam. Plus récemment, la résurgence de la

1. Charles Maurras (1917), cité par François Huguenin, *L'Action française*, Paris, Perrin, éd. rev., 2011, p. 418.

2. Rogers Brubaker, « Religion and Nationalism : Four Approaches », *Nations and Nationalism*, n° 18/2012, p. 16.

forme califat est la meilleure expression du mouvement inverse à celui qui avait poussé les islamistes à devenir nationalistes.

On souligne souvent que le fondamentalisme – concept du XXe siècle – n'est pas une survivance. Son projet de renouer des fils perdus prend forme *dans* et *contre* la modernité dont il incorpore bien des traits (Shmuel Eisenstadt). Dans le cas de l'islamisme, la radicalité s'incarne tout d'abord dans une violence terroriste en expansion depuis le début du siècle. L'étude de la Fondapol sur « Les attentats islamistes dans le monde 1979-2024 » (octobre 2024), dénombre 2 194 attentats entre 1979 et 2000 ; 8 265 entre 2001 et 2012 ; 56 413 depuis 2013 jusqu'en avril 2024. Ensuite, l'islamisme radical tend paradoxalement à fractionner l'islam. Dans leur quête du « vrai » islam, Al-Qaïda et Daech mènent un combat mondial contre les « croisés » et les Juifs. Mais, en vertu du principe du *takfir* développé par Sayyid Qutb, ils prennent aussi pour cible les mécréants (*kuffar*) que sont les musulmans qui trahissent l'islam. En se donnant ce nouveau cadre rigoriste, le radicalisme tend à resserrer l'*Oumma*[1].

Le parcours des auteurs des attentats commis en France pousse à l'extrême les paradoxes des réactivations du religieux primordial. Leurs catégories d'action sont dissociées du cadre national, leur antisémitisme n'est pas celui des extrêmes droites nationalistes. Leurs croyances suivent une trajectoire inverse à celle que décrivait la critique du fanatisme au XVIIIe siècle : ici, la foi du charbonnier n'est pas au départ mais à l'arrivée. Aucun de ces jeunes jihadistes n'est issu du monde de la tradition religieuse vécue, ni nourri du respect déférent à l'égard de son autorité. Leurs existences sont plutôt marquées par des expériences heurtées de déliaison, ou de déstructuration familiale (absence des pères, etc.). D'où le dilemme interprétatif lancé par Olivier Roy suggérant qu'il s'agirait moins d'une « radicalisation de l'islam »

1. Hamit Bozarslan, « Le jihâd. Réceptions et usages d'une injonction coranique d'hier à aujourd'hui », *Vingtième siècle. Revue d'histoire*, n° 2/2004, p. 25.

que d'une « islamisation de la radicalité ». On peut, au contraire, souligner que notre incrédulité devant la dimension spécifiquement religieuse des tueries exprime surtout une forme d'ethnocentrisme démocratique. Dans *Un silence religieux* (2016), Jean Birnbaum s'étonne que l'on tende à ignorer les raisons au nom desquelles avaient agi les délinquants devenus tueurs. Comme si ce dont ils se réclamaient eux-mêmes n'avait rien à voir avec leurs actes pas plus d'ailleurs que le corpus idéologique jihadiste retrouvé au domicile de certains ou leurs liens avec des réseaux islamistes internationaux. C'est encore la puissance du religieux que retient Marcel Gauchet dans ces « conduites de destruction autodestructrice ». Le paradoxe de ces sauts dans la foi qui passent par des ruptures fort peu traditionnelles avec leur famille, leur environnement, voire leur héritage dans les cas de conversion, se formulerait comme suit : « Le fondamentaliste est un passéiste résolu qui ignore à quel point il est un moderne malgré lui[1]. »

---

1. Marcel Gauchet, « Les ressorts du fondamentalisme islamique », *Le Débat*, n° 185, 2015, p. 72.

À TRAVERS LE MONDE

4.

Radicalités catholiques

Denis Pelletier

La participation catholique à l'irruption dans le monde de puissants courants d'extrême droite, et de régimes que nous qualifions aujourd'hui d'illibéraux ou de populistes, hérite d'une histoire qui s'est longtemps déclinée sous l'étiquette d'« intégrisme » – un terme que récusent ceux-là mêmes qu'il désigne, qui ont toujours préféré se décrire comme « catholiques traditionalistes » ou « catholiques de la tradition ». Mais les événements qui ont jalonné les deux dernières décennies ont fortement infléchi les usages qui sont faits de cet héritage, parfois jusqu'à la rupture. Comme le radicalisme chrétien aujourd'hui, l'intégrisme catholique comportait une dimension *politique* dont les déclinaisons nationales pouvaient varier : on n'était pas intégriste de la même manière en France, aux États-Unis ou en Amérique du Sud. Le mot « intégriste », apparu comme substantif et épithète dans le catholicisme espagnol de la fin du XIXe siècle, qualifiait avant tout les porteurs d'un système de valeurs *religieuses* hérité du catholicisme intégral et intransigeant tel qu'il s'était défini au siècle précédent, dans le sillage du *Syllabus* de 1864 contre les « erreurs modernes ».

L'intégrisme religieux s'était rechargé depuis les années 1960 dans l'opposition au concile Vatican II (1962-1965). Héritiers du *Cœtus internationalis patrum*, ce groupe de pression épiscopal qui n'avait cessé de combattre l'*aggiornamento* au cours du concile, les intégristes récusaient la notion de liberté religieuse incluse dans la déclaration *Dignitatis humanæ*, au nom du vieux principe selon lequel « l'erreur n'a pas de droits ». Non négociable, ce principe limitait drastiquement les possibilités de dialogue avec les confessions chrétiennes non catholiques. Les intégristes récusaient aussi l'idée selon laquelle l'Église devait inventer une anthropologie compatible avec les droits modernes de la conscience individuelle et les exigences de la démocratie. Cette intransigeance anthropologique leur interdisait de travailler avec d'autres courants philosophiques, hostiles comme eux aux valeurs de la démocratie libérale, mais à partir de fondements non chrétiens. Le traditionalisme catholique était certes présent dans le monde entier, à travers la Fraternité sacerdotale Saint-Pie-X fondée par Mgr Lefebvre en 1970 et devenue « Église schismatique » en 1988, à travers aussi des milieux qui, sans vouloir rompre les ponts avec le magistère romain et en bénéficiant parfois de sa mansuétude, affichaient des principes philosophiques et religieux proches de ceux de la Fraternité ; mais à force de camper sur des positions ultra-intransigeantes, les traditionalistes paraissaient condamnés à demeurer une minorité sans issue.

La radicalisation d'une frange droitière du catholicisme mondial a depuis lors repris une partie de l'héritage intégriste ou traditionaliste. Mais elle a aussi élargi son horizon d'attente, en s'inscrivant au sein de courants où ses partisans acceptent de ne plus détenir seuls la vérité sur le monde. L'intégrisme était catholique et intransigeant. Le radicalisme est chrétien et capable de transiger sur certaines valeurs, pourvu que soit préservé le cœur de son projet civilisationnel. C'est l'histoire de cet élargissement que l'on raconte ici.

Trois événements ont joué un rôle central au cours des dernières décennies. D'une part, depuis les « années 68 », les politiques de la vie et celles du genre ont été le ressort d'une transformation des fondations anthropologiques de l'espace démocratique libéral, transformation contre laquelle les catholiques les plus conservateurs ne sont plus les seuls à se battre, même si leur combat est aussi interne à l'Église romaine. D'autre part, depuis le début du XXIe siècle, à la faveur notamment du retour de la question religieuse comme registre de mobilisation politique à l'échelle mondiale, l'inquiétude quant aux valeurs s'est alourdie du sentiment que « l'Occident chrétien » est désormais menacé par l'Islam, donnant naissance à ce que l'on peut appeler des politiques de la « peur civilisationnelle ». Elles sont au cœur de la radicalité illibérale, tout en excédant largement, au sein du monde catholique, l'ancien réduit intégriste. Enfin, la place prise par les catholiques dans les courants illibéraux ne se comprend pas en dehors de la globalisation du monde, qui fournit un registre de sens et des moyens d'action à des mobilisations transnationales dont les réseaux catholiques les plus conservateurs sont désormais partie prenante.

Après Vatican II, le refus des politiques de l'émancipation

Pour comprendre cette histoire, il faut remonter au concile Vatican II et à ses retombées immédiates, dans le contexte international de la crise des années 68. Deux éléments doivent ici être pris en compte. D'une part, le concile fut le laboratoire d'une première expérience de « globalisation » du catholicisme, vécue quatre années durant dans l'enceinte romaine. D'autre part, sa mise en œuvre fut, avant même qu'il ne s'achevât, l'objet de controverses internes où ce que nous appelons aujourd'hui les enjeux de genre occupèrent d'emblée une place centrale.

Réunion, au cours de quatre sessions de trois mois entre l'automne 1962 et l'automne 1965, de deux milliers d'évêques et de responsables ecclésiaux venus des cinq continents et assistés de plus de cinq cents théologiens dotés du statut d'experts, le concile fut par excellence un « événement-monde ». Présents à

Rome au nom d'une foi partagée, les évêques découvrirent que cette foi s'incarnait dans des expériences culturellement situées, et se formulait dans des langages et avec des attentes parfois contradictoires. L'*aggiornamento* conciliaire fut la réponse apportée par l'assemblée à cette épreuve inédite. A posteriori, Vatican II apparaît comme l'acte fondateur d'un « catholicisme global », entendu comme la mise en tension, au sein même de l'Église, d'un principe d'universalité hérité de l'histoire et centré sur le magistère romain, et d'un principe de multipolarité qu'a ensuite nourri le développement d'une société mondiale de l'information.

Cette multipolarité s'explique à la fois par la bascule vers le Sud, pour des raisons démographiques, du centre de gravité du catholicisme, et par l'émergence de courants transnationaux susceptibles de contester la centralité romaine au nom de la diversité des manières de vivre le catholicisme d'un point à l'autre du globe. Le catholicisme global n'est donc pas l'émergence d'un acteur collectif s'exprimant d'une manière univoque à l'échelle du monde. Il est la mise en tension interne d'un centre romain, doté de relais dans le monde entier et qui prétend s'exprimer au nom d'un *universel* catholique, avec des réseaux locaux, régionaux, continentaux et souvent transnationaux, réseaux dont la légitimité se nourrit de l'affaiblissement du centre romain, lui-même corrélatif de l'affaiblissement de la capacité de l'Europe et de l'Amérique du Nord à organiser le monde. Ce point est essentiel, si l'on veut comprendre à la fois le rôle de Rome dans l'émergence d'un radicalisme chrétien d'obédience catholique, et la diversité des voies par lesquelles ce radicalisme s'est imposé d'un endroit à l'autre du globe.

Au cours même du concile, la majorité conciliaire, une fois acquise la certitude que la contestation intégriste resterait ultra-minoritaire, a commencé à se diviser entre « progressistes » et « attestataires ». Les deux termes doivent être compris sans connotation valorisante ni péjorative, comme un principe de bipolarisation proche de celui qu'a proposé Philippe Portier en opposant les « catholiques d'ouverture » aux « catholiques d'identité ». La controverse concernait la portée de l'*aggiornamento* et la manière de le mettre en œuvre. Côté « progressiste » dominait la conviction que le concile n'avait eu le temps que d'amorcer une rencontre entre le catholicisme et la modernité, rencontre qu'il convenait de poursuivre et d'approfondir. Côté « attestataire », on pensait au contraire qu'une fois affirmée cette ouverture au monde, il était essentiel d'en revenir à une position confessante, c'est-à-dire centrée sur la réaffirmation de la foi, seule à même de préserver l'originalité du catholicisme au sein d'une modernité à laquelle il ne pouvait se rallier sans critique.

Ce désaccord sur ce qu'en termes catholiques on appelle la « réception conciliaire » a été percuté de front par la contestation qui a marqué les années 68. L'utopie de l'émancipation des corps, suivie de sa mise en œuvre politique, a joué un rôle essentiel dans la victoire du courant « attestataire », qui a commencé à s'imposer dans les dernières années du pontificat de Paul VI, notamment avec la condamnation renouvelée de la contraception par l'encyclique *Humanæ vitæ* (1968), puis avec le combat contre les différentes politiques nationales de libéralisation de l'avortement. Le regard pessimiste sur ce qui était analysé comme une crise de civilisation se tramant sous le registre de la libéralisation des mœurs s'est approfondi durant les pontificats de Jean-Paul II et de Benoît XVI. Le premier a cherché à asseoir l'héritage conciliaire sur cette vision attestataire, notamment à travers une politique de nominations, qui a permis d'éloigner du pouvoir les partisans d'une stratégie plus attentive à ce qui se jouait autour des enjeux de genre. Il a favorisé aussi la fondation d'instances destinées à combattre la dérive libérale du monde moderne en matière de morale intime, à l'image du Conseil pontifical pour la famille institué en 1981. La publication d'un certain nombre de textes magistériels, avec l'appui du cardinal Ratzinger à la tête de la Congrégation pour la doctrine de la foi, est venue couronner cet édifice.

Ainsi s'est constitué au sein du catholicisme un logiciel de pensée critique à l'encontre de démocraties libérales jugées dévoyées par les politiques de la vie et celles du genre, envisagées par Rome comme solidaires les unes des autres. La mise en place à travers le monde de législations sur les manières de naître (libéralisation de la contraception et de l'avortement, procréation médicalement assistée puis gestation pour autrui), de soigner (médecine génomique), de mourir (entre euthanasie et accompagnement des mourants), participe ainsi, aux yeux de la hiérarchie catholique, de la même logique que les législations sur les manières de « faire famille », et sur la reconnaissance des droits des femmes et des minorités sexuelles. Ces différents enjeux, juridiques, politiques et sociaux, autour desquels ont été redéfinis certains des fondements anthropologiques de la démocratie libérale moderne, ont été analysés comme autant de symptômes d'une crise civilisationnelle, fondée sur la négation d'un ordre de la nature réputé intangible. Au milieu des années 1990, les deux conférences onusiennes du Caire (1994) et de Pékin (1995) furent ainsi le théâtre d'une offensive de la délégation romaine pour contrer la reconnaissance par l'ONU des droits sexuels et reproductifs, et tenter d'empêcher l'entrée du concept de « genre » dans ses textes officiels. Elle fut suivie par la création d'instances spécialisées dans la lutte contre la « théorie du genre » au sein de plusieurs universités catholiques. Au début du XXIe siècle, Rome s'affichait bien comme le leader d'un front mondial anti-genre.

Des politiques de la vie et du genre aux politiques de la peur civilisationnelle

Il importe pourtant de souligner que la hiérarchie romaine n'a pas été seule à se mobiliser dans ce combat : le tour donné au gouvernement de l'Église, au moins jusqu'à la fin du pontificat de Benoît XVI, a permis que se déploient, dans les milieux catholiques conservateurs, des mouvements anti-genre et *pro-life* formés de laïcs et de clercs, capables de relayer sur le terrain les directives romaines, et surtout d'offrir un champ d'expériences, de fédérer des compétences scientifiques et militantes, de constituer des réseaux de mobilisation et de les installer dans des contextes nationaux variés, notamment en termes d'héritage de la relation entre l'Église et l'État. Si Rome a joué un rôle essentiel pour légitimer l'idée selon laquelle le combat contre les politiques du genre et les politiques de la vie était un combat civilisationnel, c'est à travers la diversité des expériences nationales que l'on peut saisir au plus près la rencontre entre catholicisme et illibéralisme.

Installons un paysage d'ensemble. Dans le courant des années 1970 et 1980, parfois plus tôt comme aux États-Unis, sont partout apparus des courants conservateurs, souvent ultra-minoritaires, qui fondaient dans leur appartenance au christianisme un combat contre la crise civilisationnelle qu'ils voyaient se dessiner derrière les politiques d'émancipation. Ces mouvements ne relevaient pas de l'intégrisme au sens strict du terme, mais ils étaient capables de nouer des liens avec celui-ci sur la base d'une critique commune du libéralisme politique, sans pour autant rompre avec Rome. À partir des premières années du XXIe siècle, ces mouvements ont bénéficié de deux événements. D'un côté, l'essor d'une société mondiale de l'information leur a permis de se renforcer, en s'appuyant à la fois sur l'héritage des structures missionnaires et sur des think tanks auxquels les réseaux sociaux ont permis d'agir à l'échelle transnationale. De l'autre, les attentats du 11 septembre 2001 ont activé sur un autre registre la thématique de la peur civilisationnelle. Une décennie après la publication par Samuel Huntington du *Choc des civilisations*, un quart de siècle après la révolution iranienne, l'irruption d'une violence terroriste exercée au nom de la religion a rendu plausible l'idée selon laquelle l'Occident chrétien était menacé par l'islam, au moment même où les politiques libérales mettaient en péril l'héritage chrétien, de l'intérieur et sur le plan des valeurs.

La « crise migratoire », enfin, est venue renforcer, depuis 2015, la politique de la peur civilisationnelle, en imposant une thématique de l'identité nationale dont l'apparition remontait aux années 1980.

Le modèle américain

Les mobilisations contre les politiques du genre ont ainsi servi de chambre d'écho à une « guerre culturelle » engagée quelques décennies auparavant. Elles ont permis une rencontre qui est un des ressorts de la montée de l'illibéralisme à travers le monde, et qui se décline différemment d'un pays à l'autre.

L'exemple américain relève ainsi d'une histoire longue. Démographiquement minoritaire, et placée en situation dominée par rapport à l'idéologie WASP parce qu'elle puisait la majeure partie de ses forces dans une immigration récente, l'Église américaine a longtemps été proche du Parti démocrate, tout en défendant un libéralisme religieux qui l'a mise en difficulté avec Rome à la fin du XIXe siècle. Au cours des années 1950 et 1960 apparut, au sein des élites catholiques américaines, un courant conservateur porté par la *National Review* fondée en 1955 par William Buckley (1925-2008). Buckley était un essayiste catholique que son anticommunisme – il était proche du sénateur McCarthy – et son libéralisme économique rapprochèrent du Parti républicain. Lors de l'élection présidentielle de 1964, il contribua à la mobilisation d'une partie du vote catholique en faveur du républicain Barry Goldwater, dont le programme était fortement marqué par la défense des valeurs chrétiennes.

Il joua aussi un rôle dans le ralliement du catholicisme conservateur américain au courant de la Moral Majority (« Majorité morale »), fondé en 1979 par le pasteur baptiste Jerry Falwell en vue de soutenir la candidature de Ronald Reagan à l'élection présidentielle de 1980. Entre-temps, la montée des tensions autour de l'affirmation des droits des minorités, minorité afro-américaine d'une part, minorités sexuelles de l'autre, avait renforcé une contestation de droite dont le catholicisme conservateur était partie prenante dans un contexte dominé par les prises de position de la Cour suprême, sous l'influence du juge Warren, en faveur de la lutte contre les discriminations. C'est enfin sous la présidence de Barack Obama, en réaction contre la politique conduite en faveur de la reconnaissance des droits LGBTQ, puis contre la reconnaissance du mariage entre personnes de même sexe, que les milieux ultraconservateurs américains, catholiques ou non, ont commencé à mettre en avant le thème d'une « persécution antichrétienne » au nom des droits des minorités.

On peut souligner plusieurs aspects de l'engagement de la droite catholique américaine dans la coalition qui a permis à deux reprises l'élection de Donald Trump à la présidence des États-Unis. Les catholiques y côtoient des libertariens dont la figure d'Elon Musk est représentative, des suprémacistes chrétiens issus du fondamentalisme évangélique ou pentecôtiste, des représentants de l'alt-right qui instrumentalisent le christianisme au service d'un projet d'Amérique blanche et combattent l'immigration latino, alors même qu'elle fournit la majorité des fidèles des églises catholiques américaines. Le combat n'est donc plus religieux et catholique, mais bien civilisationnel et chrétien. Mais ils y sont plus qu'une force d'appoint : le vice-président J. D. Vance est lui-même un converti au catholicisme ; plusieurs des juges de la Cour suprême nommés par Donald Trump pour mener à bien son projet de démantèlement d'une république des droits sont catholiques, choisis à l'initiative de Leonard Leo, figure dominante de la Federalist Society, qui constitue un puissant lobby de juristes conservateurs, et lui-même issu d'une famille d'immigrés catholiques italiens. Plus encore, il faut souligner le rôle de riches fondations catholiques qui ont à la fois popularisé le programme de Donald Trump et largement contribué au financement de ses campagnes. Leur rôle est renforcé, au sein du catholicisme américain, par les difficultés financières de l'Église américaine et la perte de crédibilité de son épiscopat à la suite de la crise des violences sexuelles commises par des membres du clergé. Aux États-Unis, la montée du radicalisme catholique se nourrit aussi, et peut-être d'abord, de l'affaiblissement des structures traditionnelles de l'Église.

De la France laïque à l'éventail des expériences nationales

Peut-on parler d'un catholicisme illibéral en France ? La réponse n'est pas assurée, mais l'exemple français fournit un contrepoint éclairant au modèle états-unien. On l'abordera à partir des mobilisations des catholiques qui ont accompagné, en 2012-2013, le débat sur la loi Taubira sur le mariage des personnes de même sexe.

Fondée au lendemain de l'élection du socialiste François Hollande à la présidence de la République, La Manif pour tous (LMPT), qui fut au centre de cette mobilisation, était un groupement de trente-sept associations, majoritairement catholiques et de droite, dont la plupart étaient issues de mouvances familialistes et « pro-vie », avec l'appui en arrière-plan des associations de parents de l'enseignement privé, de la nébuleuse charismatique et du scoutisme traditionaliste. S'y côtoyaient deux sensibilités. Les plus modérés s'opposaient au mariage pour tous au nom d'un patrimoine de valeurs chrétiennes qu'ils estimaient menacé par le projet de loi. Mais leur prise de parole fut soumise à un véritable travail de cadrage destiné à échapper à toute assignation à leur appartenance catholique. LMPT ne se présentait pas comme un groupement religieux. Ses leaders mettaient en avant les thématiques de l'objection de conscience et de la résistance civile. Ils invoquaient la figure d'Antigone et camouflaient leur combat chrétien derrière un argumentaire relevant d'une « anthropologie » souvent approximative. Ils revendiquaient la dimension

« laïque » de leur engagement, sans remettre en cause ni l'État de droit ni les fondements de la démocratie libérale. Les plus radicaux des manifestants, en revanche, doublaient la revendication sur les valeurs d'une grille de lecture que l'on peut qualifier d'identitaire. Derrière la menace sur le patrimoine de valeurs, ils mettaient en avant le risque pesant sur l'identité catholique constitutive de la « vraie France ». De manière révélatrice, les magazines *La Vie*, lié au premier courant, et *Valeurs actuelles*, proche du second, s'affrontèrent en janvier 2017 autour de la notion d'identité, *Valeurs actuelles* mettant en avant « Une France chrétienne… et fière de l'être », engagée dans un processus de reconquête de son identité, tandis que *La Vie* dénonçait « la tentation identitaire », sans renoncer pour autant au combat sur les valeurs.

Une longue histoire traverse la mobilisation des catholiques contre le mariage pour tous. Elle est d'abord celle du modèle de laïcité à la française, qui fait obstacle à la transformation des conflits sur le genre en combat civilisationnel, mais qui peut en retour être mobilisé au service d'un combat contre l'islam et contre l'immigration au nom du fait que la laïcité serait une « valeur », constitutive de l'identité nationale. Elle est aussi celle de l'extrême droite française : du maurrassisme à la fondation, en 1972, du Front national, en passant par le régime de Vichy et le combat pour l'Algérie française, la notion d'« identité catholique de la France » n'a jamais cessé d'être instrumentalisée par cette extrême droite, quand bien même existait en son sein un courant « païen » aux références bien différentes. Dans le paysage politique français, LMPT a eu deux conséquences. D'une part, les élections régionales qui ont suivi la mobilisation ont vu, pour la première fois, une partie importante du vote des catholiques pratiquants se porter vers le Rassemblement national. D'autre part, LMPT a donné naissance au courant Sens commun du parti Les Républicains, lequel a apporté son soutien à la candidature de François Fillon lors de l'élection présidentielle de 2017, puis, en

2022 et sous l'appellation de « Mouvement conservateur », à celle d'Éric Zemmour soutenue par Marion Maréchal-Le Pen, sur des bases qui, elles, s'inscrivaient clairement dans le cadre d'un combat civilisationnel, en activant notamment la rhétorique du « grand remplacement ». À travers La Manif pour tous, les enjeux de genre ont servi de chambre d'écho à une minorité illibérale qui s'est regroupée entre la droite du parti Les Républicains et l'extrême droite, et reçoit aujourd'hui, un peu à l'image des États-Unis, le soutien de fondations animées par quelques industriels fortunés, au premier rang desquels Vincent Bolloré et Pierre-Édouard Stérin.

D'un pays à l'autre, la radicalisation d'une frange du catholicisme et le rôle qu'elle tient dans l'émergence de courants ou de régimes populistes ou illibéraux s'inscrivent ainsi dans des histoires qui sont d'abord nationales. Proposons encore quelques exemples. En Italie, la controverse contre les politiques de l'émancipation s'est amorcée dès 1974 au moment de la loi sur l'avortement. Elle s'est prolongée en 2005 autour de la procréation médicalement assistée, avant que la mobilisation contre le mariage des personnes de même sexe ne s'inspire grandement du modèle français de La Manif pour tous. Toutefois, la montée de l'extrême droite populiste s'est surtout nourrie de l'effondrement préalable, au cours des années 1980, de la Démocratie chrétienne, qui avait rassemblé sous son aile, quarante années durant, la plus grande partie de l'opinion catholique. À la tête du parti Fratelli d'Italia puis du gouvernement italien, Giorgia Meloni met en avant son christianisme, non son catholicisme. Quant à Matteo Salvini, il a réorienté la Ligue du Nord, de la dénonciation du poids économique du Mezzogiorno vers le refus de l'immigration. Mais s'il affiche ostensiblement les signes de son appartenance catholique, aux antipodes du fondateur de la Ligue Umberto Bossi, c'est sur un mode instrumental, au service de la défense d'une tradition chrétienne italienne qui lui sert surtout à légitimer son combat civilisationnel et xénophobe.

En Espagne, la législation mise en place entre 2004 et 2011 sous le gouvernement du socialiste José Luis Zapatero n'a guère rencontré d'opposition dans la rue. Elle a cependant servi de prétexte « civilisationnel » aux nostalgiques du franquisme au sein du Parti populaire de José Maria Aznar, et plus encore à la frange de ce parti qui a fait sécession en 2014 pour fonder le parti d'extrême droite Vox. À la tête de ce dernier depuis lors, Santiago Abascal exige l'abolition du programme de protection des femmes contre les violences conjugales mis en place par José Luis Zapatero en 2004. Mais son populisme xénophobe hérite avant tout du national-catholicisme qui a servi jadis d'armature à la dictature franquiste. *Mutatis mutandis*, on pourrait en dire autant du courant qui a porté Jair Bolsonaro au pouvoir au Brésil de 2019 à 2023, à ceci près que l'ancienne hégémonie du catholicisme se heurte, ici comme ailleurs en Amérique latine, à la montée en puissance des Églises évangéliques et pentecôtistes. Issu d'une famille catholique, Jair Bolsonaro s'est ainsi fait baptiser, par immersion et dans les eaux du Jourdain, le 12 mai 2016, par un pasteur pentecôtiste en présence de caméras de la télévision. En Argentine, Javier Milei, catholique lui aussi, met en avant une passion pour le judaïsme qui l'aurait conduit à penser se convertir, et on l'a vu prier au Mur des lamentations en février 2024, quelques mois après son élection. Cela lui permet de s'afficher en défenseur d'une mission de l'Argentine au service de la civilisation judéo-chrétienne, au moment même où il se dit à la fois favorable au mariage homosexuel et hostile à l'avortement. Du Brésil à l'Argentine, tout se passe comme si l'affichage religieux permettait de donner sens à une politique ultralibérale sur le plan économique, proche de celle que promet Donald Trump aux États-Unis, nourrie en outre ici de la nostalgie de la dictature.

Plusieurs pays d'Europe de l'Est, enfin, sont marqués par la vigueur d'un national-catholicisme qui s'est radicalisé politiquement en réponse à la forte sécularisation de la société. C'est d'abord le cas de la Pologne, où le parti Droit et Justice (PiS) du président

Duda et de Jarosław Kaczyński a été au pouvoir de 2015 à 2023. Avec le soutien de la Radio Maryja du P. Tadeusz Rydzyk, connu pour ses prises de position xénophobes et antisémites, le PiS a conduit une politique fondée sur l'assimilation de l'identité polonaise à un catholicisme conservateur particulièrement hostile aux politiques du genre. Les élections législatives de 2019 ont ainsi été le théâtre d'une campagne anti-genre d'une grande violence, qui a profondément divisé la société polonaise. La Pologne voit aussi, depuis ces élections, la montée en puissance d'une extrême droite organisée autour du parti Konfederacja, fondé en 2018. Son président, Sławomir Mentzen, candidat aux élections présidentielles du printemps 2025, se réclame du modèle trumpiste. Son programme, économiquement libertarien et socialement ultraconservateur, est soutenu par l'ONG catholique traditionaliste Ordo Iuris, laquelle réclame l'interdiction du divorce et de l'IVG, dénonce les droits LGBT et promeut un ordre social catholique hostile à la construction européenne et xénophobe. En Hongrie enfin, Viktor Orbán, qui a grandi dans une famille calviniste avant d'épouser une catholique, a fait du Fidesz, fondé en 1988 comme un mouvement de jeunesse démocratique, un parti d'extrême droite, ultraconservateur et xénophobe. Après un premier mandat à la tête de la Hongrie, interrompu par les élections perdues de 2002, il a « redécouvert » son propre christianisme, nouant une relation avec le pape Benoît XVI avant de faire de la Hongrie illibérale la pointe avancée de la défense des racines chrétiennes de l'Europe.

Entre crise mondiale de la démocratie et crise du catholicisme global

À la fois incomplet et trop rapide, cet inventaire montre comment les mobilisations contre les politiques de la vie et du genre, apparues au cours du dernier tiers du XXe siècle, ont bien servi de support à l'essor, depuis deux décennies, de mouvements illibéraux et populistes qui les ont mises au service de politiques de la peur civilisationnelle. Bien davantage que catholiques, protestantes ou évangéliques, elles se définissent comme chrétiennes. Elles font de la religion le support d'une identité collective menacée. Elles légitiment ainsi, dans le même mouvement, des politiques économiques souvent marquées par l'ultralibéralisme, et des tendances autoritaires qui mettent à mal la démocratie et l'État de droit au nom de l'urgence civilisationnelle.

Et sans doute Rome a-t-elle fourni, par son opposition systématique aux politiques de l'émancipation issues des années 68, le cadre initial qui a permis cette instrumentalisation. Mais, d'une part, tous les catholiques du monde ne sont pas des adeptes du populisme réactionnaire. D'autre part, à Rome même, on n'a jamais vu Jean-Paul II ni Benoît XVI défendre des politiques hostiles à l'État de droit. Le pape François, qui avait eu maille à partir avec la dictature militaire de son pays lorsqu'il était provincial des jésuites argentins, demeurait certes fondamentalement conservateur sur le terrain des mœurs et de la morale intime. Mais il avait conscience de la nécessité de faire bouger l'Église, et promouvait, contre les politiques de la peur civilisationnelle, une politique de la fraternité dont les deux encycliques *Laudato si'* (2015) et *Fratelli tutti* (2020) ont formulé le programme. Son successeur Léon XIV, avant même son élection en mai 2025, s'est opposé à la conception étroitement nationaliste de la charité défendue par J. D. Vance au nom d'une lecture approximative de saint Augustin.

À bien relire cette histoire, tout se passe comme si le tournant conservateur pris par Rome quelques années après le concile Vatican II avait permis que se mette en place le cadre théorique d'une dérive populiste qu'elle n'a plus ensuite été en mesure de maîtriser parmi ses propres fidèles.

Comme on l'a souligné en introduction de cette contribution, la globalisation du monde a renforcé au sein de l'Église catholique un système de tensions internes entre le centre romain d'une part et, d'autre part, les réseaux, souvent transnationaux, qui tirent parti de l'émergence d'une société mondiale de l'information pour s'organiser de façon autonome. Dans ce contexte de globalisation, le catholicisme est devenu ce que l'on pourrait appeler une « minorité globale » : il est (presque) partout présent dans le monde, mais aussi (presque) partout minoritaire, en Afrique et en Asie en raison de la présence bien plus massive d'autres religions, en Europe et en Amérique du fait de la sécularisation. Ses courants les plus radicaux sont eux-mêmes minoritaires au sein de leur catholicité nationale. Dans le cadre des démocraties libérales, ils ne cessent de perdre leurs combats, alors qu'ils sont convaincus de détenir seuls l'héritage de la civilisation chrétienne. Ils ont donc appris à agir en tant que minorités actives et interconnectées. D'un pays à l'autre, d'une mouvance radicale à l'autre, des modèles circulent, des registres de mobilisation sont partagés, des textes sont traduits, des témoignages sont retranscrits, des leaders voyagent. D'une confession religieuse à l'autre aussi, et même entre courants religieux et courants laïques. Prenant ses distances avec l'héritage du catholicisme intransigeant, la mouvance catholique radicale a ainsi appris à ne pas être la seule à avoir raison, au contraire du courant intégriste dont elle est en partie l'héritière. Elle a redéfini ses combats catholiques en combats chrétiens, ses combats religieux en combats civilisationnels, au risque d'accélérer la crise de l'institution ecclésiale en préférant l'alliance avec Steve Bannon aux politiques de la fraternité que proposa le pape François dans *Laudato si'* (2015) et *Fratelli tutti* (2020). Elle participe ainsi, et dans le même mouvement, d'une crise devenue globale de l'idée démocratique, et de la crise d'un catholicisme lui-même devenu global.

5.

L'identitarisme chrétien irréligieux en Europe

Olivier Roy

S'il y a des manifestations « fondamentalistes » du christianisme en Europe (par exemple la volonté de défendre la messe en latin ou de lutter contre l'avortement), le phénomène dominant dans le champ politique est plutôt l'affirmation d'un christianisme « civilisationnel », pauvre en contenu et en pratiques religieuses, voire dépourvu de tout élément de foi. Ce christianisme identitaire ne met pas en avant les normes non plus que les valeurs chrétiennes, c'est-à-dire une vision éthique et morale qui pourrait être ouverte (amour et charité) ou fermée (rejet de l'homosexualité et de l'avortement), mais une référence au passé, présenté comme « racines » ou « héritage » sans que le contenu de cet héritage ne soit défini. Pour ses promoteurs (populistes comme conservateurs), la référence à une Europe chrétienne est avant tout réactive : elle vise à exclure de l'Europe tout ce qui n'a pas de racines chrétiennes, à commencer bien sûr par les musulmans. L'élément religieux est donc étroitement associé à une dimension ethnique, voire raciste, parfois proche du suprémacisme blanc américain, « édulcoré » par la référence religieuse.

Ceci pose la question clé des rapports entre culture et religion. D'un côté, comme je l'ai montré dans *La Sainte Ignorance*, les formes fondamentalistes de la religion (en l'occurrence chrétienne) rejettent la culture occidentale contemporaine, dénoncée comme non seulement profane, mais même païenne, c'est-à-dire porteuse d'une anthropologie et de valeurs contraires au christianisme (par exemple l'avortement, les droits LGBT, le féminisme, l'individualisme jouissif, etc.). Une frange peu nombreuse mais très bruyante d'un catholicisme intégraliste fait donc sécession de la culture dominante. La coupure remonte aux années 1960, marquées à la fois par le concile Vatican II, qui entérine une rupture avec la tradition catholique fixée par le concile de Trente au milieu du XVIe siècle, et par la « révolution sexuelle », qui rejette une morale et une anthropologie marquées par la tradition chrétienne. Les acteurs en France vont des promoteurs de La Manif pour tous aux défenseurs de la messe en latin, en passant par la dissidence religieuse de la Fraternité Saint-Pie-X, fondée par Mgr Lefebvre après le concile Vatican II.

Cependant, dans l'espace sécularisé, voire profondément déchristianisé, abandonné par les « intégristes », émerge une référence culturelle au christianisme qui fait abstraction non seulement de la croyance, mais d'un certain nombre de valeurs dites chrétiennes (l'amour, la charité, l'hospitalité, la valorisation des pauvres et des marginaux, etc.). Cette référence est mise en avant par des groupes populistes qui n'hésitent pas à critiquer l'Église (en particulier le défunt pape François) pour son universalisme et son refus de défendre la spécificité chrétienne de l'Europe. Pour ces chrétiens purement identitaires, le Vatican n'a aucun droit sur l'appellation contrôlée de « christianisme ». Bien sûr, il y a des passerelles entre pratiquants intégristes et identitaires chrétiens non croyants, même si ce christianisme identitaire fait l'économie d'une notion centrale dans la religion chrétienne : la foi. Comment se réclamer d'une religion dans laquelle on ne croit pas ? Nous distinguerons donc les conservateurs chrétiens – croyants et pratiquants –, et les identitaires chrétiens, non pratiquants, même s'il n'y a pas de coupure très nette entre les deux groupes qui peuvent parfaitement se retrouver dans des lieux (comme l'église Saint-Nicolas-du-Chardonnet à Paris) et sur des thèmes communs (essentiellement l'hostilité à l'islam).

D'un côté, il y a un « narratif » commun aux deux groupes ; de l'autre, un passage à la violence beaucoup plus prononcé chez les identitaires que chez les pratiquants, du fait sans doute que les conservateurs chrétiens catholiques, tout critiques soient-ils envers le pape François et les évêques soupçonnés de mollesse, voire de complaisance, envers l'islam, hésitent à se lancer dans des actions violentes qui les couperaient de l'Église. Cette dernière, toutes tendances confondues, refuse le passage à l'action violente, comme elle l'a fait, par exemple, durant les « troubles » en Irlande du Nord, alors même que nombre de prêtres étaient sensibles à la cause défendue par l'IRA.

Les défenseurs du concept d'« Europe chrétienne » tiennent un discours de combat contre l'islam et les immigrés, tout en souhaitant, dans leur grande majorité, que l'instrument de cette violence soit d'abord l'État et les forces de l'ordre : expulsion massive d'immigrés, fermeture des mosquées, ou, à défaut, interdiction de construire des minarets (comme en Suisse) ainsi que rejet de toutes les formes de visibilité de la religion musulmane. Cet appel à la violence légale est justifié par l'espoir d'une victoire électorale des partis populistes, et limite donc le passage à l'acte d'individus radicalisés. La différence entre les radicalisations chrétiennes et les radicalisations islamistes reflète ainsi la structure de domination : les jihadistes luttent contre les États, aussi bien occidentaux que moyen-orientaux, alors que les identitaires chrétiens peuvent espérer que l'État fera sien leur combat si les populistes gagnent les élections.

Pourtant certains passent néanmoins à l'action violente. Ils considèrent qu'il est trop tard pour organiser pacifiquement le départ des immigrés, parce que l'*establishment* (classe politique, médias, intellectuels et autorités religieuses) fait preuve de complaisance ou de pusillanimité devant l'ennemi. Le saut dans la violence illégale est le propre des identitaires non pratiquants.

Les nouveaux croisés

Regardons les attentats terroristes commis au nom de la défense de l'Europe chrétienne. Le plus emblématique est le massacre de l'île d'Utoya en Norvège perpétré en 2011 par Anders Breivik, mais qui s'inscrit dans une longue liste d'attaques de mosquées ou d'événements « multi-culturalistes », d'agressions d'immigrés ou de femmes voilées, d'assassinats de politiciens, comme Jo Cox, députée britannique, en juin 2016. Certes la référence chrétienne, même symbolique, n'est pas revendiquée par tous les groupes anti-immigrants ou antimusulmans : on trouve aussi parmi eux des néonazis qui se réclament plutôt d'un néopaganisme. Ces groupuscules nazis ou suprémacistes blancs esquivent la référence chrétienne au profit de celle de la race, voire du paganisme nordique. Néanmoins le profil dominant est bien celui d'Anders Breivik : des chrétiens purement identitaires qui n'ont aucune pratique religieuse. Ils défendent l'Europe chrétienne, non le christianisme comme religion, et identifient cette Europe chrétienne à la « race blanche ». Il est donc difficile de tracer une frontière nette entre chrétiens pratiquants, identitaires chrétiens non pratiquants et néopaïens nostalgiques du nazisme : il y a continuité dans leurs cibles (les immigrés et l'islam), et, pour les deux derniers groupes, dans leurs formes de violence (massacre et assassinats). Un éclectisme des références prévaut, au prix de contradictions historiques (comment peut-on à la fois déplorer la chute de l'Empire romain devant les Barbares, tout en faisant l'apologie du guerrier germanique ou scandinave ?). Il s'agit bien en effet d'un grand récit peu soucieux de rigueur scientifique, qui va amalgamer des séquences successives de la défense et de l'expansion d'une Europe « chrétienne ».

Ce christianisme identitaire se déploie selon un répertoire épique : celui du coup d'arrêt à l'expansion de l'islam, suivi par les croisades et par la Reconquista espagnole, pour enfin s'achever dans le triomphe colonial. Le héros type est Charles Martel, vainqueur de la bataille de Poitiers (732), qui donnera son nom à de multiples groupes terroristes (dont le groupe responsable de la mort de sept personnes en France entre 1974 et 1978), les dates clés sont Poitiers (732), Jérusalem (1099), Lépante (1571) ainsi que la prise d'Alger par les Français en 1830. Il s'agit plus d'un grand récit épique que d'une idéologie structurée : le récit d'un sursaut et d'une reconquête, prolongée par l'aventure coloniale. L'Europe ayant toujours été divisée et déchirée par des guerres internes, son unité se fantasme sur sa frontière, dans la croisade, menée par de preux chevaliers au-dessus des querelles entre royaumes. De la prise de Jérusalem à la bataille de Lépante, elle peut donc s'affirmer comme une unité religieuse, militaire et géostratégique uniquement dans la mesure où elle combat à ses frontières contre l'Islam. Si la période coloniale se fait certes toujours dans la désunion, voire la rivalité et la guerre entre Européens, elle permet elle aussi de fantasmer une unité européenne contre le monde indigène (n'oublions pas que dans l'Algérie française, l'administration coloniale opposait deux populations : les « musulmans » et les « Européens »). Très logiquement les identitaires chrétiens transposent ces séquences de conflit avec l'islam dans l'Europe contemporaine, d'une part en interprétant l'immigration comme une invasion conduisant à une islamisation de la société, mais aussi en soutenant la Serbie contre les Bosniaques puis les Kosovars, c'est-à-dire en rejouant dans les Balkans la lutte contre l'Empire ottoman.

C'est la décolonisation qui au début des années 1960 consacre le décrochage des identitaires avec l'Église catholique universelle, car le christianisme échappe, avec les indépendances, à la tutelle de l'Europe. La fin du colonialisme marque donc le repli de l'Europe : le christianisme devient alors défensif et détaché de toute vision de conversion et d'expansion, et surtout de toute question de foi. Il doit assurer le repli. L'identitarisme chrétien devient essentiellement blanc (on défend les Arméniens mais pas les Éthiopiens). Cet identitarisme nie l'universalité du christianisme : l'immigré africain catholique n'est pas mieux accueilli que le musulman. Les sites catholiques identitaires dénoncent aussi la présence croissante de curés africains dans les paroisses rurales de la France. L'hostilité envers le pape François est, entre autres éléments, fondée sur son refus de voir dans l'Europe à la fois le berceau et le centre du monde chrétien. On lui reproche ainsi de refuser de venir inaugurer Notre-Dame à Paris, mais d'aller à Marseille pour célébrer la diversité. Son universalisme semble entériner le déclin de l'Europe.

Les « valeurs européennes » que l'on brandit contre les musulmans, elles non plus, ne sont plus définies comme des valeurs universelles. D'ailleurs, chrétiens fondamentalistes et identitaires sont très critiques par rapport au principe des droits humains, bien que pour des raisons différentes : origine divine du droit pour les premiers ; différentialisme pour les seconds. Elles sont les marqueurs identitaires que l'on oppose aux immigrés.

Ce qui est mis en valeur dans ces grands récits de croisades, c'est le combat, la bataille, le sacrifice. Tout ce qui concerne l'organisation de la société, les échanges culturels et économiques, ou les débats religieux et philosophiques est mis de côté. Le christianisme identitaire se replie sur un modèle guerrier : les scouts en uniforme sont les futurs chevaliers. Le chevalier croisé est alors le pendant du jihadiste. Cette apologie du combat et de la guerre prédispose au passage à la violence, comme celui d'Anders Breivik, qui se définit comme un Templier.

Le Camp des saints de Jean Raspail devient dès sa parution en France en 1973[1], et à partir de 2000 aux États-Unis, le livre de chevet des identitaires : la France est envahie par des millions d'immigrés, tandis que les « saints », c'est-à-dire les chrétiens blancs, se réfugient dans le réduit breton. Le titre est une référence au dernier livre de la Bible, l'Apocalypse (20, 7-9) : « Quand les

1. Jean Raspail, *Le Camp des saints*, Paris, Robert Laffont, 1973.

mille ans seront accomplis, Satan sera relâché de sa prison. Et il sortira pour séduire les nations qui sont aux quatre coins de la terre, Gog et Magog, afin de les rassembler pour la guerre ; leur nombre est comme le sable de la mer. Et ils montèrent sur la surface de la terre, et ils investirent le camp des saints et la ville bien-aimée. Mais un feu descendit du ciel, et les dévora. » L'invasion est possible du fait de l'affaiblissement de l'armée et de la complaisance de l'Église catholique : l'alliance du sabre et du goupillon ne fonctionne plus. L'invasion est une conséquence de la décadence, non sa cause.

Après *Le Camp des saints*, un autre roman paraît, bien plus violent, qui circule d'abord aux États-Unis dans des réseaux parallèles : *The Turner Diaries* (1978) de William Luther Pierce, fondateur du mouvement néonazi américain National Alliance. Le personnage principal, Earl Turner, joue un rôle clé dans l'action terroriste d'un groupe suprémaciste blanc qui se lance dans le massacre de Noirs, de Juifs et de fonctionnaires, afin de déclencher une guerre civile généralisée qui verra le triomphe de la race blanche. Toutefois, le manifeste le plus explicite de ce radicalisme identitaire est celui écrit par Anders Breivik, auteur du massacre d'Utoya en 2011. Dans ce texte de 1 500 pages (accessible sur Internet), il se définit comme un « Templier ». La croix des Templiers figure sur la couverture du livre. Il cite abondamment Bat Ye'or, autrice d'un livre très lu dans l'extrême droite identitaire – *Eurabia : L'Axe euro-arabe* – où elle décrit l'immigration musulmane en Europe comme le résultat d'un accord secret entre les dirigeants de l'Union européenne et les pays du Golfe afin de garantir l'approvisionnement en pétrole de l'Europe. Cette thèse de la complaisance des élites européennes dans le processus d'islamisation de l'Europe se retrouve dans les mouvements populistes, car elle permet de relier la critique des élites et le refus tant de l'immigration que de l'islam. Le manifeste dénonce le marxisme, le féminisme, les LGBT, le multiculturalisme (tout ce qui se verra dix ans plus tard affublé de l'étiquette de « wokisme »), ce qui lui fait partager un conservatisme des mœurs proche des chrétiens traditionalistes, mais qu'il ne fonde pas sur la Bible.

La stratégie prônée par Anders Breivik est de passer à l'action individuelle violente, puisque selon lui il n'y a pas encore de mouvements politiques suffisamment forts et surtout suffisamment déterminés pour prendre en main le « nettoyage » qu'il envisage (malgré une mention positive de l'English Defence League). Du fait de l'effondrement des institutions, dans le grand récit de la décadence de l'Occident, la résistance ne peut venir que d'individus isolés, les preux chevaliers de notre temps. Son but est de pousser à une guerre civile grâce à un enchaînement d'attaques individuelles, menées par les nouveaux Templiers, suivies de représailles, déclenchant ainsi un cycle de violence croissante. L'attaque très meurtrière contre des mosquées à Christchurch en Nouvelle-Zélande (2019) montre effectivement que le message est passé : la plupart des attentats montés par l'extrême droite en Occident dans les années qui suivront Utoya seront sur ce modèle. La référence à l'English Defence League, dont le logo reprend l'imagerie croisée dans le manifeste d'Anders Breivik, n'est pas anodine : en 2017, Darren Osborne, qui fait un mort et douze blessés en attaquant la mosquée de Finsbury Park à Londres, dit s'être inspiré des écrits du fondateur de l'English Defence League, Tommy Robinson. Robinson, en écho, estime que cet attentat est une « vengeance » en réponse à ceux de Londres la même année revendiqués par l'État islamique.

Les populistes identitaires : chrétiens ou païens ?

Le fait qu'un certain nombre de groupes populistes puissent « comprendre » ce genre d'attaques pose la question de la perméabilité entre partis populistes et radicalité violente identitariste.

Présenter une Europe de culture chrétienne désormais en déclin et menacée par une islamisation rampante à la fois démographique (en raison de l'immigration) et religieuse (à cause de l'islamisation de la société) ouvre un espace de violence potentielle, du fait que des acteurs individuels comme des groupes radicaux vont s'emparer de ce narratif pour passer à l'action.

Entre référence purement religieuse et référence essentiellement ethnique et raciale, il y a toute une gamme de manipulations possibles de la religion chrétienne comme marqueur identitaire. Les mouvements populistes varient dans l'intensité de leur référence à l'Europe chrétienne, selon un axe Nord-Sud et Est-Ouest : le Nord et l'Ouest (où se concentre le protestantisme européen) ont une vision plus séculière de l'Europe, alors que l'Est et le Sud (de la Pologne à l'Espagne en passant par les Balkans, où dominent catholicisme et orthodoxie) ont une référence plus prononcée à sa christianité. Contrairement à ce qui se passe aux États-Unis, les protestants européens (à part les luthériens) ont une vision moins identitaire du religieux, pas pour des raisons théologiques toutefois. Ils peuvent être rangés en deux catégories : 1) les « historiques » (réformés d'origine calviniste, luthériens et anglicans) sont profondément sécularisés. Ils sont plutôt libéraux sur la question des mœurs, tandis que seuls les luthériens, organisés en Églises nationales (notamment en Scandinavie), voient dans la religion un marqueur identitaire plus national et ethnique que proprement européen (à l'instar des orthodoxes des Balkans). 2) Les évangéliques et les pentecôtistes, issus des « réveils » anglo-saxons, font preuve d'un grand dynamisme, et défendent une vision morale très conservatrice et normative, comme aux États-Unis. En revanche, ils recrutent, contrairement à leurs homologues américains, massivement dans les milieux d'immigration récente, et rejettent donc un christianisme identitaire blanc au profit d'une affirmation de la foi personnelle dans un contexte universaliste et multi-ethnique.

Si les protestants les plus « normatifs » sont les moins identitaires, la relation est encore plus complexe avec l'Église catholique. Les papes Jean-Paul II et Benoît XVI insistaient sur la nécessité pour l'Europe de revenir non pas simplement à une identité chrétienne, mais bien à une vérité chrétienne, incarnée dans les « principes non négociables » (la vie et la famille, c'est-à-dire la morale sexuelle au sens large). Pas d'identité chrétienne sans défense des valeurs chrétiennes (« France, qu'as-tu fait de ton baptême ? », lança Jean-Paul II lors de sa visite à Paris en 1980). Le pape François cependant dissocie identités et valeurs. Pour lui, seules comptent les valeurs (qui sont à la fois dans la tradition normative, par exemple le refus de l'avortement, et dans celle de l'amour et de la charité, par exemple l'hospitalité envers les migrants). Pour lui, les valeurs sont universelles, comme l'est la vocation de l'Église (c'est le sens du mot « catholique ») : il rejette donc toute référence à une « identité chrétienne » qu'elle soit ou non européenne. Sa position ne correspond ni à un axe libéral/conservateur ni à un axe identité/universalisme. Il ne soutient donc pas les partisans d'une identité chrétienne de l'Europe, laquelle laisserait entendre que l'Europe aurait une sorte de copyright sur le christianisme. Il met les croyants identitaires (comme les partisans de la messe en latin) en porte-à-faux, quand il ne critique pas leur « cléricalisme », voire leur « mondanité sectaire[1] ».

La première variable des mouvements identitaires porte sur le degré de religiosité qu'ils mettent dans la référence au christianisme : dans quelle mesure les identitaires sont-ils pratiquants ? La deuxième variable porte sur l'adoption ou le rejet de normes morales défendues par l'Église catholique : dans quelle mesure sont-ils des conservateurs et se réfèrent-ils à une normativité chrétienne, même sécularisée (comme la pensée républicaine laïque a pu le faire quant à la définition de la famille et des relations de genre inscrites dans le Code civil à partir de la Révolution française) ?

Procédons d'abord à un état des lieux.

1. Voir l'autobiographie du pape François (*Espère*, Paris, Albin Michel, 2025, p. 268).

Les partis populistes européens ont en commun la défense du « peuple de souche », le refus de l'immigration, le rejet de l'islam, la méfiance envers l'Union européenne, la critique de la classe politique, le refus de la vaccination obligatoire. Ils sont pro-Israéliens surtout par assimilation des Palestiniens aux immigrés musulmans, car beaucoup d'entre eux ont un passé antisémite mais voient dans l'État d'Israël un rempart de l'Occident. Ils diffèrent sur les questions de mœurs (droits des femmes et des LGBT contre famille traditionnelle) et sur la place accordée à l'identité et aux valeurs chrétiennes. C'est cette question des valeurs qui va nous servir de guide pour comprendre comment peut s'exprimer une radicalité non religieuse.

Un premier groupe (essentiellement au nord de l'Europe) s'oppose à l'islam en défendant plutôt des valeurs libérales et laïques tout en s'opposant au wokisme : sans remettre en cause la liberté sexuelle, le droit à l'avortement, le mariage homosexuel, ils rejettent la GPA et la reconnaissance des droits des « transgenres ». Les Démocrates de Suède (Sverigedemokraterna, SD), d'origine néonazie, ne se réclament d'aucune référence chrétienne, ils défendent avant tout une identité raciale et ethnique. Le Parti libéral autrichien (Freiheitliche Partei Österreichs, FPÖ), dans la foulée de son passé nazi, est plutôt de tradition anticléricale et libertaire sur le plan des mœurs. La référence ethno-raciale est centrale (même s'il hésite entre un pangermanisme culturel et l'affirmation d'une identité autrichienne fondée sur son rejet de l'islam et des immigrés). En Allemagne, l'AfD (Alternative für Deutschland), le Vlaams Belang flamand en Belgique et le Parti pour la liberté (Partij voor de Vrijheid, PVV) de Geert Wilders aux Pays-Bas défendent un groupe ethnique, mais aussi le droit des femmes et, surtout pour le dernier le droit des homosexuels. Le PVV veut faire inscrire dans la Constitution néerlandaise la primauté de la culture judéo-chrétienne et humaniste mais il est clair qu'ici le christianisme n'est pas celui des Églises, car il se trouve ramené à une simple tradition, sur le même pied que le judaïsme ou l'humanisme, qui ont en commun de voir dans l'islam l'autre de l'Europe. On retrouve une posture similaire au Rassemblement national français : le programme de Marine Le Pen pour la présidentielle de 2017 fonde l'identité de la France sur la laïcité et non sur le christianisme. Elle s'engage à ne pas revenir sur la liberté de l'avortement et sur le mariage homosexuel, ce qui la met en porte-à-faux avec les catholiques conservateurs, qui lui préfèrent sa nièce, Marion Maréchal. Marine Le Pen défend un « peuple » français sur des critères plus vagues que les autres partis de ce groupe.

En Grande-Bretagne, le mouvement Reform ne demande pas l'abolition de l'avortement ou du mariage homosexuel, tout en condamnant le « wokisme », et ne pose pas la question religieuse. Il ne soutient pas spécialement l'Église officielle anglicane, trop ouverte sur le multiculturalisme, le paradoxe étant que les évêques les plus conservateurs sur le plan des mœurs sont justement ceux issus de l'immigration. Remarquons que dans les pays scandinaves, où existe une Église luthérienne nationale, celle-ci est toujours présentée comme l'expression de la nation au sens ethnique, et jamais comme une instance de prédication et de conversions. Si l'on est Danois, il n'y a pas besoin de croire pour rejoindre l'Église, mais un protestant non danois sera plutôt poussé à rejoindre une Église non ethnique (comme les évangéliques). Bref, on reste toujours dans l'identitaire, tout en se réclamant de valeurs libérales, transformées à leur tour en marqueurs identitaires.

Dans une autre catégorie, on peut ranger les partis populistes nettement conservateurs sur le plan des mœurs et donc plus proches des chrétiens pratiquants. Le Parti des vrais Finlandais (Perussuomalaisten puolue, PS) se réclame explicitement de valeurs conservatrices (contre l'avortement, le mariage homosexuel et l'ordination des femmes dans l'Église luthérienne). Comme son nom l'indique, il défend avant tout une identité ethnique. En Italie, la Lega et Fratelli d'Italia défendent dans leurs programmes des positions très conservatrices, se réfèrent aux valeurs chrétiennes et rejettent la liberté de l'avortement comme le mariage homosexuel. Mais de fait ils se contentent de refuser d'étendre les droits déjà acquis sans revenir en arrière. Ils n'ont de plus pas le soutien politique de l'Église catholique, du fait de l'opposition du pape à la posture antimigratoire du gouvernement italien.

Enfin la troisième catégorie comporte ceux qui revendiquent de revenir à une nation chrétienne, où le modèle familial chrétien serait inscrit dans la loi et l'éducation. Ils sont donc ouvertement « réactionnaires », car ils veulent revenir sur la sécularisation et la déchristianisation de l'Occident. Ils sont évidemment opposés aux droits des LGBT, au féminisme, à l'avortement. Comme les autres populistes, ils voient dans l'islam un ennemi, mais condamnent également le déclin moral et spirituel de l'Europe. On trouve parmi eux le mouvement espagnol VOX, le portugais Chega (dont le chef, André Ventura, est un catholique pratiquant), et surtout le PiS polonais, au pouvoir entre 2016 et 2023. Or, durant les huit années de gouvernement, l'assistance régulière à la messe a chuté de 60 % de la population à 30 %, et en dessous de 20 % pour les jeunes. Ces partis butent tous sur la déchristianisation qu'ils ne parviennent pas à enrayer et qu'ils ont même involontairement accentuée.

La leçon est claire : la référence chrétienne sert avant tout de marqueur identitaire, et ne correspond en rien à un retour de la foi et de la pratique. C'est une référence fragile, souvent folklorisée : le son des cloches, les crèches sur la place publique, les processions en costumes traditionnels. Un slogan du FPÖ fut « Le son des cloches des églises plutôt que le chant du muezzin » (élections régionales au Tyrol en 2008). Les populistes suisses ont mené campagne contre les minarets avec des vidéos qui opposaient le son des cloches – mais cette fois il s'agissait des clochettes des vaches – à la mélopée du muezzin sur un minaret.

Surtout, mis à part dans la troisième catégorie des partis populistes, les leaders qui manipulent des symboles chrétiens ne sont en rien des modèles de vie chrétienne. Il ne faut pas y voir de l'hypocrisie, car ils ne se cachent pas : jouisseurs, divorcés, enfants en dehors du mariage, voire homosexualité. Pour un électorat chrétien, comme celui de Donald Trump aux États-Unis, cet écart pose problème et les pasteurs mobilisent donc la figure du roi David, pécheur s'il en fut, mais que Dieu choisit comme instrument de ses desseins. S'il est si difficile de trouver des leaders exemplaires, c'est que les leaders sont le reflet de leur électorat, de plus en plus déchristianisé.

La mort de la religion et le nihilisme identitaire

La chute de la foi et de la pratique est paradoxalement un facteur de radicalisation. D'abord parce qu'il n'y a plus les garde-fous institutionnels que représenteraient les Églises : elles ont rarement été pacifistes et ont béni les drapeaux à chaque guerre, mais ont toujours rejeté la violence individuelle. Ensuite parce que la posture qui consiste à se réclamer d'une religion sans la foi ne peut être qu'instable, surtout à partir du moment où la pratique religieuse s'est reconstituée en dehors d'une culture dominante devenue « païenne » à leurs yeux. La position de Charles Maurras dans la première moitié du XXe siècle, être culturellement catholique tout en étant agnostique, ne fonctionne plus car la culture dominante ne repose plus sur un christianisme même sécularisé. Se réclamer d'une religion dont on refuse le message profond (qu'il soit loi ou amour) place l'acteur dans une posture déséquilibrée et paradoxalement accentue l'« insécurité culturelle », pour reprendre le concept du politologue Laurent Bouvet.

Les radicalisés identitaires refusent de s'en remettre aux partis populistes. Alors que ceux-ci restent dans l'espoir qu'un jour, une fois le pouvoir conquis, ils retourneront la violence légitime de l'État contre les musulmans et les immigrés, ces radicalisés pensent qu'il est trop tard, et que les partis populistes, sous prétexte de la « dédiabolisation » promue par Marine Le Pen, finiront dans le compromis, lequel, couplé avec la crise démographique, entérinera la décadence de l'Occident chrétien. Les identitaires sont donc dans une perspective apocalyptique. Il est trop tard pour agir par des moyens politiques. Seule une guerre civile peut résoudre le problème, mais c'est quitte ou double. Pour eux, le « grand remplacement », concept élaboré par Renaud Camus, n'est pas un simple effet mécanique de l'immigration, mais une conséquence de la décadence préalable de l'Occident qui ne sait plus quelle culture ou quelle religion défendre contre les nouveaux venus. La déchristianisation n'est pas une conséquence de l'islamisation, c'est le contraire : c'est bien parce que le christianisme occidental s'est effondré de lui-même à partir des années 1960, suivi par la crise démographique, que l'islamisation serait possible. La guerre civile est à la fois crainte et souhaitée. On la retrouve au cœur des romans de Michel Houellebecq ou de Jean Rolin[1]. Elle est devenue non la matrice d'un monde nouveau, comme dans le communisme ou le fascisme, mais la métaphore de la disparition du contrat social, de l'effondrement de la société sur elle-même. D'où un sentiment de fin du monde qui ouvre sur un nihilisme suicidaire que l'on retrouve au cœur des massacres de masse dans les écoles américaines (à partir du massacre de Columbine en 1999). Pas d'idéologie, pas de réseaux entraînés et structurés, pas d'état-major en coulisse, mais l'action pour l'action de la part d'individus qui ont la mort comme horizon, la leur et celle d'une société sans perspective de salut. Ce n'est pas un hasard si un des penseurs les plus célèbres de cet identitarisme chrétien irréligieux, Dominique Venner, s'est suicidé dans la cathédrale Notre-Dame de Paris en mai 2013 : acte

1. Voir la revue *Critique*, n° 932-933 : *Guerres civiles*, Éditions de Minuit, 2025.

impie et sacrilège s'il en fut, acte de désespoir envers une religion qui se refuse à son combat.

Si l'on constate que le passage à la violence au nom du christianisme est inversement corrélé à la pratique religieuse, on doit s'interroger sur le potentiel de radicalisation de ce qu'on pourrait appeler la nostalgie du religieux, c'est-à-dire un sécularisme nihiliste qui ne s'assume que dans la mort. Ce n'est pas la religion qui se radicalise ici, c'est l'absence de religion qui pousse à la radicalisation, ou du moins l'absence de ce que la religion pourrait apporter de positif : l'espérance.

6.

Le nationalisme chrétien aux États-Unis

Denis Lacorne

Le nationalisme chrétien est un mouvement social d'inspiration religieuse, fondé sur une idéologie populiste et réactionnaire, instrumentalisée par des partis politiques conservateurs. Cette idéologie, parfois confuse et hétéroclite, ne manque cependant pas de cohérence. Elle repose sur un mythe fondateur, la fondation chrétienne de l'Amérique ; elle offre une vision de l'avenir particulièrement pessimiste et xénophobe, d'un pays soumis à l'afflux incontrôlé de personnes de couleur en provenance du Sud global ; elle propose des moyens d'action autoritaires, défiant les normes établies de la démocratie et d'un régime politique représentatif, respectueux de l'État de droit.

Un mythe fondateur

La fondation des États-Unis, selon les partisans du nationalisme chrétien, repose sur les principes éminemment religieux des premiers Puritains, fuyant les persécutions de la métropole anglaise. Les textes fondateurs, à commencer par le pacte du Mayflower signé par les Pèlerins en 1620, la Déclaration d'indépendance (1776), la Constitution fédérale (1787) et le Bill of Rights (1789), refléteraient ces valeurs et démontreraient que la nation était bien destinée à devenir une « brillante cité sur la colline », selon l'expression fameuse employée en 1630 par le puritain John Winthrop, futur gouverneur de la colonie de la Baie du Massachusetts. Cette expression, empruntée à l'évangile de Matthieu (5, 14), fut répétée *ad nauseam* par tous les candidats républicains à la présidence des États-Unis, à commencer par Ronald Reagan, Bush père et fils, et plus tard Mitt Romney. La nation, dans cette perspective eschatologique, choisie et bénie par Dieu, se préparait à jouer un rôle exceptionnel dans le destin de l'humanité. Ce thème, repris et banalisé au milieu du XIXe siècle sous le nom de « destinée manifeste », servira à justifier l'expansionnisme impérial des États-Unis et l'annexion de territoires comme le Texas, la Californie, l'Arizona, le Nouveau-Mexique, le Nevada, l'Utah et une partie du Colorado à la suite de la guerre américano-mexicaine de 1846-1848, sous la présidence de James Polk – guerre achevée avec la signature du traité de Guadalupe Hidalgo (1848).

En réalité, la fondation religieuse des États-Unis est en bonne partie mythique. La Constitution fédérale ne fait aucunement référence à Dieu et le serment d'allégeance prévu par son article VI est authentiquement laïque. Dieu, contrairement à un vieil usage, n'est pas mentionné dans ce serment. La référence à Dieu est ajoutée oralement par les présidents américains, qui s'écartent ainsi du texte de la Constitution et renouent avec la tradition du parlementarisme anglais. De nombreux Pères fondateurs étaient en fait athées, déistes, unitariens ou quakers. Leur attachement au christianisme pouvait être des plus ténus. Le meilleur exemple est le cas de Thomas Jefferson, le rédacteur de la Déclaration d'indépendance et le troisième président des États-Unis. Réputé pour son déisme et ses propos iconoclastes, il était souvent dénoncé par ses adversaires comme un impie, un athée, voué à la destruction du christianisme. La *Jefferson Bible* ou *The Life and Morals of Jesus of Nazareth*, rédigée à la Maison-Blanche et publiée pour la première fois en 1904 à partir de ses notes, faisait de Jésus un sage, un philosophe doué de raison. Toutes les références aux miracles, à la divinité du Christ et à sa résurrection ont été soigneusement effacées par Thomas Jefferson. Cette Bible rationalisée dans un esprit voltairien sera distribuée à tous les nouveaux membres du Congrès jusqu'au début des années 1950.

Que pensent les Américains de leur Constitution ? D'après un sondage du Pew Research Center (28 octobre 2021), 18 % des adultes sondés (et 37 % des évangéliques blancs) croient que ce texte fondateur est « inspiré de Dieu et reflète la vision de Dieu pour l'Amérique ». Un sondage plus récent du même institut de recherche (15 mars 2024) indique que 49 % des Américains pensent que la Bible devrait avoir une influence « forte » (*a great deal of influence*), ou « relative » (*some influence*) sur les lois votées par le Congrès. Cette opinion est défendue par 86 % des évangéliques blancs, alors que 80 % des « sans religion » et 79 % des juifs rejettent ce type d'influence. Par ailleurs, 45 % seulement des sondés ont « entendu parler » du nationalisme chrétien et parmi ceux-ci les opinions défavorables (25 %) l'emportent sur les opinions favorables (8 %). Il en est de même, mais avec un moindre écart, dans le sous-groupe des évangéliques blancs (14 % d'opinions défavorables, 8 % d'opinions favorables). Enfin 16 % des Américains souhaitent que le gouvernement fédéral mette fin à la séparation des Églises et de l'État. Cette opinion est plus prononcée encore chez les évangéliques blancs (31 %) et les protestants hispaniques (22 %). De façon plus générale, 62 % des adultes étatsuniens se définissent comme chrétiens (23 % sont des protestants évangéliques, 11 % des protestants traditionnels [*mainstream*], 19 % des catholiques), 7 % appartiennent à des religions non chrétiennes (juive, bouddhiste, hindoue, musulmane) et 29 % refusent toute affiliation confessionnelle (« Religious Landscape Study », Pew Research Center, 26 février 2025).

Une vision de l'avenir pessimiste

Le nationalisme chrétien défend une conception tribale et racisante de la nation américaine. Selon ce point de vue, la majorité blanche – des Blancs d'origine européenne – est menacée par une « invasion » de peuples de couleur dont la culture, la religion, les conceptions de l'existence seraient incompatibles avec la civilisation chrétienne établie par les Pèlerins et les Pères fondateurs, même si bon nombre de ces immigrés sont des chrétiens, attachés aux valeurs familiales traditionnelles. En fait, 58 % des immigrés résidant aux États-Unis et nés à l'étranger en 2023-2024 sont de confession chrétienne, d'après le dernier sondage des pratiques religieuses du Pew Research Center, précité. La hantise d'une submersion de « barbares » antichrétiens est bien peu justifiée.

Pour les partisans du nationalisme chrétien, la menace d'un renversement démographique à venir est bien réelle : la nation, si rien n'est fait pour arrêter l'arrivée incontrôlée des étrangers, risque de devenir une nation composée en majorité de minorités ethniques, une « *majority-minority nation* » comme l'écrivent les démographes américains. D'où le succès de la thèse de Renaud Camus sur le risque d'un « grand remplacement », popularisée dans des médias comme Fox News et défendue par des membres de l'entourage du président Donald Trump, comme Stephen Miller (chef adjoint de son cabinet, chargé des questions d'immigration), Tom Homan (le *Border Czar* de la Maison-Blanche, responsable des contrôles de frontières), et des journalistes et conseillers comme Steve Bannon et Tucker Carlson. Les risques qu'identifient les partisans de cette thèse, selon l'expression même de Renaud Camus, sont de deux ordres : une « déculturation multiculturaliste » et le remplacement d'une vieille civilisation « brillante et admirée » par la « décivilisation pluriethnique »[1].

1. Renaud Camus, *Le Grand Remplacement. Introduction au remplacisme global*, Paris, La Nouvelle Librairie, 2021, p. 64.

Le nationalisme chrétien, comme l'ont montré les sociologues Joseph Baker, Samuel Perry et Andrew Whitehead avec leur enquête menée en 2019 à partir des données de la Chapman University Survey of American Fears, est directement lié à l'expression de sentiments xénophobes et islamophobes. La peur de l'étranger « de couleur » est elle-même indissociable des intentions de vote pour le Grand Old Party : 74 % des sondés se déclaraient « très inquiets » que les « Blancs cessent de constituer une majorité aux États-Unis ». La vision du monde que défendent les adeptes du nationalisme chrétien est dichotomique et racisante sinon même ouvertement raciste. L'ennemi étranger dénoncé par Donald Trump et ses partisans est tout sauf un chrétien. Il est potentiellement un criminel, un violeur, un terroriste, un être contagieux capable « d'empoisonner le sang de notre pays » (« discours de Durham », New Hampshire, 17 décembre 2023), ou même un être cruel qui, comme ces immigrés haïtiens installés dans la ville de Springfield dans l'Ohio, mangeraient les animaux domestiques de leurs voisins (intervention au National Constitution Center de Philadelphie, 13 septembre 2024). Il convient, dans cette perspective, de restaurer un ordre ancien, fondé sur des valeurs chrétiennes, à l'intérieur duquel les étrangers, peu nombreux, seraient tous des Blancs d'origine européenne et resteraient facilement assimilables…

Moyens d'action

Le discours des nationalistes chrétiens est théocratique et autoritaire. Il évoque, dans sa forme la plus extrême, un conflit cosmique entre le Bien et le Mal, des sacrifices et des guerres sanguinaires, inspirés des prophéties de l'Ancien Testament et de l'Apocalypse. Pour certains, souvent décrits comme des « sionistes chrétiens », ces prophéties se réaliseront en Israël, avec la reconstruction du Temple de Jérusalem, et une guerre effroyable, la bataille d'Armageddon, précédant la parousie du Christ. Pour d'autres, plus centrés sur le sol et les réalités américains, l'objectif ultime est l'instauration d'un gouvernement théocratique, respectant les meilleurs préceptes bibliques. Ainsi, pour les partisans du Reconstructionnisme chrétien et de la *Dominion Theology* comme le pasteur Robert Jeffress de la First Baptist Church de Dallas, le pasteur Douglas Wilson de la Christ Church de Moscow dans l'Idaho, ou encore le pasteur David Barton, l'organisateur de l'American Restoration Tour – une croisade pour restaurer les valeurs chrétiennes –, les familles américaines doivent se soumettre aux règles patriarcales les plus strictes, le père ou le mari disposant d'une autorité absolue sur sa femme et ses enfants. La progression de l'homosexualité pour le premier sont un signe de l'arrivée prochaine de l'Antéchrist; l'homosexualité pour le second mériterait d'être punie de la peine de mort, comme le prévoit l'Ancien Testament. Et surtout, l'enseignement doit échapper au cauchemar des écoles publiques qui ne sont rien d'autre que des « camps d'endoctrinement » néo-marxistes dédiés à une pédagogie satanique. L'enseignement chrétien à domicile (*homeschooling*) est préférable et, à défaut, l'éducation doit être dispensée dans des écoles privées contrôlées par des Églises conservatrices comme l'Association of Classical Christian Schools, présidée par David Goodwin, le co-auteur d'un livre rédigé avec Pete Hegseth, le nouveau secrétaire d'État à la Défense, *Battle for the American Mind* (2022). Rousas Rushdoony (1916-2001), un théologien néo-calviniste établi en Californie, est le fondateur du courant reconstructionniste et de la Chalcedon Foundation, dont les thèses ont fortement influencé les adhérents de la *Dominion Theology*. Pour lui et ses disciples, la démocratie est une « hérésie ». Elle est incompatible avec le christianisme, lequel ne peut produire qu'une « aristocratie spirituelle » et une Constitution destinée à perpétuer un « ordre chrétien ». Sans entrer dans les arcanes d'un débat théologique complexe et changeant, on peut souligner que le dominionisme postule la suprématie de la loi divine sur toute autorité civile, réclame la suppression du principe de séparation des Églises et de l'État, et exige que les chrétiens prennent le contrôle de sept « montagnes » supposément occupées par des autorités séculières : le gouvernement, l'école, les médias, les arts et la culture, la religion, la famille et le *business*. Ce courant religieux, pré-millénariste, est particulièrement influent au sein des Églises pentecôtistes, charismatiques, baptistes et néo-calvinistes.

Le président Donald Trump a signalé son allégeance à ce nouvel ordre chrétien de trois façons distinctes. D'abord, en nommant, en 2019, comme sa conseillère spirituelle à la Maison-Blanche, Paula White, une télévangéliste adepte de la théologie de la prospérité et du dominionisme, co-fondatrice de la *megachurch* Without Walls en Floride. Réélu en 2025, Donald Trump nommait à nouveau celle-ci comme directrice du Faith Office (« Bureau de la foi ») de la Maison-Blanche. Ensuite, en publiant sa propre version de la Bible, la *« God Bless the USA » Holy Bible* qui réunit sous une même couverture la King James Version de la Bible, la Déclaration d'indépendance, la Constitution des États-Unis, le Bill of Rights (les dix premiers articles), le serment au drapeau (*pledge of allegiance*), et les paroles d'un chant patriotique imaginé par une célébrité de la *country music*, Lee Greenwood : « God Bless the USA ». Cet hymne commence ainsi : « Je suis fier d'être un Américain dans un pays qui assure ma liberté et je n'oublierai pas les hommes qui ont donné leur vie pour défendre ce droit... » La couverture en plein veau de la Bible de Donald Trump affiche un drapeau américain accompagné du nom du président et de la phrase combien révélatrice : « Le 13 Juillet 2024, le jour où Dieu est intervenu. » En échappant de peu à la mort, le futur président prétendait être l'élu de Dieu, le futur monarque d'une république chrétienne. Sa Bible était l'antithèse de celle de Jefferson. Enfin, en adoptant, peu de temps après son entrée en fonction, le 6 février 2025, un décret destiné à « éradiquer les préjugés antichrétiens » (*executive order « Eradicating*

Anti-Christian Bias»), qui dénonce «l'instrumentalisation du gouvernement» par des groupes hostiles au christianisme et met en place une commission chargée de documenter les actes anti-religieux et de prendre des mesures correctrices. Elle regroupe des représentants de tous les ministères.

L'usage de la violence est-il compatible avec le nationalisme chrétien? Interrogé par un journaliste du *New York Times*, le sociologue Philip Gorski répondait par l'affirmative, en observant qu'une partie des insurgés lancés à l'assaut du Capitole, le 6 janvier 2021, brandissaient des symboles éminemment chrétiens: des grandes croix, des bannières «*Jesus Saves*» ou «*Appeal to Heaven*», mêlées à des drapeaux américains, et au slogan «*Make America Great Again*»[1]. Une enquête menée par Robert Pape, Kyle Larson et Keven Ruby auprès de 951 individus, inculpés pour faits de violence par le Département de la justice au lendemain de la prise du Capitole, révélait qu'ils étaient, dans la plupart des cas, des résidents de comtés marqués par un fort déclin démographique de la population blanche non hispanique entre les deux recensements de 2010 et de 2020 (voir la carte des insurgés ci-contre).

Ces derniers auteurs concluaient que les violences populistes encouragées par Donald Trump restaient indissociables d'un phénomène plus large, la peur du déclassement des Blancs (*white status anxiety*). L'avenir économique des Blancs était menacé par l'arrivée de «hordes barbares», auxquelles les démocrates donneraient bientôt la citoyenneté et le droit de vote pour mettre fin, à tout jamais, à la possibilité même d'une majorité conservatrice. Il fallait donc agir au plus vite, y compris par la violence, pour empêcher le triomphe d'une démocratie multiraciale, fortement encouragée par les élites du Parti démocrate.

L'enchevêtrement du nationalisme chrétien avec la nostalgie d'un passé révolu en bonne partie mythique, la vision binaire

1. Thomas Edsall, «The Capitol Insurrection Was as Christian Nationalist as It Gets», *New York Times*, 28 janvier 2021.

Distribution géographique des insurgés du 6 janvier 2021 inculpés, par comté de résidence. Source : Robert Pape et al., « The Political Geography of the January 6 Insurrectionists », PS:Political Science, 11 avril 2024. https://www.cambridge.org/core/journals/ps-political-science-and-politics/article/political-geography-of-the-january-6-insurrectionists/3C59F4E94F90B63F0E80A86DFB487D01

d'un monde divisé entre amis/ennemis ou Blancs/immigrés de couleur, et l'évolution économique et démographique du pays résument bien les contours idéologiques de ce mouvement social. Celui-ci reste hétérogène et se nourrit d'emprunts à des théories ou à des courants politiques et religieux préexistants. Le nationalisme chrétien, en tant que mouvement religieux, ne coïncide pas exactement avec l'évangélisme chrétien traditionnel. Il le durcit ou se greffe sur ses formes les plus extrêmes, tout en célébrant avec pompe ses acquis, à commencer par le renversement de la décision de la Cour suprême *Roe v. Wade* (22 janvier 1973) légitimant l'avortement, avec l'arrêt *Dobbs* (24 juin 2022), renversement rendu possible par la nomination de trois juges conservateurs lors du premier mandat de Donald Trump. *Dobbs* précise que l'avortement n'est plus un droit protégé par la Constitution ; c'est aux États fédérés de décider de la nature de cette procédure, de l'interdire ou d'en préciser la période d'application légitime.

Qui sont les adhérents du nationalisme chrétien et leurs leaders ?

L'utilisation d'une échelle d'adhésion au nationalisme chrétien, développée par l'enquête « A Christian Nation ? » de PRRI/ Brookings en 2023, révèle que 29 % des évangéliques chrétiens, Blancs non hispaniques, étaient des « adhérents » inconditionnels de cette forme particulière de nationalisme et 35 % des « sympathisants ». Il en est de même des protestants hispaniques (20 % d'adhérents et 32 % de sympathisants). Les protestants traditionnels (*mainline protestants*) étaient plus réticents (7 % d'adhérents) ainsi que les catholiques (8 % d'adhérents). Il existe enfin des partisans laïques du nationalisme chrétien qui défendent la « culture occidentale » ou la « civilisation judéo-chrétienne » en empruntant les thèmes, la rhétorique et la vision du monde des adeptes de ce mouvement social en pleine expansion sous la seconde présidence de Donald Trump.

Le nationalisme chrétien n'est pas une organisation verticale, dirigée par un leader charismatique comme Billy Graham à la tête du mouvement évangélique des années 1960, Jerry Falwell, le leader fondamentaliste de la Moral Majority et le fondateur de la Liberty University de Lynchburg (Virginie), ou Pat Robertson, un autre baptiste fondamentaliste, fondateur de la *Christian Coalition*, candidat malheureux à l'investiture du Parti républicain lors de l'élection présidentielle de 1988, sans oublier le fils de Billy Graham, Franklin Graham, qui livra l'homélie d'investiture du président George W. Bush en janvier 2001. Ces prédicateurs télévangélistes disposaient d'une audience nationale avec *The Old Time Gospel Hour* de Jerry Falwell et le *Christian Broadcasting Network* de Pat Robertson. Néanmoins des personnalités influentes jouent un rôle important au sein de la mouvance du nationalisme chrétien. Parmi elles, le prédicateur Robert Jeffress, pasteur d'une *megachurch* de 14 000 fidèles ; Al Mohler, président du Southern Baptist Theological Seminary, ancien critique de Donald Trump, rallié depuis à son camp ; des membres du Congrès comme Lauren Boebert (représentante républicaine du Colorado), et Marjorie Taylor Greene (représentante républicaine de la Géorgie). Lauren Boebert, quelques jours avant sa victoire dans une élection primaire de 2022, n'hésitait pas à proclamer son attachement au nationalisme chrétien en déclarant que ce n'était pas au gouvernement de « diriger l'Église », mais l'inverse : « L'Église se doit de diriger le gouvernement. » Elle ajoutait : « J'en ai marre de ce baratin sur la séparation de l'Église et de l'État. » Marjorie Taylor Greene proclamait bien haut en Floride, la même année, lors d'un sommet réunissant des centaines d'étudiants républicains : « Il nous faut être le parti du nationalisme, et j'ajoute fièrement, nous devrions tous être des nationalistes chrétiens » (Amanda Tyler, CNN Opinion, 27 juillet 2022). Cette année-là, elle mettait en vente sur son compte

Instagram un T-shirt imprimé avec les mots : *Proud Christian Nationalist* (« Fier d'être un nationaliste chrétien »). Jadis traitée comme une insulte ou un signe de régression sociale par la gauche américaine, l'expression *Christian Nationalist* avait enfin acquis ses lettres de noblesse.

Jeffress s'est imposé comme l'un des premiers piliers du trumpisme. Son ambition est de restaurer les valeurs traditionnelles de la famille, menacées par la libération des mœurs et le mouvement *pro-choice* (« pro-avortement »). Il n'a de cesse de dénoncer « l'immoralité intrinsèque » des LGBT+ et des partisans du mariage homosexuel. Les chrétiens, selon lui, sont menacés, sinon persécutés par les avocats d'une culture séculière que promeut le Parti démocrate. Proche du président, Jeffress revendique le slogan *Make America Great Again* et invite volontiers dans son église le chanteur Lee Greenwood, l'auteur de la ballade, « God Bless the USA », reprise et imprimée dans la Bible de Donald Trump. Jeffress délivra l'homélie, la veille de l'investiture, le 20 janvier 2017, dans la St John's Episcopal Church de Washington, située en face du square Lafayette, devant la Maison-Blanche. Trois ans plus tard, le 1er juin 2020, après de nombreuses marches de protestation organisées dans ce square pour dénoncer le meurtre de George Floyd par un policier blanc, Donald Trump apparaissait devant la maison paroissiale de l'église St John, une Bible à la main, entouré, entre autres, des ministres de la Justice (William Barr), de la Défense (Mark Esper), et du commandant en chef des armées (Mark Milley). La célèbre photo de ce moment vécu comme « churchillien » par le président fit le tour des médias. Donald Trump apparaissait comme un croisé, le véritable défenseur de la civilisation chrétienne, face au désordre, à l'anarchie et aux émeutes urbaines suscitées par le mouvement de protestation Black Lives Matter (« La vie des Noirs, ça compte »).

Mike Johnson, speaker de la Chambre des représentants, est sans doute le plus influent des représentants laïques du nationalisme chrétien. Originaire de Louisiane, baptiste de confession, il défend les origines bibliques du gouvernement des États-Unis et s'oppose, comme Lauren Boebert, à toute domination du pouvoir civil sur les Églises, comme l'auraient voulu, selon lui, les Pères fondateurs. Il dénonce la « corruption » des élites du Parti démocrate, le « trucage » des élections de 2020 et l'arrivée incontrôlée d'immigrés, chargés à terme de remplir les urnes pour pérenniser dans la longue durée une majorité favorable au Parti démocrate. Il évoque souvent à ce propos la thèse du « grand remplacement ». Sa conception de la famille est patriarcale et nataliste, ce qui le conduit à dénoncer « l'anarchie et le chaos sexuel » du mariage gay. Il se prétend élu de Dieu puisque, affirme-t-il, en faisant référence à la Bible, c'est Dieu qui « inspire et élève à des positions d'autorité » les dirigeants du pays (A. Whitehead et S. Perry, *Time*, 27 octobre 2023).

Russell Vought, enfin, le nouveau directeur du Bureau du budget et de la gestion (Office of Management and Budget), chargé de la coordination budgétaire entre ministères, dispose lui aussi d'une grande influence. Son ambition est de réduire le budget et le personnel d'agences fédérales fondées par le Parti démocrate, en particulier celles qui défendent les plus démunis. Son programme de coupes budgétaires, chiffré en dizaines de milliards de dollars, est étonnamment conspirationniste. Célébré pour une tribune publiée en novembre 2021 dans *Newsweek* où il vantait les mérites du nationalisme chrétien, Vought, avant d'accéder à un poste de responsabilité dans l'administration Trump, vivait dans la crainte que les États-Unis ne connaissent les derniers moments d'une « prise de contrôle du pays » par des « marxistes », déterminés à instaurer un « État profond » de nature démoniaque. Son combat souverainiste visait à restaurer l'âme du pays en fonction de son héritage culturel et de ses origines chrétiennes. Ses idées furent exposées dans le texte du « Projet 2025 », un programme de réformes républicaines conçu par un think tank conservateur, la Heritage Foundation, et dans les activités du Center for

Renewing America, créé par ses soins en 2021, dont la mission se résumait en trois mots : « For God, Country and Community. »

Ajoutons à cette liste Paula White, la directrice du Faith Office de la Maison-Blanche, et Mike Huckabee, ancien télévangéliste, ministre du culte baptiste, ancien gouverneur de l'Arkansas et aujourd'hui ambassadeur des États-Unis en Israël.

La grande force du nationalisme chrétien tient à la nébuleuse des associations qui entretiennent ses membres, nourrissent son idéologie et financent ses activités. Citons, parmi celles-ci, le Council for National Policy, le Family Research Council, l'Alliance Defending Freedom, l'Operation Rescue, le Liberty Counsel, la National Association of Christian Lawmakers, l'Heritage Foundation, l'American Restoration Tour… tous engagés à des titres divers dans une guerre culturelle menée au nom des « vraies » valeurs bibliques.

7.

La droite évangélique ultraradicale dans le Brésil contemporain

Marcelo Ayres Camurça

Introduction

Si tout au long de l'histoire républicaine brésilienne les évangéliques pentecôtistes sont restés à l'écart de la politique, ils ont toujours apporté un soutien discret aux gouvernements, y compris à la dictature militaire des années 1964-1985.

Cependant, au moment de la redémocratisation du pays, notamment lors de l'Assemblée constituante de 1988, ils se sont lancés dans la politique afin de mettre un terme à ce qu'ils considéraient comme un favoritisme du gouvernement à l'égard de l'Église catholique, dans un contexte d'avancée du « communisme », désireux qu'ils étaient de moraliser la société plongée, selon eux, dans une crise morale aiguë.

Depuis lors, ils n'ont fait que grandir en tant que force sociale et politique. Alors que les années 1980 furent surtout marquées par la recherche de reconnaissance auprès d'une partie importante de la société, les années 1990-2000 les ont vus réussir à obtenir et à consolider leur influence, ce qui leur a permis, à partir des années 2010, de commencer à vouloir réguler selon leurs principes la société brésilienne.

D'une minorité en quête de reconnaissance à la volonté d'établir une majorité

La stratégie d'expansion des évangéliques brésiliens consista à s'investir dans la formation d'une représentation politique institutionnelle pour défendre leur programme moral et religieux. Depuis 1986, ils ont réalisé qu'ils pouvaient convertir leur présence croissante dans la société en représentation politique et en accès aux sphères de pouvoir afin de consolider et d'étendre leur force et leur représentativité dans le pays.

Ils présentèrent aux élections des candidats issus des Églises les plus représentatives réparties dans différents partis. Ceux élus avec le vote de la population évangélique ont formé le Front parlementaire évangélique; ces parlementaires rallièrent la majorité des partis du Congrès. Ils obtinrent ainsi 119 députés (sur 513) et 14 sénateurs (sur 81) lors des dernières élections générales de 2022. Ce mécanisme a garanti leur succès dans la sphère législative dans tout le pays et au Congrès. Il leur a permis de consolider un discours de défense et de reconnaissance d'un segment socioreligieux brésilien présenté comme « persécuté » et méritant des droits.

Cependant, ce discours n'est pas parvenu à faire élire leurs candidats lors de certaines élections (pour élire un maire, un gouverneur, le président) pour lesquelles une majorité d'électeurs aurait été nécessaire en plus des votes de ce segment spécifique. Malgré cela, leur vote captif, qui n'a cessé d'augmenter dans le pays, a fait des évangéliques pentecôtistes le « point de bascule » dans les élections décisives à ces postes majeurs, si bien que les partis classiques se disputent leur soutien.

Ils sont passés d'un conservatisme réactif à un conservatisme actif, tentant d'influencer le domaine de la morale publique[1]. Il

1. Ronaldo de Almeida, « The Broken Wave : Evangelicals and Conservatism in the Brazilian Crisis », *Hau : Journal of Ethnographic Theory*, 2020, 10 (1), p. 1-9.

ne s'agit pas seulement de sauvegarder leur morale et de les préserver des influences du milieu païen, mais de lutter pour que leurs valeurs soient inscrites « dans l'ordre juridique du pays ». Dans cette stratégie d'occupation du pouvoir, ils se sont donné pour objectif d'accéder aux postes clés des institutions de l'État brésilien.

De 2003 à 2016, ils ont participé, de manière pragmatique, à la coalition de centre-gauche qui a gouverné le pays pendant les gouvernements de Luiz Inácio Lula et de Dilma Rousseff. Ils bénéficiaient alors des résultats positifs des politiques publiques menées par ces gouvernements pour lutter contre les inégalités sociales. Ces initiatives ont amélioré la vie des évangéliques, majoritairement pauvres. Cela ne les a pas empêchés d'agir comme d'authentiques *veto players* en termes de morale conservatrice, en restreignant les politiques de droits sexuels et reproductifs des gouvernements auxquels ils participaient. Ils se sont ainsi farouchement opposés à des projets de loi, comme celui visant à « criminaliser l'homophobie ». Ils y voyaient une tentative de censure de leurs positions anti-homosexuelles et la volonté de promouvoir une « dictature gay ».

C'est la raison pour laquelle ils ont soutenu à l'unanimité en 2016 l'*impeachment* visant la présidente Dilma Rousseff. Ils se sont alliés à la droite libérale conservatrice (libérale dans le champ économique, conservatrice au plan des mœurs). Pour justifier cette alliance, ils ont mis en avant leur ferme attachement au droit des familles et au libre exercice des cultes, et leur rejet des « contraintes imposées » en termes de politiques d'éducation et de santé (école à domicile, politique anti-vaccinale) par l'État-providence brésilien tel que gouverné par le centre-gauche. Ils ont en outre fait leur le credo du libéralisme économique qui veut que la prospérité soit corrélée à la dérégulation du marché, ce qui suppose de démanteler des politiques sociales, présentées elles aussi comme autant de « contraintes », voire une « coercition ». Wendy Brown a pu analyser un phénomène similaire aux

États-Unis, phénomène que William Connolly a résumé avec la formule « machine de résonance évangélique capitaliste ».

Ces initiatives du Front parlementaire évangélique au Congrès se sont concrétisées dans trois projets de loi : les projets de loi dits « école sans parti », « l'enfant à naître » et « la famille ».

« École sans parti », présenté au Parlement en février 2019, au nom du droit à la liberté de croyance et de religion, cherchait à intervenir dans les politiques d'éducation. Il s'agissait de minimiser le rôle des éducateurs et des programmes scolaires dans le processus pédagogique, avec l'allégation selon laquelle ces éléments auraient introduit un contenu conflictuel au sein de la famille et au niveau de la morale. Le projet de loi sur « l'enfant à naître », proposé pour la première fois en 2007, et présenté à nouveau en 2020-2021 lorsque le groupe parlementaire évangélique s'est renforcé, visait à rendre illégaux tous les types d'avortement. Actuellement, la législation brésilienne restreint déjà la possibilité d'un recours à l'avortement, licite uniquement lorsque la vie de la mère est en danger, ainsi qu'en cas de viol ou de l'existence d'un fœtus anencéphalique. Ce projet visait à intervenir dans les règles sanitaires en matière de contraception, afin, selon eux, de « garantir les pleins droits des enfants à naître ». Celui sur « la famille », lancé en 2015 et qui a continué à être étudié au Congrès dans les années 2020, aspirait à garantir un modèle familial fondé sur le « caractère monogame de l'homme et de la femme ». Ce projet ne tient pas compte des autres formes de structures familiales. Il convient de noter que de tels projets, et d'autres de nature ultraconservatrice, n'ont fait que se multiplier après la victoire de Jair Bolsonaro en 2018, lorsque les forces évangéliques au Congrès ont été encore plus nombreuses.

La constellation évangélique n'a toutefois jamais été un bloc monolithique. Certains groupes, bien que minoritaires, revendiquent une appartenance au camp progressiste sur les questions des droits de l'homme, de genre et de race. Lors des élections présidentielles de 2018 et 2022, ils se sont exprimés au sein du

Front évangélique pour l'État de droit, mettant davantage l'accent sur les questions sociales que sur les questions morales. Les progressistes dans le milieu évangélique se rangent sous une bannière qu'on appelle les « Collectifs ». Ils rassemblent de jeunes Noirs et des membres LGBTQIA+, dont la plus célèbre est la pasteure trans Alexya Salvador. Ces collectifs ont des revendications antiracistes (théologie noire), des revendications de genre (féminisme noir), et des revendications de classe, toutes combinées et exprimées dans les médias et les réseaux sociaux. Il faut cependant noter l'immense disproportion en termes de ressources humaines et financières entre les forces conservatrices issues des grandes Églises évangéliques pentecôtistes, et les « Collectifs » alternatifs composés de jeunes hommes, de femmes et de personnes LGBTQIA+ noirs. Les Églises évangéliques pentecôtistes traditionnelles comptent environ 26 millions de Brésiliens, ce qui correspond à plus de 60 % de l'ensemble de la population évangélique. Les conservateurs sont à la tête des plus grandes Églises comme l'Assemblée de Dieu, avec environ 13 millions de membres. Au Congrès, ils comptent entre 92 et 119 parlementaires, dont 29 % sous la bannière de l'Assemblée de Dieu. Les collectifs évangéliques de jeunes Noirs, gays et lesbiennes des périphéries, bien que très actifs et militants (Réseau des femmes évangéliques noires du Brésil, Mouvement évangélique noir, Chrétiens contre le fascisme), ne comptent que peu de membres dans les parlements. Seuls deux parlementaires évangéliques de gauche siègent au Congrès actuellement : la députée noire Benedita da Silva, qui représente les bidonvilles, et le jeune pasteur Henrique Vieira, tous deux élus à Rio de Janeiro.

L'activisme évangélique comme réaction conservatrice aux transformations nées du pluralisme

La progression des conservateurs au sein des évangéliques a été analysée comme une *réaction* face aux avancées et aux conquêtes juridiques des mouvements féministes et LGBTQIA+ matérialisées dans les politiques en faveur de l'égalité des sexes, contre le féminicide et l'homophobie. Ces avancées remettent en question la stabilité socioculturelle et religieuse fondée sur un modèle familial hétéro-normatif, patriarcal et hiérarchique, encore solide au Brésil. De fait, les propositions de ces mouvements dans le sillage de la politique moderne libérale de reconnaissance des droits sexuels et reproductifs, de la formation de familles homoparentales, de la dépénalisation de l'avortement ont ébranlé des mentalités religieuses profondément enracinées. En conséquence, ces mouvements sont devenus les ennemis des dirigeants évangéliques pentecôtistes qui prétendaient représenter (avec les catholiques traditionalistes) la majorité chrétienne de la population. La réaction à ces évolutions, exagérément perçues comme une menace pour le mode de vie traditionnel, a été qualifiée par Stanley Cohen de « panique morale[1] ».

Les spécialistes du mouvement féministe ont qualifié ce mouvement de « néoconservatisme », car il s'agit d'un conservatisme revitalisé à une époque d'affirmation et de visibilité des questions de genre, de sexualité et de contraception. L'affirmation des droits et la réaction qu'elle suscite étant des phénomènes contemporains, des affrontements ont été observés au sein de l'État et de la société civile à travers les réseaux sociaux et Internet, qui ont opposé d'un côté un groupe d'Églises évangéliques pentecôtistes alliées à des catholiques traditionalistes, et des hommes politiques de la droite brésilienne, et de l'autre, des militants féministes, des homosexuels, des scientifiques, des éducateurs et des fonctionnaires, et la gauche libérale. La coalition de forces au sein du

1. La « panique morale » est une notion formulée par Stanley Cohen pour rendre compte des peurs à propos de certains comportements et groupes susceptibles de transformer la société. Elle produit une amplification de la menace supposée, l'adversaire étant perçu comme une menace sociale. Stanley Cohen, *Folk Devils and Moral Panics*, Londres, MacGibbon & Kee, 1972.

Congrès élu en 2022 le rend très conservateur. À la Chambre des députés il y a une majorité de droite et d'extrême droite dans les partis dits majeurs de ce bloc : Libéral, Populaire, Républicains et Union brésilienne, avec environ 291 parlementaires. Un centre avec environ 84 députés et une gauche dirigée par le Parti des travailleurs (PT) – le parti du président Lula – auquel s'ajoutent les partis écologistes, communistes et sociaux-démocrates avec environ 112 parlementaires[1]. Les évangéliques sont concentrés dans les partis de droite et d'extrême droite avec 92 à 119 parlementaires qui forment une alliance avec des pans de l'industrie de l'armement, de l'agro-business et des catholiques conservateurs.

De nombreux affrontements ont eu lieu sous les gouvernements de centre-gauche des présidents Luiz Inácio Lula et Dilma Rousseff, de 2003 à 2016, entre les courants progressistes qui voulaient faire avancer un programme en matière de droits des femmes, de droits sexuels et reproductifs, et les évangéliques conservateurs ainsi que leurs alliés qui ont fermement réagi.

Parmi les mesures préconisées, on peut citer l'éducation sexuelle dans les écoles publiques, la sensibilisation au mariage homosexuel et la mise en œuvre d'actions en faveur de l'égalité des sexes dans la société.

Cependant, nombre de ces initiatives ont été bloquées par une forte opposition religieuse conservatrice au Congrès et dans la société. L'une des propositions les plus controversées a été celle du gouvernement de Dilma Rousseff, soutenue par les militants LGBTQIA+ et les groupes féministes, cherchant à lutter contre la discrimination sexuelle dans les écoles. Le matériel de cette campagne a été qualifié par les évangéliques de « kit gay », car, selon eux, il visait à encourager une tendance à l'homosexualité

1. Pour que le gouvernement du président Luiz Inácio Lula puisse former une majorité susceptible d'approuver ses propositions, il doit séduire les forces du centre et une partie de la droite en laissant de côté le courant d'extrême droite « bolsonariste ». Cela exige des concessions de sa part.

chez les enfants. Face à une opposition féroce, le projet a été retiré. Cela a amplifié une crise qui a conduit un peu plus tard à la destitution de Dilma Rousseff par le Congrès conservateur en 2016.

« Guerre culturelle » : la lutte contre le « marxisme culturel » comme locus *du projet évangélique conservateur*

En même temps que la droite chrétienne ultraradicale pénétrait dans la société brésilienne, ses dirigeants et ses médias créaient le terme de « marxisme culturel ». Ils cherchaient ainsi à mettre en garde contre une « conspiration en cours » que promouvaient la gauche, les scientifiques et les intellectuels pour éradiquer la tradition chrétienne occidentale. Les ennemis déclarés étaient la gauche, le marxisme, le mondialisme, le genre et le féminisme.

Cette dénonciation visait à révéler un prétendu projet de domination mondiale du « communisme marxiste » orchestré par des organisations internationales telles que l'ONU, l'OMS, la FAO, l'Unesco avec la participation d'ONG de défense des droits de l'homme, des minorités LGBTQIA+, appuyées sur la pensée d'intellectuelles telles que Simone de Beauvoir et Judith Butler, lesquelles ont défendu une perspective de genre. Le « cri d'alarme » avait pour but de promouvoir une contre-offensive de la droite religieuse afin d'empêcher que la liberté sexuelle absolue ne conduise à l'annihilation de la famille traditionnelle et de son rôle dans l'éducation et la morale.

Ce que cette situation révèle, c'est qu'aujourd'hui les confrontations dans les débats autour de projets de société apparaissent moins sous la forme d'arguments d'ordre économique et social que derrière le paravent de la culture et des valeurs. James Hunter, se penchant sur le cas des États-Unis, avait déjà conceptualisé le phénomène de « guerre culturelle » dans les années 1990. Par-là, on pouvait expliquer les antagonismes croissants dans ce pays entre projets religieux fondamentalistes et projets modernes et libéraux[1].

Les dirigeants évangéliques conservateurs, redoutant l'avancée du « marxisme culturel », ont placé au centre de leur combat les écoles et les universités publiques. Pour eux, les institutions éducatives agissent comme des instruments pour inculquer le « communisme » à travers l'« idéologie du genre », véhicule de l'érotisation des enfants et des jeunes, et avec elle d'une hostilité envers la morale chrétienne.

La justification de la contre-offensive évangélique ultraconservatrice contre les projets en faveur de la diversité dans la société brésilienne était fondée sur une réinterprétation conservatrice du calvinisme, connue sous le nom de *Dominion Theology.* Initiée aux États-Unis dans les années 1970 par le pasteur C. Peter Wagner, qui publia en 2008 *Dominion* pour expliquer cette doctrine[2], elle est arrivée au Brésil à partir des années 2010, grâce aux missions du réseau « International Spiritual Warfare », coordonné par ce pasteur. Elle stipule que revient de droit aux chrétiens de diriger tous les aspects de la vie sociale (le travail, les affaires, l'éducation, les médias, l'art, etc.).

Dans cette perspective, le Front parlementaire évangélique a obtenu au Congrès l'interdiction par le Plan national d'éducation d'utiliser les formules « égalité des genres » et « orientation sexuelle », considérant qu'elles proviennent du « marxisme culturel » et constituent un affront à la « morale biblique », et une porte d'entrée vers la « pornographie » et la « culture de mort pro-avortement ».

Son projet pour l'espace public donne la priorité à l'extension de la logique familiale et à sa protection contre les « ennemis

1. James Davison Hunter, *Culture Wars : the Struggle to Define America*, New York, Basic Books, 1991.

2. C. Peter Wagner, *Dominion : How Kingdom Action Can Change the World*, Ada, Chosen Books, 2008.

extérieurs» (les groupes organisés de la société civile) dans ce que Wendy Brown appelle «l'expansion de la sphère personnelle étendue». Ils cherchent ainsi à christianiser la culture tant civique que laïque de la société.

Le gouvernement Bolsonaro, expression de l'évangélisme ultraradical au pouvoir

Les évangéliques ont fini par arriver au pouvoir avec l'élection à la présidence de l'ancien militaire d'extrême droite Jair Bolsonaro en 2018. Il a réuni autour de son nom les principales Églises évangéliques pentecôtistes brésiliennes, auparavant divisées, lors de toutes les élections depuis la redémocratisation en 1985, entre le centre-gauche et la droite. Si le *mainstream* évangélique soutient inconditionnellement Jair Bolsonaro, c'est qu'il a introduit dans son programme de gouvernement toutes les revendications morales conservatrices proposées par eux. Cela lui a permis de recueillir les voix de plus de 69 % des électeurs de ces Églises.

Outre sa représentation parmi les évangéliques, Jair Bolsonaro peut être considéré comme un président de type «panchrétien[1] », en raison de son insertion dans ce milieu : d'origine catholique, il a épousé en 2013, en troisièmes noces, une évangélique; en 2016, lors d'un événement très médiatique, il a été baptisé dans le Jourdain par un célèbre pasteur baptiste. Il se présente comme un «chrétien» qui a réussi à incarner l'équation droite = chrétien pour d'importants pans évangéliques et catholiques de l'électorat. La dextérité avec laquelle il manie tant le lexique que le contenu du corpus chrétien, qu'il soit évangélique ou catholique, semble avoir contribué à aplanir les différences entre ces deux courants

1. Paul Freston, *Evangelical Christianity and Democracy in Latin America*, New York, Oxford University Press, 2008.

en faveur d'une vague culture chrétienne traditionnelle. Évangéliques et catholiques conservateurs s'y sont reconnus.

Selon le journaliste italien Iacopo Scaramuzzi, face à une population perdue et désorientée par le multiculturalisme et la sécularisation, les idéologues d'extrême droite ont compris que « le christianisme est une langue que tout le monde comprend plus ou moins », une « référence culturelle », « un marqueur identitaire », qui apporte un « sentiment d'identité ». Ainsi, autour de Jair Bolsonaro, une nouvelle droite chrétienne a émergé, menée par les évangéliques avec le soutien des milieux conservateurs catholiques et juifs.

Son gouvernement comptait six ministres évangéliques. Parmi eux, les responsables des ministères de la Femme, de la Famille et des Droits de l'Homme et le ministère de l'Éducation. En outre, un catholique traditionaliste était au ministère des Affaires étrangères et des membres liés à l'Opus Dei dirigeaient plusieurs secrétariats ministériels.

Pendant la pandémie de Covid-19, les mesures sanitaires du gouvernement ont été guidées par des considérations religieuses. Les protocoles d'isolement/confinement social, établis par l'OMS, les gouvernements des États et les municipalités ont souvent été bafoués par les Églises évangéliques, au nom de la « liberté de culte », soutenue par le discours du président Jair Bolsonaro. Cela n'a fait qu'accroître la contamination par la Covid qui a causé plus de 300 000 décès dans le pays.

Sur le fond, le rapprochement entre le projet de Jair Bolsonaro et celui des dirigeants des Églises évangéliques est fondé sur l'association entre le christianisme (conservateur) et la nation brésilienne. Lors de sa campagne présidentielle et de son investiture, Jair Bolsonaro avait d'ailleurs déclaré que « le Brésil est chrétien et conservateur ».

Ce projet, qui vise à identifier la nation brésilienne à une essence chrétienne, a été soutenu par des organisations telles que l'Association nationale des juristes évangéliques, et par des think tanks qui rassemblent des pentecôtistes, des néo-calvinistes et des catholiques traditionalistes.

L'idée qui prévaut dans cette formulation est que l'État brésilien doit maintenir une relation de « bienveillance » et de « collaboration » envers la religion. Or, quand on parle de religion, il faut entendre le christianisme, en raison de sa prééminence historique, culturelle et démographique. La religion chrétienne est perçue comme une dimension ontologique qui donne valeur et sens à l'ordonnancement du bien commun. En raison de cette prégnance chrétienne au Brésil, une « laïcité bienveillante » doit permettre et encourager la présence de symboles chrétiens (Bible et crucifix) dans les espaces publics. Le régime politique brésilien devrait se concentrer sur ce qu'il considère comme la moralité de la majorité (chrétienne).

Cette conception a été exprimée par Jair Bolsonaro dans ses discours : « Dieu au-dessus de tout. Il n'existe pas d'État laïc ! L'État est chrétien et la minorité qui est contre lui peut partir. Les minorités doivent s'incliner devant les majorités. »

On ne peut cependant pas dire qu'il s'agissait d'un gouvernement « théocratique-fondamentaliste », car les efforts pour rendre à l'État un vernis confessionnel se limitaient surtout à la culture et à la morale. Le domaine économique était livré aux forces néolibérales tandis que celui de la sécurité et de la géopolitique relevait des militaires.

En fait, ce gouvernement était plus que l'expression d'un « pouvoir religieux ». Il s'est appuyé sur une alliance entre des chrétiens conservateurs et des forces laïques tout aussi conservatrices. Une confluence d'intérêts a rallié ces défenseurs religieux d'un agenda moral pro-« famille » et anti-avortement aux secteurs ultralibéraux du marché, partisans de la réduction du rôle de l'État et des droits sociaux ainsi qu'aux secteurs qui prônent des actions « punitives protectrices » de la société, comme l'armement de la population.

Cette alliance progressive entre les évangéliques pentecôtistes et les courants influents de l'industrie de l'armement et de l'agro-business a constitué la base du gouvernement Bolsonaro et d'une majorité au Congrès, surnommée le caucus « Bœuf, balle et Bible ». Almeida a défini cette nouvelle situation politique et sociale au Brésil comme gouvernée par trois lignes de force : l'économique défendant le néolibéralisme, la morale religieuse des valeurs conservatrices, et la punitive l'usage des armes et le recours à une législation extrêmement répressive.

Cette ligne politique a eu un coût élevé pour l'agenda environnemental, les droits de l'homme et la démocratie que la Constitution post-dictature de 1988 promeut. À ces dimensions on pourrait en ajouter une autre, celle de l'expansion des réseaux sociaux et d'Internet comme moyen de développer et de renforcer cette coalition au pouvoir.

Par l'intermédiaire des *influenceurs* ultraconservateurs et des réseaux sociaux de ces groupes, toutes sortes de désinformations, de *fake news* et de négationnismes ont proliféré. Les militants agissaient non seulement comme récepteurs, mais aussi comme propagateurs de messages visant à déstabiliser les institutions démocratiques. Ce processus a fini par favoriser les projets populistes, autoritaires et quasi putschistes du gouvernement Bolsonaro.

Relations avec la droite chrétienne nord-américaine dans l'administration Trump et influences sur le projet évangélique pentecôtiste au Brésil

Un élément a beaucoup joué en faveur du renforcement du projet évangélique conservateur au Brésil : les relations des conservateurs avec la droite chrétienne nord-américaine sous le premier mandat de Donald Trump. Menée par Steve Bannon, une campagne via les réseaux sociaux et Internet a été lancée des

États-Unis en direction du Brésil, afin d'y renforcer les groupes évangéliques fondamentalistes et d'encourager leur insertion politique.

Le modèle d'un gouvernement ouvert à la présence évangélique sous le mandat Bolsonaro s'appuyait sur celui de Trump. Le vice-président Mike Pence, le secrétaire d'État Mike Pompeo, la secrétaire à l'Éducation Betsy DeVos, le procureur général et le directeur de la Nasa avaient été formés dans le cadre du projet « Capitol Ministries », projet d'évangélisation des responsables politiques.

Aux États-Unis, Donald Trump, lors de son premier mandat, par le biais du décret exécutif 13798 sur « la liberté d'expression et de religion », a affranchi les Églises évangéliques de tout contrôle de la part des institutions et assoupli le code des impôts qui interdisait aux organisations religieuses de soutenir des candidats à des fonctions politiques. Au Brésil, Jair Bolsonaro a fait de même en supprimant plusieurs obligations fiscales des Églises évangéliques et en les considérant comme des organismes d'utilité publique.

Sous l'administration Trump, le nombre d'interventions de la droite évangélique américaine s'est intensifié au Brésil par l'intermédiaire du pasteur Ralph Drollinger, arrivé dans le pays en 2019 pour lancer le programme « Capitol Ministries » au Sénat fédéral. Par la suite, un cours d'« études bibliques » a été donné au Congrès pour les parlementaires brésiliens, sous la direction du ministre (évangélique) Onyx Lorenzoni. En outre, des organisations comme Ethnos360 ont obtenu des concessions gouvernementales afin de travailler en Amazonie et d'y convertir les populations indigènes.

La relation entre évangéliques et dirigeants d'extrême droite comme Donald Trump et Jair Bolsonaro est fondée sur l'idée que Dieu choisit des hommes providentiels pour accomplir ses desseins, en dépit de la modernité païenne, afin de rétablir une hiérarchie dans un pays religieux et moralement conservateur.

Même si ces hommes mènent une existence contraire à la morale et ne relèvent pas de la foi évangélique, s'ils acceptent cette nouvelle alliance, ils seront bénis.

Toute une littérature interprète ce phénomène en termes de populisme, surgi à une époque de crise sociale et politique. Autour de la figure d'un leader puissant et antisystème, la majorité du peuple s'unirait. Ce leader restaurerait la tradition (religieuse) perdue et exprimerait la volonté d'un peuple abandonné par les élites. Le populisme évangélique, s'opposant à l'élitisme de la démocratie libérale laïque et à un cosmopolitisme laïc amoral, redonnerait au peuple ses coutumes et ses valeurs religieuses traditionnelles.

Ainsi, le populisme, dans sa forme nationaliste et religieuse, en tant que style politique, fédère diverses insatisfactions relatives à la démocratie, à la science et à la modernité, tout en promettant le retour d'un passé glorieux, fondé sur le socle de la tradition, qu'il propose au milieu du tumulte des incertitudes et des crises des temps actuels. « Make America Great Again » est la devise de Donald Trump, tandis que « Le Brésil avant tout, Dieu avant tout », est celle de Jair Bolsonaro, dont on croit qu'il accomplit la vocation de la nation par mandat divin.

Conclusion

Lors des élections présidentielles de 2022, un large éventail de forces politiques centristes, libérales et de gauche, dirigées par l'ancien président Luiz Inácio Lula, triomphe de peu face à la coalition de droite et d'extrême droite de Jair Bolsonaro. Contrairement à tous les autres mouvements religieux du Brésil (catholiques, religions afro-brésiliennes, spiritualistes, juifs, religions indigènes et New Age), seuls les évangéliques ont donné leur vote majoritairement contre le front mené par Lula.

Depuis l'installation de la nouvelle administration, le Front parlementaire évangélique a formé, avec le bloc de l'armement et le secteur agroalimentaire, un puissant noyau d'opposition. Du côté du gouvernement Lula, on peut percevoir un effort afin de renouer le dialogue avec les évangéliques à travers quelques initiatives. Parmi celles-ci, on peut citer l'exonération de la taxe foncière urbaine pour les Églises évangéliques considérées comme « d'utilité publique ».

En 2024, Lula a promulgué des lois qui ont instauré la « Journée nationale du pasteur évangélique » et la « Journée de la musique gospel ». À cette occasion, il a été béni par des dizaines de pasteurs évangéliques réunis par le député Otoni de Paula, figure importante du Front parlementaire évangélique. Ces membres évangéliques, pasteurs et parlementaires n'ont pas été épargnés par les critiques de la majorité de leur groupe politique et ecclésiastique. Ces gestes n'ont guère apaisé les tensions avec les groupes évangéliques, opposés aux programmes des ministères des Droits de l'homme, de la Santé et de l'Éducation du gouvernement Lula, lesquels promeuvent l'éducation sexuelle à l'école, la défense des droits reproductifs et sexuels des femmes, des homosexuels et des transgenres.

Une autre stratégie du gouvernement Lula pour obtenir le soutien des évangéliques consiste à mettre en œuvre une politique sociale visant à améliorer les revenus, l'emploi, le logement, et la sécurité dans les zones à risque, où vit une population pauvre, principalement évangélique. Cette politique, couronnée de succès sous ses deux premiers mandats (2003 et 2006), se heurte aux obstacles que constituent la crise économique et la pression du marché pour réduire les dépenses publiques afin d'éviter l'inflation.

Ce que l'on peut affirmer avec certitude, c'est qu'une droite chrétienne ultraradicale s'est renforcée au cours de ces dernières années ; elle est devenue une force institutionnelle et un acteur incontournable de la société.

8.

Les usages politiques de la radicalité orthodoxe en Russie

Kathy Rousselet

Dans le contexte russe, la radicalité religieuse est une expression difficile à manier, tant elle renvoie à des réalités diverses. Elle est fréquemment associée aux « religions non traditionnelles », qui trouvent leur origine en dehors de la Russie, et qui porteraient atteinte à la « sécurité spirituelle du pays », par opposition aux « religions traditionnelles » susceptibles d'être contrôlées par les pouvoirs religieux et politique. Elle est également liée aux notions d'extrémisme et de terrorisme, des notions particulièrement floues qui permettent une politique discriminatoire arbitraire.

Cette conception de la radicalité se retrouve dans les propos de Kirill, patriarche de l'Église orthodoxe russe, qui n'utilise jamais le terme « radical » pour des groupes de sa propre Église, mais l'emploie éventuellement pour des mouvements musulmans. Reliant la radicalité à l'absence de tolérance envers l'autre, il expliquait ainsi en 2011 que la Russie multi-religieuse n'a jamais connu de guerres de religion, car chacun a respecté les coutumes et les traditions de l'autre ; cette tradition serait mise à mal par des « groupes islamiques fondamentalistes radicaux » venant de l'étranger.

Pourtant, des recherches anthropologiques ont distingué dans l'orthodoxie russe, à côté de mouvements libéraux et traditionalistes, des courants religieux « radicaux » ou « fondamentalistes », nationalistes, d'orientation souvent monarchiste, conspirationnistes et parfois violents. Remontant aux années 1970-1980, s'appuyant sur la pensée de *startsy*[1] comme l'archimandrite Ioann Krestiankine (1910-2006), l'archimandrite Kirill Borodine (1930-1998), ou encore le prêtre Nikolaï Gourianov (1909-2002), ces courants se sont développés au cours de ces dernières décennies. Les attitudes à l'égard du patriarche et de l'État sont multiples : si certains sont dans une nette opposition, d'autres sont des alliés du pouvoir. Les frontières de cette radicalité sont difficiles à définir : les courants sont désormais hétérogènes, peu cohérents, marqués par des héritages différents, et portant des batailles sociales et politiques diverses. Il s'agit de fait plutôt de réseaux, d'idées et de textes véhiculés par des pères spirituels et des *startsy* autoproclamés qui peuvent dépasser les frontières de l'orthodoxie.

Depuis 2022, la radicalité n'est plus seulement l'apanage de mouvements plus ou moins marginaux. Dans le contexte de la guerre d'agression de la Russie contre l'Ukraine et des violences qui l'accompagnent, elle définit, aux yeux d'une grande partie de la communauté orthodoxe internationale, non seulement les courants apocalyptiques et conspirationnistes qui font florès, mais aussi les propos du patriarche de l'Église russe, qui vont de pair avec ceux du pouvoir politique, appelant à « désataniser » l'Ukraine. L'idée de monde russe, pour la défense duquel la guerre a été engagée par Vladimir Poutine et qui est soutenue par Kirill, est présentée dans une lettre ouverte de théologiens orthodoxes comme une hérésie, liée à l'ethnophylétisme[2] de l'Église russe. La radicalité conduit à un procès en hétérodoxie.

1. On appelle *startsy* (sg. *starets*) les moines considérés dans la tradition orthodoxe russe comme des guides spirituels.

2. L'ethnophylétisme, c'est-à-dire le fait de fonder une Église locale sur des critères non pas territoriaux, mais ethniques ou linguistiques, a été condamné comme hérésie au concile panorthodoxe de Constantinople en 1872.

Le patriarcat et la vaine lutte en faveur d'une orthodoxie doctrinale

Dans un contexte où, après la chute du régime soviétique, la renaissance religieuse et la réouverture des lieux de culte nécessitaient de recruter des prêtres qu'elle n'avait pas le temps de former, et en partie dépassée par des courants nationalistes non institutionnalisés qui avaient prospéré à la période soviétique tardive, la hiérarchie de l'Église orthodoxe russe n'a cessé au cours des années 1990-2000 de tenter de maîtriser son orthodoxie doctrinale. Dès 1993, le Saint-Synode appelait à lutter contre les hérésies et les fausses doctrines. En décembre 1998, il mettait en garde contre les faux *startsy*, les *mladostartsy*, des ecclésiastiques sans expérience spirituelle, imposant à des fidèles sous leur emprise un rigorisme moral extrême et des choix de vie, que ce soit à propos du mariage, des enfants, des études ou de la vie professionnelle. Deux ans plus tard, le Conseil des évêques soulignait combien la littérature religieuse populaire, diffusée dans les kiosques des églises, mais aussi sur Internet, encourageait les superstitions, les peurs les plus diverses et toutes sortes de prémonitions apocalyptiques, propageant l'antisémitisme et incitant aux conflits interethniques et interreligieux. Nombre de ces ouvrages n'étaient que la réédition de textes parus au XIXe siècle ; pour attirer leur public, des éditeurs de brochures promouvant une idéologie monarchiste et impérialiste légitimaient leurs publications par l'imprimatur de hiérarques décédés comme le métropolite Ioann (Snytchev) de Saint-Pétersbourg et Ladoga (1927-1995), auquel on prêtait ces idées. Des journaux comme *Rous Pravoslavnaïa* ou des sites internet comme *Rousskaïa Ideïa* puis *Rousskaïa Narodnaïa Linïa* servent jusqu'à aujourd'hui de support à ces doctrines.

La communauté orthodoxe s'est divisée autour de la famille impériale. Après de nombreux débats au cours des années 1990, celle-ci a été canonisée en 2000 au titre des souffre-passion, cette canonisation étant une des conditions de la réconciliation de l'Église orthodoxe russe et de l'Église orthodoxe-hors-frontières[1]. Tandis qu'une partie des orthodoxes sont restés distants par rapport à la figure de Nicolas II, honni à la période soviétique, des vénérateurs du tsar ont propagé l'idée que celui-ci expiait les péchés des Russes. On les appelle les *tsarebojniki*, de *tsar* et *bog*, « Dieu » en russe. Cette idée a été condamnée par le Saint-Synode, tout comme celle d'un nécessaire repentir collectif du peuple pour le régicide du 17 juillet 1918. C'est aussi autour du *katechon*, cette force qui retient le Mal et dont l'apôtre Paul parle dans la deuxième lettre aux Thessaloniciens (2, 7), que se sont élaborées les doctrines nationalistes les plus diverses, nourries par la lecture du penseur et poète Vladimir Soloviev (1853-1900), de Sergueï Nilus (1862-1929), l'un des premiers éditeurs des *Protocoles des Sages de Sion*, et du saint thaumaturge Jean de Kronstadt (1829-1908), ainsi que par les travaux de théologiens de l'Église orthodoxe-hors-frontières. Pour les uns, c'est le tsar, en tant qu'oint de Dieu, qui pourrait retenir la force du Mal. D'autres ont identifié le *katechon* au peuple russe « porteur de Dieu », à l'Église russe, à la Russie, voire à l'Union soviétique. Parmi eux, certains vénèrent Ivan le Terrible, Raspoutine, Staline. Les ennemis de la nation russe qui préparent la venue de l'Antéchrist seraient les Juifs et les francs-maçons, le capitalisme mondial, l'Otan, l'Union européenne, les États-Unis. Ces idées ont été critiquées par des théologiens en vue du patriarcat, et leurs promoteurs ont pu être condamnés par l'État : tel a été le cas de Konstantin Douchenov, ancien secrétaire du métropolite

1. Fondée en 1920 pour organiser la vie ecclésiale de l'émigration russe née dans le sillage de la révolution bolchévique, l'Église orthodoxe russe hors frontières rompit avec l'Église orthodoxe russe en Russie lorsque le métropolite Serge, *locum tenens* du patriarcat de Moscou, signa en 1927 une « déclaration de loyauté » envers le pouvoir soviétique.

Ioann Snytchev, rédacteur en chef de *Rous Pravoslavnaïa*, qui a écopé, en 2010, d'une peine de trois ans de prison pour « incitation publique à la haine ou à l'inimitié, et dénigrement de la dignité humaine ».

Parmi les phobies qui se sont diffusées dès la fin des années 1990, notamment dans ces courants monarchistes, on peut citer les numéros d'immatriculation fiscale, les codes-barres ou encore les passeports électroniques. La présence du nombre 666, symbole de l'Antéchrist, sur les codes-barres a été soulevée pour la première fois en 1997, au moment où la question était débattue en Grèce, par Tikhon Chevkounov, aujourd'hui métropolite de Crimée ; fils spirituel de Ioann Krestiankine, celui qui n'était alors qu'higoumène (« responsable ») du monastère moscovite de la Sainte-Rencontre avait une grande influence sur les milieux orthodoxes grâce à sa maison d'édition. Cette crainte apocalyptique d'un « jihad des numéros d'immatriculation fiscale » s'est vite répandue parmi de nombreux croyants, qui se sont mis à rejeter la globalisation et « le gouvernement mondial de l'Antéchrist », et à voir dans ces numéros des entraves à la personne et à la vie privée. Dans l'éparchie de Vladimir, un tract intitulé « Sermon de l'évêque Nikon pour la nouvelle année 2000 » expliquait que, dans ces temps annonciateurs de l'Apocalypse, il était préférable de ne pas se marier et de ne pas avoir d'enfants. Certains refusèrent de participer au recensement de 2002, parce que celui-ci obligeait à remplacer le nom chrétien par un code pouvant inclure le chiffre de la Bête. Le Saint-Synode, puis une Commission théologique synodale consacrée spécifiquement aux numéros d'immatriculation fiscale ont fermement critiqué ces croyances un an plus tard. Cette campagne, qu'on a retrouvée dans d'autres pays à majorité orthodoxe, était, entre autres, menée par Diomid (Dziouban), évêque de Tchoukotka (Extrême Nord-Est russe), qui a finalement été excommunié en juin 2008. Mais les débats et la mobilisation contre les divers numéros n'ont pas cessé et se sont prolongés en réaction à d'autres réformes comme la mise en place d'une carte électronique universelle.

Ces idées se sont propagées parmi des croyants touchés de plein fouet par les réformes socio-économiques de la Russie post-soviétique, déclassés et incapables de s'adapter au monde néolibéral imposé par le poutinisme. Mus par un « patriotisme de désespoir », pour reprendre l'heureuse formule de l'anthropologue Sergueï Oushakine, ils n'ont cessé de s'opposer tant à l'État et à l'administration jugée corrompue qu'à la hiérarchie de l'Église soupçonnée de le soutenir. On retrouve dans cette nébuleuse des croyants adeptes d'une vision traditionnelle patriarcale de la famille et d'une éducation très rigoriste. Rejetant tout ce qui vient d'Occident, plaçant le droit de la famille au-dessus de celui de l'enfant et refusant que l'État s'immisce dans la vie des familles orthodoxes, ils se sont opposés à la mise en place d'une réforme de la justice des mineurs, inspirée du modèle européen.

En 2009, alors que la question des vaccins était également controversée dans la communauté orthodoxe, le Conseil ecclésiastique sur l'éthique biomédicale du patriarcat de Moscou s'est exprimé sans équivoque en faveur de la vaccination comme mesure indispensable à la prévention des maladies infectieuses. Mais les réactions du clergé, notamment dans les monastères, lors de la pandémie de 2019-2020, ont montré le faible impact de la position officielle de l'Église. À la théorie du complot s'est ajouté un « fondamentalisme magique » qui a incité nombre de croyants soumis à leurs directeurs spirituels à rejeter les mesures de quarantaine imposées par l'État, à participer à la liturgie et à croire en l'efficacité magique des dons consacrés.

On retrouve parmi ces croyants les « activistes orthodoxes » dont parle l'anthropologue Zhanna Kormina[1]. On les voit

1. Zhanna Kormina, « Fervent Christians : Orthodox Activists in Russia as Publics and Counterpublics », *Religion, State and Society*, 51(1), 2023, pp. 11-29.

participer aux processions de la Croix, aux pèlerinages à Ekaterinbourg, puis à Ganina Iama et à Alapaïevsk, présentés comme les hauts lieux du martyre de la famille impériale. Ces croyants se sont opposés au film *Matilda* d'Alekseï Outchitel (2017), qui racontait les amours du dernier tsar et de la ballerine Matilda Kchessinskaia. Ils défendent la moralité de la nation contre le monde perverti, militent contre le droit à l'avortement et l'homosexualité. Ils sont nostalgiques d'une Russie « authentique », symbolisée par la vie dans les villages, dans la continuité de la littérature ruraliste des années 1960-1970. Ils se mobilisent pour la construction de nouvelles églises contre l'avis de citoyens, parfois eux aussi orthodoxes, qui appellent à la préservation de leur environnement urbain. Ils inscrivent leur résistance contre le monde séculier dans la mémoire de ceux qui ont lutté contre l'athéisme soviétique. Alors que l'Église russe est pourtant très visible dans l'espace public, ils se considèrent comme une minorité subalterne, opprimée et humiliée, et n'hésitent pas à brandir la loi de juin 2013 réprimant les offenses aux sentiments des croyants.

Les siloviki *et le radicalisme religieux, entre légitimité et illégitimité*

Dans le contexte post-soviétique de collusion des intérêts économiques, politiques, militaires et religieux, toutes ces idées, plus ou moins contrôlées par le patriarcat, n'ont cessé de circuler au cours de ces dernières décennies jusque dans les cercles proches du pouvoir. Dans le prolongement de la période soviétique où les liens entre le KGB et l'Église structuraient le fonctionnement de cette dernière, on observe notamment des liens entre des promoteurs de ces doctrines et les *siloviki*, c'est-à-dire les membres du FSB (service de renseignement chargé de la sécurité intérieure) et les représentants de l'armée ou de la Garde russe (une structure fondée en 2016 qui rassemble les troupes du ministère de l'Intérieur). Au niveau local, les relations entre religieux et représentants des « structures de force » peuvent être facilitées par le fait que des membres du clergé, en particulier des moines, sont d'anciens policiers ou militaires. Ils peuvent partager un même ethos, se rejoindre dans un même constat que la Russie est une citadelle assiégée par l'Occident, aspirer au retour aux frontières de l'Union soviétique et à un regain de puissance du pays dans le monde.

C'est grâce à des ressources administratives, et notamment à la protection de représentants des forces de l'ordre dont ils étaient proches, que des vénérateurs du tsar ont pu développer leurs activités au sein de l'Église orthodoxe russe. La biographie d'un des leaders de ces *tsarebojniki* dans l'Oural, Sergueï Romanov, apparaît comme un exemple éclairant de ces interactions. Incarcéré dans une colonie pénitentiaire pendant treize ans, cet ancien policier a participé à la construction d'un monastère à Ganina Iama, où il a été ordonné moine et prêtre, puis il a établi en 2005, sur la base d'un simple ermitage, un prospère monastère pour femmes à Sredneouralsk. Exorciste, il a attiré de nombreux croyants démunis en quête de guérison et de conseils spirituels et psychologiques, mais a également entretenu des liens avec les élites politiques : avec Natalia Poklonskaïa, ancien procureur de la République de Crimée et élue députée à la Douma d'État en 2016, dont il a été le directeur spirituel ; Vladislav Sourkov, cofondateur et idéologue du parti Russie unie ; des associations de vétérans du Donbass, ainsi qu'avec des *siloviki*, dont l'ancien responsable du service pénitentiaire fédéral de la région de Sverdlovsk qui avait dirigé la colonie dans laquelle il avait purgé sa peine. Ces liens n'ont pourtant pas empêché sa réduction à l'état laïc et son arrestation après ses prises de position radicales contre le patriarche et Vladimir Poutine au moment de la pandémie à la fin de l'année 2020 ; il avait notamment appelé à boycotter le vote des amendements à la Constitution qui légaliseraient

« le pouvoir du futur Antéchrist et de ses serviteurs » ; le 27 janvier 2023, il a été condamné à sept ans de prison.

Parmi les hiérarques proches du FSB, on compte Tikhon Chevkounov, cité plus haut, connu entre autres pour son film *La Chute d'un empire : la leçon de Byzance* (2008) ; il y défend notamment que les relations avec l'Occident ont contribué à la perte de l'Empire byzantin. S'il a été le premier à lancer le mouvement contre la globalisation en soulevant la question des codes-barres, c'est aussi sur le portail internet de son monastère qu'a été publié, en 2006, un article signé de deux psychologues de Moscou intitulé « Le cheval de Troie de la justice des mineurs », lequel lance la campagne contre la réforme de la justice des mineurs. Ce texte affirme notamment que celle-ci signe la « destruction de la famille, la rupture des liens entre les parents et les enfants, celle des relations sociales, et la destruction de toute la structure sociale russe », et que cette destruction ne peut mener qu'à « la construction d'un État mondial unifié empreint d'une idéologie occultiste et sataniste ». La promotion des valeurs familiales traditionnelles, portées par les mouvements radicaux, a servi une rhétorique d'opposition à l'Occident que les *siloviki* ont cherché à développer, notamment après les protestations suscitées par la réélection, en 2012, de Vladimir Poutine à la présidence de la Russie. C'est ainsi que la propagande en faveur des « relations sexuelles non traditionnelles » a été interdite et que la Russie n'a cessé de durcir sa législation contre le mouvement LGBT+, devenu le symbole du « satanisme » occidental. De même, Kirill et le métropolite Tikhon Chevkounov ont, en 2019, appelé avec succès à bloquer le projet de loi sur la criminalisation des violences domestiques. C'est aussi autour des années 2010 que Dimitri Smirnov, président de la Commission patriarcale pour la famille de l'Église orthodoxe russe, a choisi de rejoindre le Congrès mondial des familles, organisation transnationale regroupant des mouvements ultraconservateurs religieux ou séculiers. Cette organisation avait été cofondée en 1995 par

Allan Carlson, professeur américain et président du Howard Center for Family, Religion and Society à Rockford (Illinois), et le sociologue russe de la famille Mikhail Antonov. En 2014, le Congrès avait lieu à Moscou ; il était financé par deux oligarques orthodoxes, Vladimir Iakounine, ancien directeur de la Compagnie nationale des Chemins de fer, et Konstantin Malofeïev, président de la chaîne de télévision Tsargrad (dont le directeur spirituel est… Tikhon Chevkounov).

Cette rhétorique a nourri des mouvements religieux et politiques ultra-patriotiques et violents, entretenant des liens informels avec les forces de l'ordre, qui remettent en cause le principe laïque de l'État russe. On peut ainsi citer Narodny Sobor, organisation fondée en 2005 avec le soutien de parachutistes à la retraite, et actuellement dirigée par le général Oleg Kassin. En 1993, ce dernier fut un des défenseurs de la Maison-Blanche (siège du Soviet suprême de Russie, instance législative suprême) après sa dissolution par Boris Eltsine ; il a également été membre de l'Union nationale russe, principale organisation d'extrême droite dans les années 1990, laquelle a contribué à la diffusion de textes contre les numéros d'identification fiscale à la fin de la décennie. Parmi les membres du conseil de Narodny Sobor, figurent des représentants de divers groupes ultra-patriotiques dont Vitali Averianov, vice-président du Club d'Izborsk et directeur du think tank conservateur Institut du conservatisme dynamique. Le mouvement, coalition de petites organisations orthodoxes monarchistes, marqué par la nostalgie de l'Empire soviétique, a des antennes dans de nombreuses villes de Russie. À Moscou, il est étroitement lié à la paroisse d'Alexandre Chargounov, promoteur de la canonisation de Nicolas II dans les années 1990. Narodny Sobor a mené des actions en faveur des « valeurs traditionnelles » avec des combattants russes dans la guerre du Donbass, œuvré en faveur d'une influence croissante de l'orthodoxie dans la sphère publique, en particulier par l'introduction des fondements de la culture orthodoxe à l'école, et lutté contre des actions qu'il considère comme blasphématoires (il a notamment saccagé en 2003, en toute impunité, une exposition du Centre Sakharov intitulée « Attention, religion ! »). Parmi ses cibles, on retrouve les « sectes destructrices », ainsi que le mouvement LGBT. Narodny Sobor a bénéficié du soutien de Vsevolod Tchapline (1968-2020), président du département pour la coopération de l'Église et de la société du patriarcat de Moscou de 2009 à 2015.

Plus connu peut-être, le mouvement Sorok Sorokov a été créé en 2013 par André Kormoukhine, admirateur du *starets* Nikolaï Gourianov et vénérateur de la famille impériale, et le champion de boxe Vladimir Nossov, afin de surmonter « la crise de la conscience qui consiste à considérer l'orthodoxie comme un phénomène périphérique pour la vie du pays », et d'œuvrer à la diffusion des valeurs religieuses en dehors des lieux de culte. Le mouvement, masculiniste, est connu pour ses actions particulièrement musclées lors de conflits autour de la construction de lieux de culte, dans le parc Torfianka de Moscou, par exemple, mais aussi dans la lutte contre le mouvement LGBT ou le projet de loi pour la criminalisation des violences domestiques. Soutenu par des élites politiques et religieuses, il a néanmoins été plusieurs fois accusé d'extrémisme. André Kormoukhine s'est vu rappeler à l'ordre dans le contexte de la gestion difficile de la pandémie. Il s'était ouvertement opposé à la vaccination obligatoire, et avait lancé au début du mois de décembre 2021 une pétition appelant à la démission du gouvernement en raison des projets de loi sur l'obligation des QR codes. Une procédure de vérification des activités du mouvement a été lancée. Aujourd'hui, il lutte, de façon plus ou moins violente, contre le développement des nouvelles spiritualités, contre l'ésotérisme, en vogue en Russie, contre l'hypnotiseur Anatoli Kachpirovski, ou encore contre la fête d'Halloween dans les parcs et les cafés de Moscou.

Grammaires ultra-nationalistes dans la guerre de 2022 : de la marginalité à la centralité

S'inspirant d'une pensée catholique datée, une doctrine sociale de l'Église avait été rédigée, à la fin des années 1990, sous l'impulsion du métropolite Kirill, alors président du département des relations extérieures du patriarcat. Reprenant les principes de saint Augustin, elle développait la notion de « guerre juste ». L'Église était néanmoins aussi traversée par des courants bellicistes proches de l'armée. En 2004, Vsevolod Tchapline expliquait dans une émission à la radio Écho de Moscou que le christianisme n'avait un avenir en Europe que s'il apprenait à nouveau aux hommes à tuer et à mourir. Comme le montre Dmitry Adamsky[1], dès les années 1990 s'était scellée une alliance entre une partie ultra-patriotique de l'Église russe et la composante nucléaire du complexe militaro-industriel. Lors d'une conférence de presse le 1er février 2007, Vladimir Poutine déclarait que le bouclier atomique et l'Église orthodoxe russe étaient les deux composantes de la défense de la Russie. Cette idée d'une « orthodoxie atomique », développée en 2005 par Egor Kholmogorov, idéologue orthodoxe et monarchiste, au cours d'une conférence théologique sur les enseignements eschatologiques de l'Église, a essaimé dans les milieux ultraconservateurs.

Si la bénédiction des armes, notamment nucléaires, a été un sujet débattu au sein de l'Église jusqu'en 2021, les courants militaristes n'ont cessé de s'y développer au cours des dernières décennies. En 2020, était consacrée une église dédiée au 75e anniversaire de la victoire dans la Grande Guerre patriotique, la cathédrale principale des forces armées russes, à la fois musée et lieu de culte ; des mosaïques y représentent les batailles de Koulikovo,

1. Dmitry Adamsky, *Russian Nuclear Orthodoxy. Religion, Politics, and Strategy*, Stanford University Press, 2019.

Borodino, Stalingrad et Koursk ; dans la version originale du projet, Staline, Vladimir Poutine et Sergueï Choïgou (ministre de la Défense de 2012 à 2024) auraient figuré sur la mosaïque de la parade de la Victoire.

Les rapports de force ont considérablement évolué au sein de l'Église, comme l'atteste aussi la composition du Conseil mondial du peuple russe rassemblant des élites de toutes les sphères d'activité sous la présidence du patriarche. Quelques jours après le 24 février 2022, le patriarche s'est mis à soutenir la guerre d'agression de la Russie contre l'Ukraine. Le 27 février 2022, il désignait « les forces du mal qui ont toujours combattu l'unité de la Rous et de l'Église russe ». Le 3 mars, une circulaire du patriarcat appelait à prier pour la paix ; la prière demandait que soient renversés les desseins des peuples étrangers dressés contre la Sainte Russie. Le dimanche du Pardon, Kirill, considérant que le conflit avait une dimension « métaphysique », présentait la guerre dans une dimension eschatologique : une guerre contre les « valeurs qui sont proposées aujourd'hui par ceux qui revendiquent le pouvoir mondial », contre le « péché dont les soi-disant marches de la fierté font la propagande ». Dans son sermon du 25 septembre 2022, il affirmait que les soldats russes qui mourraient dans la guerre en Ukraine seraient « lavés de tous leurs péchés ». La pratique des bénédictions d'armes s'est renforcée. Du fait de l'influence des ultraconservateurs à la tête du pays, et notamment de personnalités comme Alexandre Douguine et du Club d'Izborsk, les discours radicaux ont acquis une centralité dans l'espace public, la mystique du IIIe Reich se mêlant à des idées religieuses. Si l'idée d'une renaissance de la Russie comme *katechon* n'était répandue que dans les mouvements fondamentalistes monarchistes de l'Église et dans les courants ultra-patriotiques influencés par la pensée du juriste et philosophe allemand Carl Schmitt, elle a pris une place croissante dans la rhétorique du patriarche lui-même, et se retrouve dans l'*Instruction* du Conseil mondial du peuple russe adoptée en 2024.

« D'un point de vue spirituel et moral, l'opération militaire spéciale est une guerre sacrée dans laquelle la Russie et son peuple, défendant l'espace spirituel de la Sainte Russie, accomplissent la mission du *katechon*, protégeant le monde de l'assaut du globalisme et d'une victoire de l'Occident qui a sombré dans le satanisme. »

Prêtre très actif sur les réseaux sociaux, Andreï Tkatchev en appelle désormais à une monarchie qui sauvera le monde, tandis que l'archevêque de Syktyvkar présente Vladimir Poutine comme l'élu de Dieu. De nombreuses idées sur la guerre remontent directement ou indirectement à une certaine lecture de la tradition chrétienne et de l'Ancien Testament ; celle selon laquelle la guerre purifie les péchés d'un peuple et les expie provient du théologien russe Pavel Florensky (1882-1937)[1]. Surtout, ces propos s'inscrivent dans une rhétorique qui s'élabore depuis plusieurs décennies dans les milieux religieux proches des *siloviki*. Cette radicalité va de pair avec une pensée eschatologique et messianique, traversée par les thèmes de Moscou comme Troisième Rome et de la Sainte Russie, l'aspiration à retrouver un État impérial fort et puissant, et la nécessité de lutter contre l'Occident collectif (ou global), identifié à Satan. La guerre y est présentée comme une lutte entre le Bien et le Mal ; elle aurait été prédite par les *startsy* et les épreuves seraient inscrites dans le dessein de Dieu afin qu'à travers elles l'homme s'endurcisse.

Conclusion

Gleb Iakounine, ancien dissident orthodoxe, avait parlé de « talibanisme orthodoxe » pour désigner les courants fondamentalistes

1. Dimitri Biriukov, « Russian Philosophers and War », *Public Orthodoxy*, 21 février 2025, https://publicorthodoxy.org/good-reads/russian-philosophers-and-war/

qui n'ont cessé de se renforcer autour du métropolite Ioann Snytchev. Sergueï Choumilo, directeur de l'Institut international de l'héritage du mont Athos et chercheur à l'Institut d'histoire de l'Académie nationale des sciences d'Ukraine, condamne en octobre 2022 le « chahidisme orthodoxe » et la « théologie néo-païenne de la guerre » du patriarche Kirill ; comme si la référence à des termes empruntés à l'islam permettait de mieux dénoncer le radicalisme de l'Église orthodoxe russe.

Il n'est pas inutile de revenir aux années 2000 : le message officiel de l'Église orthodoxe russe reprend et soutient désormais des idées avec lesquelles la hiérarchie ecclésiastique, et notamment le patriarche Alexis II, prenaient leurs distances. Il s'oppose à l'orthodoxie doctrinale portée par une grande partie de la communauté orthodoxe internationale, notamment le patriarcat œcuménique de Constantinople, nourrie par une théologie libérale et une pensée pacifiste. Pour reprendre les propos d'un commentateur sur Public Orthodoxy, l'Église orthodoxe russe se transformerait en une « secte apocalyptique », ce qui la condamnerait « à la solitude et la marginalisation[1] ».

Les radicalités religieuses sont multiples et le patriarche tente encore aujourd'hui de définir une orthodoxie légitime. Tout comme Alexis II en 2001, il s'opposait, le 22 janvier 2025, aux chrétiens orthodoxes appelant à la canonisation d'Ivan le Terrible. En ce jour de la commémoration du métropolite Philippe II de Moscou, assassiné en décembre 1569 sur ordre du tsar, le patriarche Kirill rappelait dans son homélie dans la cathédrale de l'Assomption du Kremlin que le désir d'Ivan le Terrible de renforcer le pouvoir monarchique par la violence et la répression avait entraîné des pertes humaines colossales, qui avaient réduit à néant ses bonnes intentions ; l'unité obtenue par la violence et les exécutions ne pouvait qu'être fragile…

1. George Persh, « War and Eschatology », Public Orthodoxy, 27 janvier 2023, https://publicorthodoxy.org/2023/01/27/war-and-eschatology/

Qu'ils soient marginaux ou au contraire produits par l'autorité ecclésiastique légitime, tous ces discours s'expriment dans un contexte où la place dominante de l'Église orthodoxe dans le pays est de plus en plus contestée : il n'est pas rare de voir des bulbes sans croix sur les armoiries ou les affiches publicitaires. Ce n'est pas le moindre des paradoxes de la Russie contemporaine. Certains ne manqueront pas d'y voir une trace de satanisme.

9.

Les radicalités religieuses en Israël : ultra-orthodoxie, sionisme religieux et kahanisme

Alain Dieckhoff

À compter de la fin du XVIIIe siècle, le monde juif a été progressivement confronté, en Europe, à un défi majeur, celui de la modernité. Comment devait-il se situer par rapport à la sécularisation politique qui gagnait les sociétés environnantes et leur offrait la promesse de l'égalité citoyenne au prix, toutefois, du relâchement de l'emprise communautaire ? En Europe occidentale, où les Juifs devinrent progressivement des citoyens à part entière, beaucoup choisirent la stratégie de l'intégration, c'est-à-dire la participation pleine et entière à la vie sociale et politique des sociétés d'accueil. Ce choix allait souvent de pair avec une contraction du religieux : les pratiques (prières, fréquentation de la synagogue…) devenaient moins régulières, voire disparaissaient complètement ; la croyance en un destin spécifique du peuple juif s'étiolait. Dans certains cas, le culte faisait l'objet d'une « modernisation » : simplification de l'office synagogal, remaniement des livres de prière, traduction des prières dans la langue du pays… Ce processus d'adaptation était prôné par une nouvelle dénomination, le « judaïsme réformé », qui se développa surtout en Allemagne, avant d'essaimer aux États-Unis. C'est par réaction à cette modernité menaçante qui allait jusqu'à transformer le culte et modifier des éléments du credo juif (en particulier sur le retour à Sion) que se développa le judaïsme orthodoxe, lequel affirmait précisément sa fidélité inébranlable à la tradition.

En Europe orientale, où se trouvaient les larges masses du peuple juif, la perspective d'une intégration civique était inexistante : l'autocratie tsariste régnait en maître. Les Juifs qui souhaitaient changer leur destin collectif avaient une seule option : lutter pour leur émancipation. Deux voies s'ouvraient à eux : soit participer aux luttes politiques menées par les forces de gauche (socialistes révolutionnaires, communistes…) ; soit mener ce combat émancipateur dans des organisations spécifiquement juives. Cette seconde option pouvait se décliner de deux façons : soit obtenir une autonomie culturelle dans une Russie démocratique, comme le prônait le Bund (Union générale des travailleurs juifs de Lituanie, de Pologne et de Russie), soit édifier, comme le souhaitaient les différents courants sionistes, un État juif souverain en Palestine. Toutes ces mobilisations visaient l'émancipation des Juifs dans un projet « généraliste » ou nationaliste-juif où la religion n'avait pas de place ou était réduite à la portion congrue. Très logiquement, les tenants de la tradition religieuse ne pouvaient que se dresser contre ces différents projets, au nom de la défense de l'orthodoxie.

La consolidation du traditionalisme juif

L'orthodoxie s'érigea, en particulier en Europe de l'Est, en un véritable camp retranché, et ce, sous deux modalités différentes. D'une part, le hassidisme (de *hassid*, littéralement « pieux »), apparu à la fin du XVIIIe siècle, prônait une approche mystique du judaïsme et attribuait une place centrale au *tsaddik* (litt. « juste »), le chef spirituel servant de médiateur entre les fidèles et le monde d'en haut. Les communautés hassidiques s'organisèrent comme de véritables cours regroupées autour de ces saints hommes dotés d'une autorité charismatique.

Ces derniers établirent des dynasties, connues sous le nom du bourg ou de la petite ville où elles étaient établies à l'origine : Gur, Vishnitz, Karlin… En réaction à ce développement du hassidisme, les tenants d'une approche exclusivement savante du judaïsme fondèrent une nouvelle institution d'études talmudiques, la « grande *yeshiva* », qui, contrairement aux *yeshivot* « classiques », liées aux communautés juives locales, avait pour vocation d'attirer des étudiants venant de loin, pour une étude intensive des textes religieux. La *yeshiva* de Volozhin, créée en 1802, devint le modèle de *yeshivot* similaires fondées en Lituanie (Telz, Slobodka…).

Hassidim et *mitnagdim* (« opposants »), s'ils se heurtèrent parfois fortement du fait de leur approche différente du judaïsme, formaient bien deux mouvances d'un même traditionalisme juif qui, pour se préserver, devait se maintenir à l'écart de la vie séculière. Ce fut le cas en Pologne, en Lituanie et en Ukraine (jusqu'en 1940), puis aux États-Unis et en Israël, où ces communautés, décimées par le génocide, se réinstallèrent après 1945. En Israël, à Bnei Brak, bastion de l'ultra-orthodoxie avec 220 000 âmes, situé à côté de la séculière Tel-Aviv, on trouve aussi bien des cours hassidiques (Vishnitz, Sadigora…) que des *yeshivot* originellement fondées en Lituanie comme Ponevezh ou Slobodka. De même à Jérusalem, à côté des nombreuses *yeshivot* locales (Kol Tora, Hebron…) se trouve la *yeshiva* de Mir, réinstallée en Palestine en 1944 qui est le plus grand centre d'étude talmudique au monde avec plus de 8 000 étudiants. Jérusalem est aussi le siège de plusieurs grandes dynasties hassidiques nées en Pologne et en Ukraine comme Gur et Belz.

Le séparatisme géographique dans des quartiers à part, souvent fermés au trafic pendant le shabbat, est à l'image d'un séparatisme plus général avec des écoles à part, des magasins spécifiques, des lieux de culte propres… Il est l'expression de ce que l'historien Emmanuel Sivan nomme « la culture de l'enclave » fondée sur une mise à distance de la cité séculière, menaçante et impure. Et pour se démarquer au maximum d'elle, les prescriptions religieuses doivent être suivies de façon extrêmement rigoureuse. Du coup, il y a toujours à l'intérieur du monde ultra-orthodoxe une valorisation de l'interprétation la plus stricte des préceptes religieux. Ainsi, les produits alimentaires ne doivent pas seulement être kasher, mais *lamehadrin*, indiquant un degré supplémentaire de respect des normes alimentaires. Dans le même esprit, les règles de modestie qui organisent les rapports sociaux (mais aussi intimes) entre les hommes et les femmes doivent être strictement interprétées. C'est ainsi que dans les quartiers ultra-orthodoxes d'Israël circulaient à compter des années 2000 des bus dans lesquels les femmes devaient s'asseoir à l'arrière, les hommes à l'avant. Bien que cette pratique ait été déclarée illégale par la Cour suprême en 2011, elle continue, du fait de la pression sociale, d'être largement suivie.

Se démarquer fortement de l'extérieur souligne par contraste la spécificité du monde ultra-orthodoxe qui a développé un véritable Torah-centrisme, exclusiviste, se traduisant par le fait que, dans le milieu des *yeshivot*, il est attendu de tous les hommes qu'ils restent sans emploi pour se consacrer à temps plein à l'étude du Talmud, ce qui était rare dans le passé, en diaspora. On peut considérer qu'il y a eu en Israël un processus réel de radicalisation du traditionalisme juif.

L'ultra-orthodoxie dans un État juif

Comment les ultra-orthodoxes (qu'on appelle en Israël *haredim*, « craignant-Dieu ») se situent-ils par rapport au pouvoir, qui plus est un pouvoir détenu par des Juifs ? Répondre à cette question exige de revenir à leur position par rapport au sionisme. Au départ, sa condamnation fut quasiment unanime (à l'exception d'une poignée de sionistes religieux sur lesquels nous reviendrons plus loin). Les raisons de cet anathème étaient à la fois théologiques – le sionisme étant tenu pour une rupture avec la tradition et avec l'espérance messianique – et politiques, les responsables religieux ayant d'emblée perçu que les leaders sionistes allaient leur disputer l'autorité sur le peuple juif. Cette hostilité au sionisme fut d'ailleurs si forte qu'elle conduisit les deux courants de l'ultra-orthodoxie à s'unir dès 1912 pour former le parti Agoudat Israël (« Union d'Israël »). Son antisionisme absolu s'atténuera avant la Seconde Guerre mondiale – la Palestine étant un des rares endroits où les Juifs persécutés pouvaient se réfugier – puis après l'instauration de l'État d'Israël en 1948 qu'ils acceptèrent *de facto*. Cette attitude circonspecte conduisit d'ailleurs, en un processus classique, à la dissidence de la *Edah Haredit* (« communauté des craignant-Dieu ») de Jérusalem, regroupant pour l'essentiel certains groupes hassidiques (Satmar, Toldot Aharon…) qui entendaient préserver l'antisionisme d'origine. Mais le gros des troupes ultra-orthodoxes se reconnaissaient dans l'Agoudat Israël, qui participa d'emblée aux élections législatives, puis fut inclus dans des coalitions parlementaires, puis gouvernementales (à compter de la fin des années 1980).

Cette inclusion croissante dans l'État répond avant tout à une nécessité financière : garantir le flux régulier d'argent public pour leurs institutions éducatives et religieuses, mais aussi pour compenser par des aides diverses un taux d'employabilité faible (seuls la moitié des hommes ultra-orthodoxes travaillent). Les besoins sont en effet immenses du fait d'une croissance démographique continue : l'ultra-orthodoxie compte désormais 1 280 000 âmes, soit 12 % de la population israélienne (avec les citoyens arabes), mais 17 % de la population juive. Les projections à 2040 indiquent un plus que doublement de la population ultra-orthodoxe (2,837 millions), soit 20 % de la population israélienne, mais 35 % de la population juive. Vingt-cinq pour cent des écoles primaires et secondaires relèvent du système scolaire ultra-orthodoxe, où l'enseignement porte essentiellement, et le plus souvent exclusivement, sur des matières religieuses[1].

Adaptation pragmatique, donc, de l'ultra-orthodoxie à l'existence d'un État juif mais qui n'a pas entamé sa posture théologique de base : l'État n'a pas de portée religieuse particulière et il ne signifie rien dans l'économie du messianisme. Même en Israël, les Juifs continuent d'être en exil. Cela n'empêche nullement d'essayer de renforcer la place du judaïsme dans la société par des mesures restreignant par exemple l'ouverture des commerces le shabbat. Les leaders de l'ultra-orthodoxie ont ainsi œuvré, en 2023, pour que la Knesset vote une loi sur le levain (*hametz*) qui permet aux directeurs d'hôpitaux d'interdire dans leurs établissements, pendant la période de la Pâque, l'entrée de produits alimentaires à base de levain (que les Juifs ne sont pas censés consommer durant la semaine pascale). Mais, pour le reste, les ultra-orthodoxes n'attendent pas de l'État qu'il agisse pour concrétiser une vision religieuse. Ils demeurent fidèles à une approche quiétiste : le salut collectif des Juifs adviendra un jour, et il sera l'œuvre de la seule Providence. Un autre marqueur identitaire, source de tensions avec le reste de la population juive israélienne, concerne l'armée : depuis les débuts de l'État, les ultra-orthodoxes sont *de facto* exemptés de service militaire par des accords régulièrement reconduits, que leurs partis voudraient faire inscrire dans la loi. Ce refus de servir est mal perçu par la majorité juive qui y voit une forme de rupture du contrat social entre citoyens et une forme d'ingratitude, en particulier depuis la guerre qui s'est ouverte le 7 octobre 2023.

L'unique exception à cette posture de retrait se trouve dans le groupe hassidique des Loubavitch, engagé pour le maintien

1. Ces données proviennent des rapports statistiques sur l'ultra-orthodoxie de l'Israel Democracy Institute : *https://en.idi.org.il/haredi/2022/*

d'une souveraineté juive exclusive en Cisjordanie au nom des commandements religieux. Ce phénomène particulier est lié à la tension messianique qui s'était développée à partir des années 1990 dans ce mouvement autour de son leader, Menachem Mendel Schneerson. Il conduisit à la participation active, tout à fait inhabituelle, de ces *hassidim* à la campagne électorale de 1996, autour du slogan « Netanyahou est bon pour les Juifs » (sous-entendu, son adversaire de l'époque, Shimon Pérès, ne l'était pas).

L'ultra-orthodoxie est un monde à part qui a une forte capacité de mobilisation, les rabbins exerçant une autorité incontestée sur leurs ouailles. Le vote y est massivement communautaire. Ainsi, dans la grande ville de Bnei Brak, près des deux tiers des voix (plus de 52 000) se sont portés sur la liste ultra-orthodoxe « Judaïsme unifié de la Torah » tandis qu'à Modi'in Illit, autre bastion *haredi* au centre du pays (et situé juste de l'autre côté de la Ligne verte), JUT a obtenu près de 80 % des suffrages (20 600) aux élections législatives de 2022. À Jérusalem, la liste JUT est arrivée première avec près de 24 % des voix (63 000).

Le paradoxe de l'ultra-orthodoxie est que sa consolidation a été rendue possible par l'existence de cet État « impie » auquel elle ne reconnaît aucune légitimité religieuse, puisque tant les conditions de sa création que son fonctionnement au quotidien attestent son inacceptable caractère séculier. Sans la présence d'un État-providence, les *yeshivot* ne seraient pourtant pas devenues, en Israël, ces institutions de masse dans lesquelles la moitié des hommes s'adonnent à longueur de temps à l'étude de la Torah sans avoir d'activités productives.

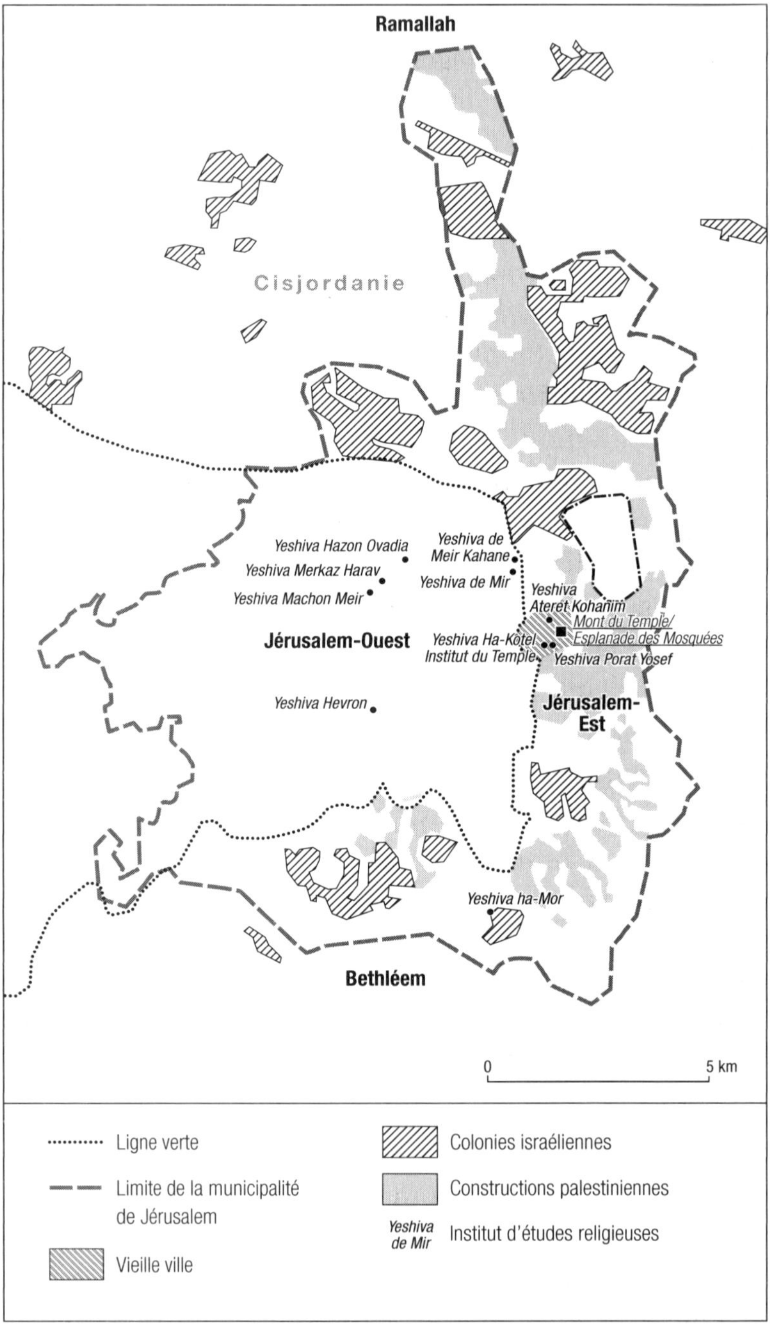

Jérusalem avec les principales *yeshivot* et, dans le secteur oriental, les quartiers juifs et arabes.

La religion au service du nationalisme

Dans le rejet initial du sionisme par l'orthodoxie juive, il y eut pourtant, dès le départ, une exception, celle d'une minorité de Juifs pratiquants qui attribuèrent une portée religieuse au sionisme. Elle trouva son héraut dans le premier Grand Rabbin ashkénaze de la Palestine mandataire, Abraham Yitzhak Hacohen Kook (1865-1935), qui donna une justification théologique à l'entreprise sioniste quand bien même ses promoteurs étaient des Juifs de gauche, nationalistes et non religieux. À travers une interprétation originale nourrie par la tradition talmudique et, surtout, kabbalistique, le *rav* Kook parvint à démontrer que, derrière son apparence profane, le sionisme était en réalité un instrument de Dieu. L'objectif de reconstruction nationale s'inscrivait dans une dynamique messianique ouvrant la voie à la rédemption d'Israël (fin de l'Exil, restauration de la souveraineté juive) et, par-delà, de l'humanité entière (paix universelle, reconnaissance générale de l'unicité de Dieu). Armés de cette légitimité, les sionistes religieux purent donc coopérer sans complexe à la marche de l'État d'Israël, dont la création marquait à leurs yeux « l'aube de la rédemption », c'est-à-dire la première étape dans le processus messianique. Pourtant, bien que l'établissement de l'État ait été investi d'une signification métapolitique, les sionistes religieux n'en tirèrent pas argument pour développer un discours de type fondamentaliste dans les années 1950. Cela s'explique par leur attitude positive envers la modernité qui les amena à adopter une stratégie d'accommodation envers l'État. Ils devinrent une force politique d'appoint du Parti travailliste, à la tête de l'État jusqu'en 1977, se contentant de gérer certains ministères (Cultes, Éducation, Intérieur) et de préserver l'autonomie de leur système scolaire. En d'autres termes, ils se voulaient la « conscience religieuse » de l'État, sans intervenir dans ses orientations politiques.

Les choses changèrent après la guerre des Six Jours. La victoire israélienne de juin 1967 fut en effet perçue par la jeune génération des sionistes religieux comme un événement miraculeux par lequel la présence divine s'était manifestée de façon éclatante. Comment en effet interpréter autrement le triomphe militaire d'Israël, qui lui avait permis de reprendre pied dans ces hauts lieux de la mémoire juive que sont Hébron et la vieille ville de Jérusalem ? La prise de possession de l'intégralité de la Terre d'Israël (de la Méditerranée au Jourdain) marquait, à leurs yeux, un progrès qualitatif dans la voie du messianisme : désormais, le peuple juif était censé se trouver pleinement engagé dans le processus rédempteur. Cette perception idéo-théologique, popularisée par le fils du *rav* Kook, fut portée, à partir du milieu des années 1970, par le Goush Emounim, l'aile activiste du sionisme religieux. Ce mouvement s'est rendu célèbre par l'élan qu'il a donné à la colonisation de la Cisjordanie et de Gaza, le développement de la présence juive étant vu comme un impératif religieux susceptible de hâter la fin des temps. Cet investissement des colonies par les sionistes religieux aboutit notamment à un découplage géographique : ceux qui vont s'installer en Cisjordanie ou à Gaza abandonnent les villes comme Bnei Brak, qui deviennent à partir de la fin des années 1970 exclusivement ultra-orthodoxes. Surtout, cette conviction a fait basculer la majorité du sionisme religieux en direction d'un fondamentalisme messianique lourd de dangers. Si, en effet, la possession de l'intégralité d'Eretz Israël marque une avancée dans le processus messianique, toute rétrocession territoriale (dans le cadre d'accords avec les Palestiniens) ne peut que constituer une régression insupportable ; par conséquent, elle doit être dénoncée, voire combattue par la force. C'est très précisément au nom de cet absolu messianique qu'Ygal Amir assassina le Premier ministre, Yitzhak Rabin, en novembre 1995. Il s'agissait de mettre un terme, par la violence, à un processus de paix disqualifié *ab initio* parce qu'il compromettait durablement l'économie du messianisme. C'est bien l'hétéronomie, l'existence d'une loi religieuse tenue pour supérieure, qui justifie la contestation de l'ordre politique : la légitimité religieuse est, dans cette approche fondamentaliste, nécessairement prééminente sur la légitimité politique, ce qui pose le problème de la reconnaissance du principe démocratique.

Les accords d'Oslo, vécus comme un traumatisme par le sionisme religieux et toute la droite nationaliste menée par Benyamin Netanyahou, ont conduit à une mobilisation inédite des colons religieux. L'un d'entre eux, Moshe Feiglin, lança ainsi le mouvement Zou Artzenou (« C'est notre pays/terre ») qui, pour protester contre les « accords de capitulation », organisa le blocage répété des axes routiers en Israël. Par la suite, il fit de l'entrisme au sein du Likoud pour y constituer, un temps, une faction intitulée « Leadership juif » qui défendait un agenda ultra-nationaliste. Cette mobilisation ne put empêcher un nouveau développement inattendu qui ébranla les sionistes religieux : le retrait unilatéral de la bande de Gaza, au cours de l'été 2005, avec le démantèlement complet des vingt et une colonies et le rapatriement forcé des quelque huit mille habitants juifs. Ce désengagement, vécu comme une véritable trahison d'autant plus qu'il fut mis en œuvre par un Premier ministre, Ariel Sharon, qui avait été depuis les années 1970 un soutien inébranlable des colons, radicalisa davantage une partie du sionisme religieux. Se développa ainsi le mouvement des « jeunes des collines », des jeunes gens, appartenant à la deuxième génération des colons, qui choisissent de s'établir dans des mobile homes sur des collines de Cisjordanie, et de fonder des « avant-postes illégaux », officiellement non agréés par l'État d'Israël mais souvent tolérés par lui. Avec leurs cheveux longs, leurs chemises de bûcheron et leurs sandales, ils arborent un « look cool ». En réalité, ces dangereux extrémistes multiplient les raids punitifs contre les Palestiniens, les empêchent de cueillir les olives et n'hésitent pas à désobéir ouvertement aux ordres émanant de l'armée israélienne. À la différence de leurs aînés qui attribuaient une véritable sacralité à l'État, ils considèrent en effet

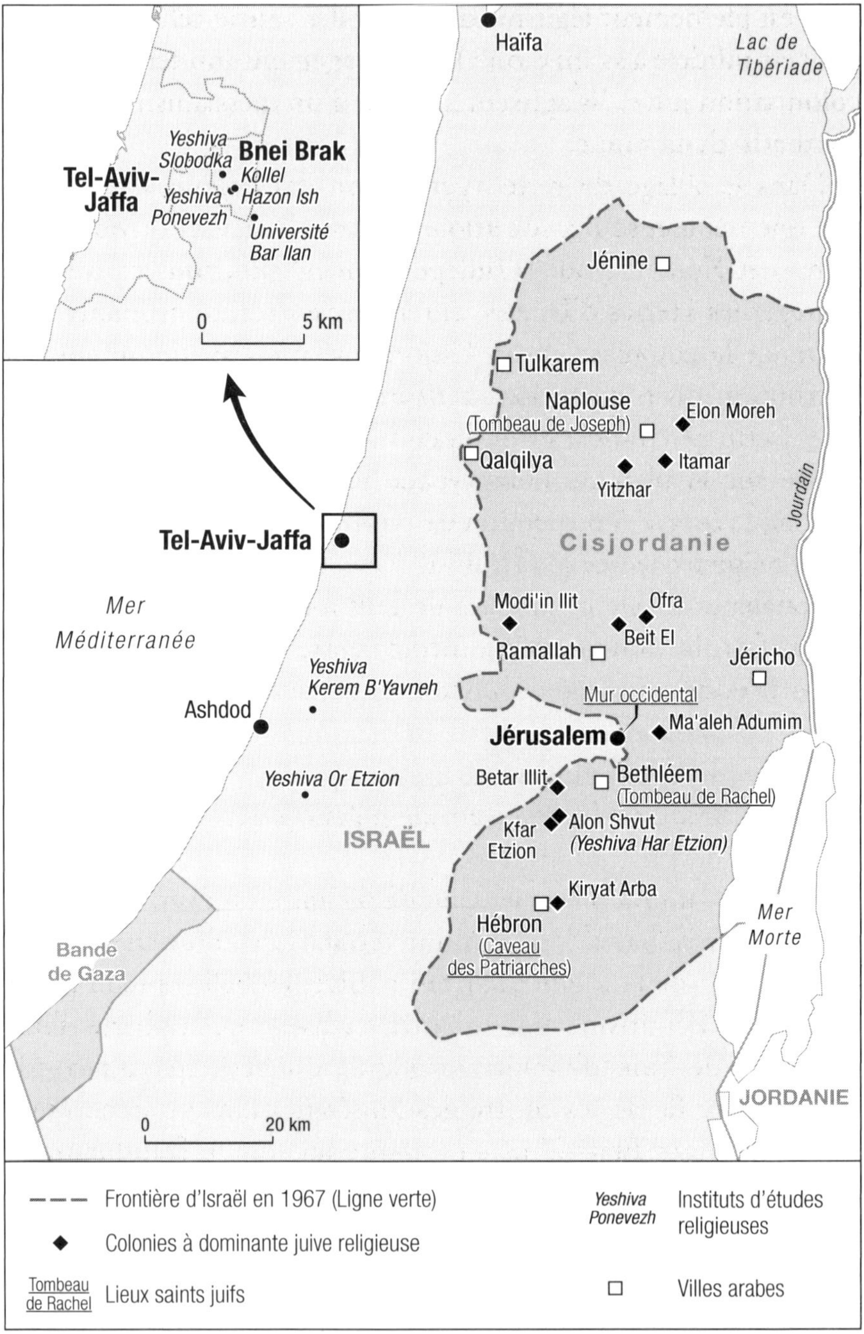

Istraël et Cisjordanie : *yeshivot*, lieux saints juifs et colonies à dominante religieuse.

qu'il est pleinement légitime de se rebeller contre celui-ci dès lors qu'il est infidèle à sa mission : l'encouragement ininterrompu à la colonisation juive. Ils agissent au nom d'un messianisme agressif, combatif, dynamique.

Dans le sillage de cette « génération des collines » est apparue une nébuleuse d'associations comme Regavim (« Mottes de terre ») et Komemiyout (« Indépendance ») qui, sous couvert de protéger les « terres d'Israël », entendent en réalité promouvoir à outrance la colonisation en Cisjordanie mais aussi contenir au maximum toute expansion territoriale des citoyens arabes d'Israël. Cette génération de militants plus activistes est aussi plus stricte sur le plan de l'observance religieuse, d'où l'acronyme hébraïque *hardal* (contraction de *haredi-dati-leoumi*, « craignant-Dieu-religieux-national ») qui lui a été accolé pour désigner des nationalistes religieux proches de l'ultra-orthodoxie. Cette évolution favorise une jonction inédite entre ce sionisme religieux revigoré et une mouvance longtemps ostracisée, le kahanisme.

Le kahanisme : de l'ostracisme au gouvernement

En 1971, un rabbin américain de 39 ans émigre en Israël. Son nom : Meir Kahane. Il a déjà une réputation sulfureuse en tant que créateur de la Ligue de défense juive, laquelle entend lutter contre l'antisémitisme et combattre en faveur de la liberté d'immigration des Juifs d'Union soviétique. Il n'hésite pas à recourir à la violence (attaques contre des représentations diplomatiques soviétiques aux États-Unis), car pour lui, un Juif authentique doit être téméraire, fort, brutal. Une fois installé en Israël et après avoir fondé le parti Kach (« C'est ainsi »), il poursuit dans la même veine en multipliant les actions provocatrices pour exiger l'expulsion de tous les Arabes de la Terre d'Israël. Après plusieurs tentatives infructueuses, il finit par être élu à la Knesset, en 1984. Il discourt la plupart du temps devant un hémicycle vide, les députés de toutes les formations politiques, de droite comme de gauche, désertant les rangs de l'Assemblée tant ses propositions sont extrêmes. En 1988, son parti est disqualifié de la compétition électorale pour racisme. En 1990, Meir Kahane est assassiné à New York par un islamiste égyptien, laissant penser que ses idées allaient disparaître avec lui. Près de trente-cinq ans plus tard, en 2022, ses partisans, rassemblés dans le parti Force juive, obtenaient 6 sièges à la Knesset, sur une liste commune avec les sionistes religieux. Comment un courant politique ostracisé a-t-il pu devenir légitime ?

Répondre à cette question suppose de revenir sur les transformations qu'a connues la droite radicale. Si un ultranationalisme a subsisté de façon résiduelle dans les années 1950, il n'a fait sa réapparition qu'à la fin des années 1970, après la conclusion de la paix avec l'Égypte, qui impliquait la restitution de la péninsule du Sinaï. Ce traité fut d'emblée dénoncé par une extrême droite irrédentiste qui pour l'essentiel était séculière et se regroupa dans le parti Tehiya (« Renaissance »). Son objectif était de faire revivre le « bon vieux sionisme des origines », et son esprit pionnier. Meir Kahane avait un tout autre message. Partant de l'idée partagée par tous les Juifs religieux que le peuple juif a une destinée particulière fondée sur le respect de la Torah, il en tirait une conclusion radicale quant à la suprématie ontologique des Juifs sur la Terre d'Israël. Sur cette Terre sainte, les non-Juifs, en l'occurrence arabes, sont promis à une subordination absolue : ils ne peuvent être au mieux que des « résidents étrangers », se voient imposer des taxes spéciales et sont maintenus dans une position de ségrégation totale. S'ils se résolvent à cette situation de marginalisation infamante, ils seront tolérés par le pouvoir juif ; à défaut, ils seront purement et simplement expulsés au-delà du Jourdain. Par contraste avec le sionisme religieux traditionnel qui est une idéologie religieuse, voire mystique, attribuant une valeur cardinale à l'État et à la Terre d'Israël, le kahanisme est avant tout un nationalisme et un suprémacisme juif dans le cadre duquel la religion est réduite à un marqueur identitaire. Kahane n'a aucun mal à assumer une position aussi extrême car il rejette complètement la démocratie moderne. À ses yeux, c'est une idée importée de l'Occident, strictement étrangère au judaïsme : « L'Occident libéral parle du règne de la démocratie, de l'autorité de la majorité tandis que le judaïsme parle de la vérité divine qui est immuable et n'est pas sujette à l'urne ou à l'erreur d'une majorité… C'est le joug de Dieu, l'effacement de notre volonté devant la Sienne qui constitue le principe essentiel du judaïsme[1]. » Le seul régime politique acceptable est la théocratie, c'est-à-dire le gouvernement des représentants de Dieu, qui ont pour tâche de faire fonctionner un « État halakhique », c'est-à-dire un État fondé sur la Loi juive traditionnelle ou *halakha* ; ce serait en réalité un État totalitaire qui persécuterait les tenants d'autres religions mais poursuivrait tout autant les Juifs sécularisés et libéraux.

Son ultranationalisme teinté de religion a survécu à Meir Kahane, car il a fini par trouver un terreau particulièrement propice dans certaines colonies de Cisjordanie (Beit El, Kiryat Arba), établies au cœur du « pays palestinien ». Baruch Goldstein, qui massacre des musulmans en prière dans le Caveau des Patriarches à Hébron en février 1994, habitant de Kiryat Arba (une colonie juive collée à Hébron), est un fervent kahaniste. Mais cette idéologie trouve aussi un écho, dans une moindre mesure, en Israël même, en particulier auprès d'un public populaire, d'origine sépharade, habitant des villes périphériques (comme Sdérot[2]), qui voit dans la proclamation brutale de la « force juive » un moyen de compenser une réelle marginalité socio-économique. Le kahanisme s'est aussi installé dans le paysage politique, car il est parvenu à établir des ponts avec la mouvance du sionisme

---

1. Meir Kahane, *Uncomfortable Questions for Comfortable Jews*, Secaucus, Lyle Stuart, 1987, pp. 159-160.

2. Aux élections de novembre 2022, la liste commune Smotrich-Ben Gvir a obtenu 83 % des voix à Beit El, 67 % à Kiryat Arba et 24 % à Sderot.

religieux. Cette convergence entre sionisme religieux et kahanisme s'est concrétisée en 2022 par l'alliance électorale entre les deux courants, représentés respectivement par Bezalel Smotrich et Itamar Ben-Gvir, qui obtinrent ensemble 14 sièges à la Knesset. Ils devinrent respectivement ministre des Finances (avec compétence spéciale sur la gestion administrative de la Cisjordanie) et ministre de la Sécurité intérieure. Ce rapprochement est tout un symbole, celui de la radicalisation du nationalisme religieux.

L'obsession du troisième Temple

Depuis l'unification unilatérale de Jérusalem par Israël en juin 1967, la question du mont du Temple, vaste espace sur lequel se trouvent la mosquée al-Aqsa et le Dôme du Rocher, se pose à nouveau de manière brûlante. Si le sionisme « classique » s'est toujours désintéressé de la question religieuse et donc des lieux saints, l'espoir de la reconstruction du Temple de Jérusalem demeure un élément essentiel de l'espérance messianique juive traditionnelle. Du côté musulman, c'est autour de la défense d'al-Aqsa (troisième lieu saint de l'islam), soi-disant menacé par les Juifs, que le Grand Mufti de Jérusalem, Amin al-Husseini, avait réussi dans l'entre-deux-guerres à cristalliser une conscience nationale palestinienne tout en mobilisant le monde musulman. Conscient de la charge explosive de cette question, le gouvernement israélien adopta, dès la prise de la Vieille ville de Jérusalem en 1967, une politique d'extrême prudence reposant sur deux principes : la gestion de l'esplanade resterait aux mains du Waqf islamique dépendant des autorités jordaniennes ; la police serait chargée de réguler l'accès des Juifs sur le mont du Temple, avec interdiction d'y prier. Fort opportunément, le grand rabbinat émit aussi une recommandation enjoignant aux Juifs religieux de ne pas s'y rendre en mettant en avant le fait que la Torah interdit, sous peine de mort, de fouler l'espace où se trouvait le Saint des saints – le lieu le plus sacré du Temple. Sa localisation précise étant inconnue, il était interdit de pénétrer sur toute l'esplanade.

Ces précautions n'empêchèrent toutefois pas différentes initiatives de groupes nationalistes religieux destinées à altérer le statu quo. La plus dangereuse fut celle du réseau terroriste juif, autour de Yehouda Etzion, de la colonie d'Ofra, un des fondateurs du Goush Emounim. Après avoir perpétré des attaques anti-arabes, ce réseau clandestin avait préparé un plan ambitieux : faire sauter le Dôme du Rocher. Ce projet d'attentat, heureusement déjoué en 1984, avait pour objectif de provoquer une déflagration régionale censée hâter la fin des temps. Sans aller jusqu'à de telles extrémités, de nombreuses initiatives ont été lancées au cours des décennies. Le rabbin Shlomo Aviner a ainsi fondé, au cœur du quartier musulman de la vieille ville, la *yeshiva* Ateret Cohanim (« Couronne des prêtres »), dans laquelle sont plus particulièrement enseignées les prescriptions liées aux sacrifices, afin que le culte puisse reprendre dès que le Temple sera reconstruit. Un autre rabbin, Israël Ariel, a créé l'Institut du Temple dans lequel ont été reconstitués les ustensiles nécessaires au culte comme les vêtements liturgiques. D'autres, à l'instar de Gershon Salomon, leader des « Fidèles du mont du Temple », tentent de pénétrer en nombre sur le mont du Temple lors des trois fêtes de pèlerinage annuelles (Pâque, Pentecôte, Tabernacles) afin d'y effectuer des prières publiques. Toute cette agitation inquiète les autorités musulmanes et, plus d'une fois, des troubles ont éclaté sur l'esplanade.

Si le statu quo n'a pas été officiellement remis en question, un constat est toutefois indéniable. Un nombre croissant de rabbins de la mouvance sioniste religieuse encouragent les fidèles à effectuer « l'ascension sur le mont », affaiblissant ainsi l'interdit originel du grand rabbinat. Cette incitation de plus en plus affichée s'est traduite par une augmentation très nette de la fréquentation de l'esplanade par les Juifs, désormais plus de 50 000 à s'y rendre chaque année. Itamar Ben-Gvir, en particulier, en tant que ministre de la Sécurité intérieure, donc responsable du maintien du statu quo, a encouragé les Juifs à prier avec force prosternations sur le mont du Temple.

Beaucoup de ces mouvements « restaurationnistes » ont bénéficié du soutien financier de millionnaires juifs américains comme Irving Moskowitz ou Sheldon Adelson, proches de la droite conservatrice républicaine aux États-Unis, et de l'appui de Benyamin Netanyahou et de ses alliés d'extrême droite. Ils peuvent aussi compter sur l'aide de groupes évangéliques fondamentalistes à travers des organisations comme « Christians United for Israel » du pasteur Hagee, pour lesquels la reconstruction du Temple à Jérusalem est indispensable au retour du Christ.

Contrairement à ses attentes initiales, le sionisme n'est pas parvenu à normaliser le peuple juif en en faisant une « nation politique » comme les autres. Cet objectif aurait nécessité de fonder une identité nationale en dehors de tout référent religieux, ce qui se révéla impossible, le judaïsme unissant étroitement religion et ethnicité. La religion conserva donc une présence dans l'État d'Israël dès le départ, mais alors qu'elle servait de simple adjuvant dans les années 1950-1960, elle prit progressivement une place plus importante, sous deux modalités différentes. D'une part, l'ultra-orthodoxie se renforça dans une logique de consolidation communautaire qui passait par une participation effective au pouvoir politique tout en maintenant un strict séparatisme social et géographique. D'autre part, le sionisme religieux qui, jusque dans les années 1970, était resté en retrait devint plus assuré, convaincu qu'il avait une mission historique à remplir en renforçant sans répit la colonisation juive en « Judée-Samarie ». C'est la question du messianisme qui sépare fondamentalement les deux courants : pour l'ultra-orthodoxie, elle n'a pas d'actualité *hic et nunc*; pour le sionisme religieux, elle fait pleinement sens aujourd'hui. Le quiétisme de l'ultra-orthodoxie se trouve donc en tension avec l'activisme du sionisme religieux et du kahanisme. Or, comme l'avait noté dès 1980 Gershom Scholem, grand spécialiste israélien de la Kabbale, dans une mise en garde prémonitoire : « Dès que le messianisme s'introduit en politique, cela devient très dangereux. Cela peut seulement conduire au désastre[1]. »

---

1. « The Threat of Messianism. An Interview with Gershom Scholem », *The New York Review of Books*, 14 août 1980.

10.

De l'islamisme et du salafisme comme catégories analytiques distinctes : les cas de l'Égypte et de l'Arabie saoudite

Stéphane Lacroix

Ce chapitre a pour objet de présenter deux mouvements religieux se réclamant de l'islam sunnite qui, pour bien distincts qu'ils soient, sont souvent confondus, que ce soit dans le débat public ou dans la littérature académique : l'islamisme et le salafisme. Nous montrerons ici que, s'ils se réclament l'un et l'autre d'un retour fantasmé aux origines de l'islam et représentent donc deux pans d'un même « fondamentalisme islamique », ils possèdent des généalogies distinctes qu'il convient de retracer. Surtout, les distinguer est essentiel sur le plan analytique pour qui voudrait comprendre les transformations qui ont traversé l'islam sunnite au cours du dernier siècle. Nous le ferons en nous concentrant sur deux pays arabes qui ont connu, dans des configurations différentes, une forte présence de l'un et de l'autre – avec ce que cette coprésence a engendré comme rivalités (souvent), solidarités (parfois), et hybridations religieuses et politiques.

L'Arabie saoudite et l'antériorité salafiste

Si l'on se place sur le plan temporel, c'est le salafisme qui possède l'antériorité. Ses origines contemporaines remontent au XVIIIe siècle et à l'influence d'un prédicateur, Muhammad ibn

'Abd al-Wahhab (1703-1792), actif dans la région du Najd au cœur de la péninsule Arabique. Ibn 'Abd al-Wahhab considère que l'essentiel des musulmans de son temps pratiquent un islam dévoyé, mâtiné d'« innovations blâmables » (*bid'a*). Il faut donc purifier l'islam en le ramenant à la seule norme qui vaille, celle des premiers musulmans (*al-salaf al-salih*, ou « pieux ancêtres »). Tant le soufisme que le culte des saints, alors extrêmement présents dans la pratique sunnite, sont explicitement visés en ce qu'ils remettraient en cause le *tawhid*, le principe d'unicité divine. Les courants non sunnites, chiisme en tête, font aussi l'objet d'une dénonciation sans ambiguïté. À cela s'ajoute une conception extrêmement conservatrice des rapports sociaux, en particulier de genre. En 1744, Ibn 'Abd al-Wahhab fait alliance avec Muhammad ibn Sa'ud, prince d'une petite localité du Najd, Dir'iyya. Le prédicateur s'engage à soutenir le prince, et le prince promet de faire appliquer son message sur ses terres et d'en assurer la propagation. Ainsi naît le premier État saoudien, qui connaîtra une expansion rapide dans les décennies qui suivent au nom d'un jihad mené contre la « mécréance ». Le message d'Ibn 'Abd al-Wahhab, que ses détracteurs appellent « wahhabite » et qui se fait connaître comme « salafiste » (*salafi*), en devient l'islam officiel.

L'émergence de l'État saoudien donne lieu à un partage des pouvoirs entre la dynastie des Sa'ud, descendants du fondateur Muhammad, et les oulémas partisans du message d'Ibn 'Abd al-Wahhab. Ces derniers se voient octroyer le contrôle du social, la société saoudienne étant tenue de suivre les règles religieuses qu'ils édictent. En retour, les oulémas renoncent au domaine politique, c'est-à-dire à la gouvernance de l'État – celle-ci restant la prérogative exclusive des Sa'ud. C'est peut-être ici qu'il faut chercher l'origine de la « grammaire d'action » du mouvement salafiste : son domaine d'action est la société, mais il se soucie peu du politique que, dans le cas saoudien, il est même heureux d'abandonner à d'autres…

D'abord limité pour l'essentiel à la péninsule Arabique, le salafisme connaît, au XXe siècle, une propagation fulgurante, liée en partie à la politique de prosélytisme actif adoptée par la dynastie saoudienne qui, après avoir été longtemps combattue et marginalisée par l'Empire ottoman, est parvenue à créer un État durable sur la majeure partie de la péninsule Arabique au sortir de la Première Guerre mondiale. Dès les années 1920, le roi 'Abd al-'Aziz, voyant dans le salafisme un instrument privilégié du *soft power* saoudien, profite de la grande recomposition du Moyen-Orient pour commencer à avancer ses pions en offrant un soutien politique et financier aux acteurs religieux de la région disposés à se placer sous son étendard. C'est avec son appui que naît en Égypte, en 1926, le premier mouvement salafiste du pays : Ansar al-Sunna al-Muhammadiyya (« les partisans de la tradition prophétique »).

Cette politique connaît une brusque accélération à partir des années 1960 lorsque les revenus du pétrole permettent au royaume un prosélytisme d'une ampleur bien plus massive. Des institutions sont créées à cet effet, comme l'Université islamique de Médine, née en 1961 et destinée à former au salafisme des étudiants étrangers du monde entier auxquels sont offerts de généreuses bourses d'études, et la Ligue islamique mondiale, fondée en 1962 et disposant d'un réseau dense de relais dans l'ensemble du monde musulman, à travers lesquels elle soutient des projets en phase avec sa vision religieuse.

Si le salafisme connaît une expansion massive au XXe siècle, il importe, comme nous venons de le faire, d'en rappeler les origines prémodernes. Car le message d'Ibn 'Abd al-Wahhab se fait jour dans un monde musulman dans les considérations duquel l'Europe – et à travers elle, l'altérité culturelle et religieuse – demeure absente. L'ennemi du salafisme est interne à l'islam – le musulman « hétérodoxe » – et doit être combattu pour restaurer l'orthodoxie religieuse. Ce fait est fondamental pour distinguer le salafisme de la seconde mouvance dont nous traitons dans ce chapitre : l'islamisme.

Égypte : crise coloniale et résurgence islamique

Le XIXe siècle est marqué par un déclin rapide de l'Empire ottoman, qui dans les siècles précédents avait pris le contrôle d'une grande partie du monde arabe. Cela laisse place à une avancée massive du colonialisme européen. Déjà envahie par Napoléon en 1798, l'Égypte tombe sous le joug anglais en 1882. Avec l'influence européenne grandissante, les normes politiques aussi se transforment : le modèle de l'État européen devient partout une source d'inspiration, et le droit islamique est progressivement écarté au profit de codes de lois d'inspiration européenne. En réaction, apparaît durant les dernières décennies du XIXe siècle dans les milieux religieux du monde arabe un mouvement réformateur (*islah*) cherchant à puiser dans l'islam la solution au déclin. Comme Ibn 'Abd al-Wahhab, ses partisans se réclament des premiers musulmans (*al-salaf al-salih*), qu'ils érigent en modèle. Mais tant le but que la méthode diffèrent. Leur objectif, d'abord, est politique : refonder la gouvernance dans le monde musulman sur des bases solides et prospères. Il s'agit pour cela de s'interroger sur ce qui doit, dans la modernité européenne, servir d'inspiration aux musulmans pour que ceux-ci connaissent la « renaissance » (*nahda*) escomptée. Or, estiment ces penseurs, ce n'est que par la « page blanche » du retour aux sources, en écartant le poids de siècles de traditions sclérosées, que les musulmans pourront avancer. Autant qu'il est « fondamentaliste », ce mouvement possède donc initialement un versant « moderniste », incarné par son plus célèbre porte-parole, Muhammad 'Abduh (1849-1905).

Les élèves de Muhammad 'Abduh se diviseront entre libéraux et conservateurs, comme si la tension entre « modernisme » et

« fondamentalisme » ne pouvait être résolue qu'au profit de l'un ou de l'autre. Le débat qui les oppose pourrait être résumé ainsi : alors que certains voient l'impérieuse nécessité de « moderniser l'islam » (c'est-à-dire de produire de nouvelles interprétations en phase avec la modernité européenne), d'autres sont au contraire persuadés que la seule réforme acceptable consisterait à islamiser la modernité (c'est-à-dire à n'en prendre que ce qui est islamiquement tolérable, en l'adaptant si besoin). Le très influent Rashid Rida (1865-1935) appartient au second courant. Comme c'était le cas pour 'Abduh, son héritage intellectuel est multiple et complexe, et ce serait une gageure de le résumer ici en quelques phrases. Un concept formulé par Rida connaîtra néanmoins une immense postérité : celui d'État islamique (*al-dawla al-islamiyya*), qui apparaît sous sa plume pour la première fois en 1925. Nous sommes alors un an après l'abolition du Califat par Mustafa Kemal Atatürk, nouveau président de la Turquie indépendante. Pour les cercles conservateurs, c'est un défi de taille, puisque le Califat incarnait le référentiel politico-religieux classique de l'islam, qui avait existé sous une forme ou une autre de manière continue depuis la mort du prophète Muhammad en 632. Beaucoup dans ces cercles estiment alors nécessaire la nomination d'un nouveau calife, sans pouvoir s'entendre sur la personne non plus que sur les conditions d'exercice de son autorité. Rida jette alors un pavé dans la mare : la question du Califat est secondaire à celle, plus pressante, de la sharī'a – c'est-à-dire de la réintroduction du droit musulman comme référence constitutionnelle et légale ultime. En partisan assumé de l'islamisation de la modernité, Rida considère que celle-ci peut tout à fait se faire dans le cadre institutionnel de l'État moderne, dont il perçoit l'efficacité. À condition cependant, pose-t-il, de l'islamiser – en y substituant la sharī'a au droit positif d'inspiration européenne.

En 1928, Hassan al-Banna, un instituteur élève de Rida, fonde la confrérie des Frères musulmans, qui se donne pour objectif d'« islamiser l'individu, puis la société, puis l'État » – posant ainsi l'État islamique comme objectif ultime de son action. Pour al-Banna, le religieux est avant tout identitaire – il évite d'ailleurs à tout prix les débats théologiques sur la pureté qui obsèdent les salafistes, et cherche à rassembler le plus largement possible parmi les musulmans conservateurs. Ainsi apparaît l'islamisme, dont les Frères musulmans représentent la matrice initiale. De celle-ci naît, tout au long du XXe siècle, une foule de mouvements, mus par cette même utopie de l'« État islamique », mais divergeant par leurs interprétations plus ou moins conservatrices du projet final, et par leurs méthodes plus ou moins légalistes ou enclines à la violence. La frange extrême en est représentée par le jihadisme, dont le premier théoricien, Sayyid Qutb, est un « Frère musulman radical » (pour reprendre l'expression d'Olivier Carré), emprisonné sous Nasser et exécuté en 1966.

Une rivalité structurante

L'Égypte est donc autant un cas d'école qu'un terrain de jeu pour les mouvements dont traite ce chapitre : l'islamisme y naît en 1928, le salafisme s'y implante de manière organisée dès 1926. Ils connaîtront deux trajectoires parallèles, et entretiendront une rivalité constante. Revenons tout d'abord sur ce qui les distingue. Le salafisme entend combattre l'hétérodoxie musulmane, incarnée en Égypte par un islam populaire qui mêle soufisme et culte des saints, et demeure extrêmement influent au début du XXe siècle. Il s'agit pour lui, comme l'expliquera l'une des figures du salafisme au XXe siècle, Nasir al-Din al-Albani, de « purifier et d'éduquer » : purifier l'islam des innovations venues le souiller pour le ramener à une norme originelle fantasmée, et transmettre cet islam « authentique » au moyen de la prédication et de l'éducation. Comme on l'a évoqué plus tôt, la question politique est, pour ces salafistes, au mieux secondaire ; la société est leur domaine de prédilection. Ils préfèrent ainsi s'accommoder du pouvoir en place, autant parce qu'ils croient en la nécessité de l'ordre que parce qu'ils estiment que ce n'est qu'ainsi qu'ils obtiendront la marge de manœuvre nécessaire pour mener à bien leur mission : l'islamisation (ou plutôt, faudrait-il dire, la salafisation) par le bas.

Quoique les Frères musulmans pratiquent aussi l'islamisation par le bas (après tout, l'expansion sociale de la confrérie en dépend), leur action est tout entière tournée vers l'islamisation par le haut. S'ils agissent dans toutes les sphères (économique, associative, intellectuelle, etc.), il s'agit *in fine* pour eux de conquérir l'État, pour en redéfinir les fondements. Dès les années 1940, les Frères musulmans entrent d'ailleurs dans la course électorale, avec l'espoir de doter leur mouvement d'une solide assise parlementaire (il leur faudra néanmoins attendre encore quelques décennies pour que cela advienne). Face à la grammaire d'action « puriste » des salafistes, la leur est résolument politique et axée sur la question de l'État.

Cette différence explique en partie leurs trajectoires distinctes. Les Frères deviennent rapidement un mouvement de masse, et se posent en opposition – d'abord timide puis, à partir du mitan des années 1940, plus résolue – au régime. Dans la seconde moitié des années 1940, la tension atteint son acmé : un groupe paramilitaire issu de la confrérie commet des assassinats politiques, tandis qu'en 1949 Hassan al-Banna lui-même est assassiné par la police du régime. Les relations entre les Frères et les régimes suivants demeureront mauvaises, hormis lors d'une courte période, après la prise de pouvoir des officiers libres menés par Gamal Abdel Nasser en 1952. Ils subiront plusieurs vagues de répression féroce, notamment sous le même Nasser, puis de manière plus intermittente sous Anouar el-Sadate et sous Hosni Moubarak. Cela ne les empêchera pas, sous Hosni Moubarak, de reprendre leur place dans la compétition électorale, avec un succès à la mesure de ce que le régime est prêt à leur concéder.

À l'inverse, les salafistes, petite élite intellectuelle dans la première moitié du XXe siècle, se tiennent à distance de toute opposition politique et se concentrent sur le marché naissant de l'édition islamique, où ils déploient une énergie considérable pour promouvoir les auteurs en phase avec leurs conceptions religieuses. L'opération rencontre un succès remarquable, dû peut-être à la capacité de l'entrepreneuriat salafiste à saisir, mieux que ses concurrents, les dynamiques du marché du livre : en quelques décennies, des auteurs médiévaux comme Ibn Taymiyya ou Ibn Qayyim al-Jawziyya, qui avaient l'un et l'autre inspiré le message d'Ibn 'Abd al-Wahhab, se trouvent en tête de gondole dans toutes les librairies religieuses et s'imposent comme des références incontournables du corpus islamique sunnite imprimé. Parallèlement, Ansar al-Sunna étend son emprise sur des dizaines, puis des centaines de mosquées, qui deviennent autant de bastions du mouvement.

Lorsque, après le retournement de Nasser, en 1954, contre les Frères musulmans auxquels il s'était d'abord allié, ces derniers subissent une répression impitoyable, les salafistes – prompts à soutenir avec emphase le nouveau régime, comme ils l'avaient fait pour le précédent – tirent leur épingle du jeu : ils échappent à la censure, et peuvent donc occuper un terrain religieux désormais vidé de leurs rivaux fréristes tandis que l'islam officiel d'al-Azhar, mis sous cloche par le régime nassérien, ne représente qu'une menace relative pour l'expansion de leur influence. Sous Anouar el-Sadate (1970-1981), et plus encore sous Hosni Moubarak (1981-2011), le salafisme bénéficie de la même attitude bienveillante des autorités, qui tendent à le voir comme un moindre mal en comparaison avec l'islam politique dans ses différentes variantes. Pendant les dernières années du régime Moubarak, au lendemain du score important réalisé par les Frères musulmans aux élections législatives de 2005 (ils obtiennent 88 sièges au Parlement), l'appareil sécuritaire égyptien se montre plus proactif encore dans son soutien au salafisme, espérant en faire une religiosité de substitution à celle, plus menaçante, de la confrérie. Cela se traduit notamment, en 2006, par l'autorisation d'émettre accordée à une pléthore de chaînes satellitaires salafistes, qui deviennent en l'espace de quelques mois les plus regardées d'Égypte. Autant dire qu'à l'aube de la révolution de 2011, le salafisme est, en Égypte, à l'apogée de son influence.

Mises à jour et hybridations

Prenons un moment pour complexifier quelque peu notre récit. Le salafisme dont nous avons parlé représente le courant majoritaire de la mouvance, héritier en Égypte du premier salafisme des années 1920. À la fin des années 1970, ce salafisme s'incarne dans une nouvelle organisation fondée par des étudiants de l'Université d'Alexandrie : la Prédication salafiste (*al-da'wa al-salafiyya*). Versés dans l'activisme estudiantin qui avait agité l'université égyptienne tout au long des années 1970, ces jeunes adoptent de nouveaux modes d'organisation et de mobilisation s'inspirant, en partie, de ceux des Frères musulmans. À la différence d'Ansar al-Sunna, plus élitiste et qui demeurait en dernière analyse une ligue d'oulémas, la Prédication salafiste se veut un mouvement social de masse organisé qui, en l'espace de trois décennies, s'impose comme le principal représentant – numériquement et symboliquement – du salafisme égyptien. Nonobstant cela, la Prédication salafiste ne dévie pas des fondamentaux du discours salafiste, tout comme elle reste fidèle aux grandes lignes de la grammaire d'action de la mouvance : « purifier et éduquer ». Son action est tout entière dirigée vers la société, par la prédication et l'enseignement, et elle se tient à l'écart de la chose politique. Tout au plus peut-on dire qu'elle a, par rapport à Ansar al-Sunna, effectué une mise à jour de sa grammaire.

Si la Prédication salafiste s'impose, au fil de la période Moubarak, comme l'incarnation dominante du salafisme dans le champ militant, elle est loin d'être le seul mouvement égyptien à se réclamer du salafisme. Nous avons vu comment, dès les périodes monarchique et nassérienne, le salafisme s'était taillé une place centrale dans le champ religieux égyptien, d'abord en imposant son corpus religieux dans le marché de l'écrit. Il en découle que, lorsque, à la fin des années 1960, l'Égypte connaît, comme le reste du Moyen-Orient, un regain de religiosité (les militants parlent de « réveil islamique »), une partie de cette religiosité se dit dans les termes du salafisme. Cette socialisation salafiste initiale de militants amenés à connaître des trajectoires diverses a pour conséquence la production d'hybridations discursives avec d'autres discours religieux, en particulier l'islamisme dans ses différentes variantes. On voit ainsi apparaître des réinterprétations de l'intransigeance religieuse propre au salafisme en intransigeance politique, par des militants soucieux de donner une base religieuse à leur combat contre l'État égyptien. Les courants dits jihadistes, qui voient le jour dans les années 1970, appuient ainsi souvent leur rhétorique belliqueuse sur les mêmes concepts et/ou les mêmes auteurs que citent les salafistes. Prenons ici un exemple pour illustrer notre propos : un concept central du salafisme est celui de « l'allégeance et la rupture » (*al-wala' wa-l-bara'*). Pour le courant majoritaire du salafisme, il s'agit là d'une injonction pour les « vrais » croyants à faire corps entre eux, tout en rompant avec l'impiété qui les entoure ; en somme, ce serait un appel à un « communautarisme des purs ». L'interprétation politique de ce principe, qui se répand dans les années 1970 veut, au contraire, en faire le fondement de « l'inéluctable affrontement » (*hatmiyyat al-muwajaha*, selon le titre d'un ouvrage de la Gama'a Islamiyya, l'un de ces groupes hybrides, publié au mitan des années 1980) entre les « vrais » musulmans et leurs ennemis. C'est pour désigner ce nouveau courant que se popularise le terme de « salafisme jihadiste » (*al-salafiyya al-jihadiyya*). En Égypte, sa première manifestation majeure sera l'assassinat du président Anouar el-Sadate le 6 octobre 1981.

Ce n'est pourtant pas là la seule hybridation que le salafisme connaît avec l'islamisme. Déplaçons ici le regard vers l'Arabie saoudite, patrie du salafisme, où les années 1970 et 1980 ont vu l'essor du mouvement dit de la Sahwa (de *al-sahwa al-islamiyya*, le « réveil islamique »), qui sera à l'avant-garde de la contestation politique face au régime au lendemain de la décision du roi Fahd de faire appel à des troupes américaines pour protéger le royaume après l'invasion du Koweït par Saddam Hussein le 2 août 1990. Comme en Égypte, les universités jouent pour ce mouvement un rôle d'incubateur. Il faut dire que l'Arabie saoudite a fait le choix, dans les années 1950 et 1960, de donner refuge à des milliers de militants islamistes (principalement issus ou liés aux Frères musulmans) persécutés par les régimes nationalistes arabes ou de gauche, qui ont alors le vent en poupe au Moyen-Orient. Souvent diplômés, ces militants se voient mis à contribution par le royaume, qui connaît à cette époque un développement rapide de ses institutions, permis par la manne pétrolière qui ne cesse d'augmenter. Le système universitaire devient leur fief, et ils y exercent une influence importante – tant dans la mise en place des programmes que dans l'enseignement. C'est ainsi que les universités deviennent un lieu de brassage entre culture religieuse salafiste et culture militante fériste. De ce brassage naît une variante politisée du salafisme, qui s'incarne dans le mouvement de la Sahwa. Celle-ci n'est pas jihadiste, car ses partisans ne prônent pas la violence contre l'État. Ils s'autorisent néanmoins l'exercice d'une parole contestataire assumée, qui n'hésite pas à remettre en cause les décisions de la monarchie. Dans ce contexte, la décision royale de faire appel, en août 1990, à des troupes américaines met le feu aux poudres et le royaume connaît, pendant quatre longues années, une mobilisation faite de prêches enflammés, de pétitions demandant des réformes radicales de la gouvernance, et même de quelques éphémères manifestations. Le modèle de salafisme politisé qu'incarne la Sahwa – véritable hybride fréro-salafiste – s'exporte au reste de la région, y compris en Égypte où quelques cheikhs y souscrivent dans les années 1990 et 2000. La confrérie égyptienne voit même naître en son sein, dans les années 2000, ce que certains décriront comme une « aile salafiste », dans un contexte où l'influence diffuse du salafisme a atteint son apogée.

Si salafisme et islamisme continuent donc, dans leurs acceptions majoritaires, de représenter deux mouvements distincts et concurrents, on voit comment, depuis les années 1970, le tableau s'est complexifié avec l'apparition d'une zone grise faite d'hybridations diverses, du salafisme politisé au salafisme jihadiste. Ces hybridations feront l'objet de dénonciations répétées de la part d'Ansar al-Sunna et de la Prédication salafiste, soucieux de réaffirmer l'orthodoxie qu'ils prétendent incarner. Il n'en reste pas moins que, si ces hybridations restent minoritaires, elles pèseront de tout leur poids dans la perception internationale du salafisme (notamment avec l'essor violent du jihadisme).

Islamistes et salafistes dans la transition politique en Égypte (2011-2013)

La révolution égyptienne du 25 janvier 2011 a représenté un test politique « grandeur nature » pour l'ensemble des courants politico-religieux présentés dans ce chapitre. Ces derniers se trouvent sommés de se positionner par rapport à ce bouleversement qui entraîne la fin du régime de Hosni Moubarak, après trente ans de pouvoir quasi absolu, et le début d'une transition politique censée mener à la rédaction d'une nouvelle Constitution et à l'élection démocratique d'un nouveau Parlement.

Commençons par rappeler que leur contribution au soulèvement révolutionnaire a été tardive. Si la révolution débute le 25 janvier suite aux appels lancés par des mouvements de jeunesse pour l'essentiel peu idéologisés, Frères musulmans et salafistes politisés ne la rejoignent qu'à partir du 28 janvier, une fois que les équilibres ont commencé à pencher en faveur de la rue. Fidèles à leur grammaire puriste et ne croyant donc pas au

« changement par le haut » tant que la société n'aura pas été transformée, les salafistes du courant majoritaire incarné par la Prédication salafiste se posent quant à eux en spectateurs, en refusant d'appeler leurs membres à rejoindre les cortèges. Une fois la chute de Hosni Moubarak actée, le passage du temps révolutionnaire au temps politique (donc électoral) profite néanmoins aux mouvements religieux, pour la simple raison qu'ils jouissent d'une implantation sociale sans pareille et dont aucune force libérale ou de gauche ne peut se targuer. D'autant que, dans les mois qui suivent la révolution de janvier, on assiste à ce qui apparaît alors comme un revirement majeur : les salafistes de la Prédication, qui s'étaient toujours tenus à l'écart du politique et considéraient la démocratie comme un système illégitime, soutiennent la création d'un parti politique, le parti al-Nour. Il vient s'ajouter à une pléthore d'autres, plus attendus, comme le parti Liberté et Justice lancé par les Frères musulmans, des petits partis créés par des groupuscules salafistes politisés, et même un parti fondé par les jihadistes repentis de la Gama'a Islamiyya.

La création du parti al-Nour est d'abord largement interprétée comme la naissance d'un nouveau parti islamiste – c'est-à-dire un parti qui, à l'instar de celui des Frères, se donne pour objectifs la conquête du pouvoir et l'islamisation de l'État. Au sein même de la direction du parti, certains voudraient s'émanciper de la Prédication pour suivre cette direction. Bien vite pourtant, alors que la Prédication réimpose son contrôle sur sa créature, il apparaît que le parti possède à ses yeux une autre fonction. La création d'un parti n'a, pour les cheikhs de la Prédication, nullement représenté une remise en cause de leur grammaire d'action puriste – tout au plus une nouvelle mise à jour. Ils continuent de croire que le changement n'adviendra que par le bas, par la purification des croyances et des pratiques. Ils comprennent néanmoins que, dans la période de transition que connaît l'Égypte, c'est au Parlement que se décident les nouveaux rapports de force. Il leur faut y peser de tout leur poids pour défendre, et si possible étendre, les intérêts de leur organisation religieuse. À leurs yeux, al-Nour n'est en somme qu'un lobby politique au service de la Prédication, un peu à l'image du rôle joué par les partis ultra-orthodoxes à la Knesset israélienne (ceux-là non plus n'ont pas l'ambition de gouverner pleinement, mais seulement de forger des alliances susceptibles de préserver leur ancrage religieux).

Dans cette optique, la rivalité avec les Frères est un moteur central. La Prédication considère en effet qu'une victoire politique des Frères mènerait nécessairement à une hégémonie religieuse de la confrérie, qui s'empresserait de placer les siens à la tête des mosquées, menaçant le projet salafiste d'extinction. Les salafistes d'al-Nour se présentent donc contre les Frères aux élections législatives de 2011, arrivant seconds avec 25 % des suffrages contre 45 % pour la confrérie ; puis ils s'abstiennent de présenter un candidat à l'élection présidentielle, tout en apportant leur soutien à un autre candidat que Mohamed Morsi, le représentant en lice de la confrérie et futur président ; et enfin, ils soutiennent le 3 juillet 2013 le renversement de Morsi par l'armée, siégeant même derrière le maréchal (et futur président) Sissi lorsqu'il annonce le début d'une nouvelle ère. Dans leur grammaire, l'armée est un adversaire moins redoutable car elle, au moins, ne s'attaque pas à leurs mosquées.

Conclusion

Nous avons choisi de finir sur le cas de l'après-2011 en Égypte, car il nous semble emblématique de la rivalité qui n'a cessé d'opposer, tout au long du XXe siècle, Frères musulmans et salafistes. Si cette rivalité tient à la différence des visions religieuses – les salafistes sont en général plus conservateurs que les Frères musulmans, dont ils n'hésitent d'ailleurs pas à brocarder les écarts avec ce qu'ils estiment être la norme religieuse –, elle relève aussi de la différence des grammaires d'action. Pour les Frères, comme pour l'islamisme qu'ils ont inspiré, le religieux est d'abord au service d'un projet politique ; pour les salafistes, il est en revanche une fin en soi, théologiquement non négociable (même si les méthodes peuvent, elles, être « mises à jour »). La dichotomie proposée continue de valoir pour la majorité des acteurs concernés, même si elle est remise en cause par l'apparition d'une zone grise à l'intérieur de laquelle les références se mêlent de manière parfois indistincte pour produire tant un salafisme plus politisé que le salafisme dit jihadiste. C'est aussi cette plasticité à laquelle peut donner lieu le référent salafiste qui lui vaut depuis une dizaine d'années, comme aux Frères musulmans, les foudres de régimes jadis plus conciliants à son égard – des Émirats arabes unis au Maroc, en passant par l'Arabie saoudite qui en avait jadis été le berceau.

11.

Une révolution religieuse face à elle-même : l'Iran depuis 1979

Stéphane Dudoignon

Perçue comme l'expression d'une radicalisation politique de l'islam chiite, la révolution iranienne de 1979 a été vécue de façons très diverses dans les classes sociales, les régions et les groupes ethno-confessionnels d'un pays parfois décrit comme une mosaïque de peuples et de systèmes religieux. Dans la majorité chiite duodécimaine, concentrée depuis le XVIe siècle sur le Plateau iranien et ses abords caspien et caucasien, une bipolarisation a opposé les partisans d'une non-implication du religieux dans le politique à des tendances variées d'islam révolutionnaire. Ces dernières se distinguaient elles-mêmes par leur diversité puisqu'elles allaient de courants anticléricaux, tels un « déisme socialiste » ou l'organisation islamo-marxiste des Moudjahidines du peuple, aux partisans de la « régence du légiste » (*velâyat-e faqih*) de Khomeyni, dont il sera question un peu plus loin, et au Mouvement de Libération de Mehdi Bazargan, autre architecte de la révolution. Les séjours dans les prisons du shah et les événements de la période prérévolutionnaire avaient favorisé la circulation des idées tout en instaurant de nouveaux clivages. Dans les métropoles, les révolutionnaires se retrouvaient sur le principe d'une désoccidentalisation passant par le renversement de la monarchie Pahlavi (1925-1979), devenue depuis l'après-Seconde Guerre mondiale un pilier du système d'alliances régionales des États-Unis.

Cependant la volonté de rupture avec l'ère des empires, la référence à l'islam comme religion de justice s'exprimaient tout autrement dans les anciennes marches kurde, arabe ou baloutche, à majorité sunnite, des puissances persiques d'antan. Ici, la situation de « colonie » (en persan, *este'mâr*) s'incarnait dans un pouvoir persan chiite, dont les occupations militaires régionales britannique au sud ou russo-soviétique au nord durant les deux guerres mondiales avaient brièvement affranchi les populations locales. La révolution de 1979 y encouragea la structuration d'une « communauté sunnite d'Iran », guidée par un *establishment* religieux à la fois conservateur et contestataire. À partir des toutes premières années du XXIe siècle, les défis de la *soft war* étatsunienne (aiguisés par la présence militaire américaine en Afghanistan puis en Irak) ainsi que du salafisme jihadiste (incarné à l'est comme à l'ouest par Al-Qaïda puis l'État islamique) aiguillonnèrent une ré-idéologisation de tous les acteurs de la vie publique iranienne. Or, cette dernière intervint, pendant la décennie 2010, sur l'arrière-plan d'un État-providence en panne (car sous sanctions internationales aggravées), et donc de mouvements sociaux devenus endémiques malgré (ou du fait de) la répression de toute forme de syndicalisme.

Cette ré-idéologisation s'est distinguée, d'une part, par une violence sans cesse accrue (interne ou externe, avec l'irruption en Iran, à l'été 2017, d'un terrorisme anti-chiite inspiré par l'ÉI) et, d'autre part, par une recherche nouvelle de consensus (comme sur l'héritage de certains mouvements nationalistes iraniens du court XXe siècle, si antireligieux aient-ils pu se montrer). Depuis les années 2010, cette ré-idéologisation a entraîné de nouvelles convergences et des rapprochements parfois inattendus – ainsi lorsque le guide suprême Ali Khameneyi recourait, à partir de 2011, à un parti frère-musulman kurde iranien longtemps proscrit, pour la diplomatie de l'Iran avec les forces politiques, voire les gouvernements nés des « printemps arabes ». Une décennie plus tard, l'après-7 octobre 2023, avec la chute de

Bachar al-Assad en Syrie le 8 décembre 2024 et l'effondrement de l'« Axe de la résistance » échafaudé depuis un quart de siècle de l'Iran au Liban, réinsérait la carte sunnite dans la grande stratégie de la République islamique (RII). Ce faisant, il achevait de mettre en lumière la plasticité de l'islam révolutionnaire iranien, autant marqué par la violence publique que par le dynamisme et, souvent, par l'imprévisibilité de ses interactions internes et externes.

Quelques ressorts géo-historiques de la radicalité

Sans doute un peu de profondeur chronologique s'impose-t-elle pour éclairer quelques ressorts géo-historiques de cet ensemble de traits distinctifs. Un premier drame fondateur est l'avènement de la Safawiyya au tournant du XVIe siècle. Les maîtres de cette Voie soufie d'origine sunnite ont quitté le Kurdistan au XIe pour Ardebil, à la pointe nord-ouest de la chaîne de l'Alborz. La région s'étant turquifiée après l'arrivée des Oghouz, la Voie se réclame, au XVe siècle, du chiisme duodécimain. Elle parviendra à imposer ce dernier sur de vastes territoires après que les « Têtes-rouges » (en turc : *qïzïl-bash*) turkmènes et kurdes de Shaykh Esma'il, devenu Shah Esma'il, se sont emparées de la Perse en 1501.

Son chiisme militant combiné à une identité persane permet à la dynastie safavide de se différencier de ses prédécesseurs (les Aq Qoyunlu à l'ouest, les Timourides à l'est) comme de ses grands rivaux (les Ottomans et les Ouzbeks), tous turcs sunnites. Elle y puise le ressort d'une idéologie de combat qui devient celle d'un État impérial. Marginalisés cependant dès le début du XVIIe siècle par Shah 'Abbas, les *qïzïl-bash* cèdent la place à un appareil militaire que dominent désormais Géorgiens et Arméniens, tandis que l'institution religieuse chiite, favorisée par de généreuses dotations foncières à l'origine de puissantes dynasties de curateurs, s'arrime à la monarchie tout en conquérant son autonomie.

Ce « chiisme safavide », celui des fondations pieuses, sera dénoncé plus tard pour son conservatisme par un héraut de la gauche comme de la droite islamique des années 1970, ʿAli Shariʿati (1933-1977), qui aura été lu par tout le monde dans le mouvement révolutionnaire. Cette critique limitera, pour la RII, la possibilité d'y puiser des figures de héros, malgré la fortune mémorielle d'un Shah Esmaʿil. On note ici, toutefois, la centralité historique de périphéries montagnardes (ouest du Zagros, pointe de l'Alborz), voire de groupes allochtones (Turkmènes et Kurdes), dans lesquels l'État iranien moderne prend racine et auquel il s'identifie, religieusement et territorialement.

Bien qu'enrichi par ses fondations pieuses, l'*establishment* religieux chiite ne reste pas politiquement inerte sous les Qadjar (1789-1925), qui réunissent le territoire, avec des fortunes diverses, après les troubles du XVIIIe siècle. Ses fatwas attisent la révolte du Tabac de 1891 contre les concessions au Royaume-Uni et les violences antijuives ou anti-arméniennes des décennies qui précèdent et qui suivent – même si quantité d'oulémas, aussi, s'interposent. Elles jouent un rôle moteur dans la révolution constitutionnelle de 1906, laquelle divise également l'institution chiite, tout en offrant un premier grand martyr aux ennemis de la démocratie parlementaire, le Shaykh Fazl-Allah Nuri, pendu en juillet 1909.

À la faveur des occupations britannique et russo-soviétique, les guerres mondiales font émerger de brèves indépendances aux frontières de l'Empire, guidées par des religieux : le mouvement « forestier » du chiite Mirza Kuchek Khan, au Guilan de 1914 à 1921 ; la République de Mahabad du sunnite Qazi Muhammad, en 1946 dans le nord de l'aire kurde. Issue du coup d'État de 1921, la monarchie Pahlavi investit des moyens militaires neufs dans la réunification territoriale et l'édification d'un État-nation qui combine idéologie raciale, instrumentalisation de la minorité (via la suppression/cooptation des chefferies tribales) et essai de nationalisation de l'institution religieuse (sunnite minoritaire comme chiite majoritaire).

Une révolution confisquée

Conjuguées à une répression que permet le contexte de guerre froide, les inégalités socio-économiques, très régionalisées, s'accroissent par la redistribution à l'encan de la rente pétrolière. Elles radicalisent les oppositions, d'autant que la monarchie Pahlavi discrédite le parlementarisme de 1906 en le restaurant mais en le vidant peu à peu de son contenu. Une riche vie politique souterraine se développe, qu'attisent Moscou, Londres et Washington. Aligné sur l'URSS, le parti des Masses (Tudeh) d'Iran s'allie un temps au Parti démocrate du Kurdistan, creuset de la République de Mahabad. Parmi ses rivaux dans l'intelligentsia, les Déistes socialistes prônent un communisme musulman plus utopiste resté confidentiel.

Ce factionnalisme se retrouve dans l'islam révolutionnaire qui croît face au Tudeh. Dans le souterrain politique, les clivages s'approfondissent entre les courants soutenus par différents segments du bazar (artisans et commerçants), divers guides religieux – des courants mobilisés aussi, à plusieurs moments, par l'État profond. Celui des Sacrifiés de l'islam (*Fadâyân-e eslâm*), bras armé de l'ayatollah Abo'l-Qasem Kashani (1882-1962, rare clerc majeur à prôner un chiisme politique, anticapitaliste), se fait connaître en assassinant l'historien nationaliste Kasravi, en 1946 ; sept ans plus tard, il participe au coup d'État, béni par Londres et Washington, qui restaure le pouvoir monarchique contre le ministère nationaliste de Mohammad Mosaddeq.

La réforme agraire de 1963 épargne les fondations pieuses mais gonfle l'afflux vers les villes de ruraux regroupés en quartiers de migrants issus d'une même campagne, autour de leurs mosquées. Attisant les philippiques de Khomeyni, la réforme divise un *establishment* religieux que la monarchie a renforcé. Pendant ce temps, la répression remplit les geôles de militants aux profils hétéroclites, favorisant en ville le rajeunissement brutal de mouvements qui optent pour la lutte armée. En exil, en Turquie puis en Irak à compter de 1964, Khomeyni se prépare à un combat de longue haleine, sur un modèle Viêt-Cong. La fourniture en armes des milices rajeunies qui défient la monarchie devient une priorité. Elle le reste pour le nouveau régime.

Devenu guide suprême de la RII, Khomeyni tentera de remobiliser les Fadâyân pour contrer, notamment, les « Combattants du jihad populaire » (*Mojâhedin-e khalq*), des islamo-marxistes anticléricaux. Dans les prisons du shah, ces derniers se sont heurtés, dans les années 1970, aux Hezbollahis (« ceux du Parti de Dieu »), acquis au *velâyat* de Khomeyni et qui ne jurent que par l'autorité de ce dernier. Centré sur la personne de l'ayatollah, qui en fera l'instrument d'un pouvoir quasi totalitaire, ce principe de la régence du légiste est rejeté par une bonne part de l'institution religieuse chiite (en Iran et ailleurs, jusqu'au Hezbollah libanais), laquelle demeure attachée au pluralisme en matière de guidance (*marja'iyyat*) spirituelle. Face aux Moudjahidines, la jeune relève khomeyniste instaure une verticale idéologique. Elle occupe le haut du pavé pendant la révolution avant de constituer, en mai 1979, l'ossature d'une Légion des Gardiens de la Révolution islamique, agrégat de milices qui gardent trace de leur ancrage dans telle ou telle province et leurs satellites populaires de Téhéran.

Acteurs clés de la prise du pouvoir total par Khomeyni, les Gardiens contribuent à la marginalisation graduelle du gouvernement provisoire du libéral Bazargan (février-décembre 1979). Adoptant la culture sécuritaire de leurs anciens geôliers (dont ils ont dérobé les archives aux « gouvernementaux »), ils appliquent la même violence discrétionnaire, accompagnée d'un zèle confiscatoire, aux libéraux, aux gauches islamiques, au parti Tudeh et aux autonomistes kurdes (objets d'une attention spéciale car menaçant l'unité nationale). Un procureur général nommé par Khomeyni accusera les Gardiens de « s'essuyer les pieds sur la sharī'a », aux dépens du droit de propriété qui demeure un mantra du haut clergé.

La prise en otage de l'ambassade des États-Unis, en novembre 1979, coule Bazargan et place l'Iran sous sanctions pour quasi un demi-siècle. Pendant la guerre Iran-Irak, une mobilisation localisée et le culte du jeune martyr issu des classes déshéritées favorisent dans la Légion l'essor d'un sens spécial de l'autosacrifice. La formation rapide, sur le front, d'un état-major de très jeunes hommes d'une même classe d'âge explique son esprit de corps, ainsi que le virilisme ethnicisé (persanophone, sinon persan, et chiite) du régime. Elle perpétue la pyramide des âges de la révolution, qui aura fini par entourer un patriarche d'une juvénile garde prétorienne, fournissant au régime une garantie socio-démographique de durabilité.

1988-2011 : une déradicalisation ?

La RII, longtemps, a cru devoir être renversée par l'un des coups d'État manqués qui se succèdent jusqu'à l'été 1982. Les échecs de sa flotte dans le Golfe face à l'US Navy, d'octobre 1987 à juillet 1988, contraignent Khomeyni à abréger la guerre avec l'Irak. Le souci de perpétuer son régime dans un contexte géopolitique que rend peu sûr l'effritement de l'URSS (la guerre du Karabakh débute en février 1988) incite le guide à le re-radicaliser. Dès décembre 1987, sa « régence absolue » (*velâyat-e motlaq*) achève de miner et la souveraineté populaire et l'islamité de la république ; à l'été 1988, le massacre des prisonniers politiques, parmi lesquels de très nombreux Moudjahidines, scelle un nouveau pacte de sang.

Sur l'arrière-plan d'une mondialisation accélérée, trois notions dominent une idéologie d'État-nation : celle de « système » (en persan, *nazm*) politique, la défense de son « intérêt » (*maslahat*) érigé en valeur suprême, combinées à celle d'une « unité » (*vahdat*), prétexte à toutes les répressions. Le ciment du tout est un legs des Frères musulmans égyptiens, que le nouveau guide 'Ali Khameneyi a traduits dans sa jeunesse, notamment les écrits de Sayyid Qutb : le combat contre la pénétration de la « culture étrangère » (en arabe : *thaqafa ajnabiyya*). Étendard de cet anti-occidentalisme, doublé d'un antisionisme débridé, le foulard obligatoire pour les femmes signale en même temps le contrôle étatique désormais sans partage de l'espace public.

L'alternance réformiste de la présidence Khatami (1997-2005) n'induit aucun changement de paradigme : le « dialogue des civilisations » promu à l'international y fait avaliser l'héritage khomeyniste, sur fond d'ultralibéralisme économique. Devenue groupe de pression, la Légion a obtenu de Khameneyi, ex-président des années de guerre qui entretient une légitimité de Père la victoire, d'investir le secteur mi-public, mi-privé des fondations (*bonyâd*), dont l'expansion aide le guide à étendre son pouvoir. Beaucoup s'enrichiront, même si l'on reste loin ici d'un simple « passage au business ». (Le groupe naval de 'Ali Shamkhani, ex-patron de la Marine des Gardiens, servira notamment au contournement de sanctions.)

Le prestige militaire très relatif des Gardiens au sortir de la guerre a plusieurs conséquences, peu propices à une dé-radicalisation. D'abord, un investissement lourd dans les technologies (vedettes rapides, missiles, drones...) de la guerre dissymétrique élevée au rang de dissuasion, en attendant la bombe. En parallèle, une surenchère dans l'autolégitimation : à l'intérieur, dans un rapport de force avec l'*establishment* notamment religieux; au dehors, par des tendances expansionnistes. Sortie sans gloire du conflit, l'armée révolutionnaire ne desserrera plus son étau et, de pléthorique, elle deviendra omniprésente. Dès 1999, ses menaces obligent Khatami à avaliser la répression brutale du premier d'une série de mouvements étudiants.

Les années suivantes confirment l'évolution : dès 2003, les anciens de la Légion profitent des élections municipales instituées quatre ans plus tôt par Khatami pour s'emparer de ce relais essentiel du contrôle des populations mais aussi de la commande publique. L'année suivante, les « principistes », qui se réclament des idéaux de la révolution, chassent la majorité réformiste du Parlement avant qu'en 2005 l'élection à la présidence de la RII d'un ancien des Gardiens, Mahmud Ahmadinejad (maire de Téhéran depuis 2003), n'assure à ces derniers d'innombrables relais au sein de l'appareil d'État. Le système se ré-idéologise tout en entretenant, grâce aux prébendes de l'État-providence, un ancrage populaire indéniable.

Un coup d'arrêt survient lorsque la réélection de Mahmud Ahmadinejad en 2009, aussitôt proclamée, déclenche les protestations publiques sans précédent du mouvement Vert (couleur du candidat de la technocratie islamiste, l'ancien Premier ministre Mir-Hoseyn Musavi). Vent debout contre ce qu'elles voient comme une énième révolution de couleur, les forces conservatrices réagissent par la force. Leur contre-offensive prend pour cible la diaspora et la *soft war* de l'occupant étatsunien de l'Afghanistan et de l'Irak, avec lequel un dialogue s'était noué. Lancée par l'état-major des Gardiens de la révolution, une vague d'autobiographies de figures de la Légion doit imposer l'idée d'une révolution endogène issue du monde de la mosquée et du bazar et non, comme le suggère l'émigration, de militants basés à l'étranger.

Dans les minorités : à radical, radical et demi ?

À ses frontières, entre-temps, la RII a déployé des politiques dignes des empires qui l'ont précédée tout en favorisant le développement de radicalités ethno-confessionnelles. En terre kurde ou baloutche sunnite, en effet, où la monarchie Pahlavi s'est ingéniée à dissoudre les chefferies tribales, ont émergé, avec la révolution de 1979, de nouveaux leaderships religieux : à l'ouest, le mouvement frère musulman (né dans la basse vallée du Nil en 1928, en réaction aux répressions britannique et française des indépendances levantines) ; à l'est, l'école de Deoband (apparue dans la haute vallée du Gange en 1867, une décennie après la suppression brutale, par Londres, des ultimes reliquats de l'Empire moghol).

Les madrasas déobandies sont présentes chez les Baloutches d'Iran, au sud-est, depuis l'occupation britannique de la Première Guerre mondiale. Les « écoles coraniques » d'inspiration fTériste, elles, ne sont apparues qu'à la fin des années 1970 chez les Kurdes d'Iran, où elles dament le pion aux Voies soufies. Pour la RII, comme pour la monarchie Pahlavi, la réislamisation de groupes sunnites transfrontaliers présente l'avantage d'y contenir les courants nationalistes soutenus par l'URSS. (C'est l'un des sens de « l'unité – *vahdat* – islamique » promue par le nouveau pouvoir.) Du reste, oulémas déobandis et prédicateurs fréristes se contentent d'abord de dispenser une éducation religieuse, en langue kurde chez les seconds.

Leur action vise à chasser des sociétés kurde et baloutche « l'hétérodoxie ». (Dès la monarchie Pahlavi, en 1936, les Déobandis ont lancé un jihad contre le zikrisme baloutche, issu du soufisme sud-asiatique et héritier de synthèses religieuses mogholes.) Lors de la révolution, la lutte contre les gauches les a mis aux avant-postes – en Iran même, puis en Afghanistan à l'est, où nombre de Déobandis d'Iran iront combattre l'occupation soviétique. Pour Téhéran, cet engagement transfrontalier aide à sa projection de puissance. (C'est pourquoi Khameneyi, pour s'opposer au poids croissant de Zahedan, la capitale régionale du Sistan-Baloutchistan, appuiera les madrasas des Aymaqs, au Khorasan, un groupe persanophone dont le foyer démographique se situe dans la région de Ghor, dans le nord de l'Afghanistan.)

Partenaires indociles, Frères et Déobandis rejettent depuis le début la doctrine du *velâyat-e faqih* de Khomeyni, non islamique pour eux car sacralisant la figure du « guide » et achevant de marginaliser le sunnisme. Téhéran, cependant, sait jouer de leurs différends. Le *shaykh ol-eslâm* (autorité sunnite suprême) de Zahedan sait qu'il pèse peu, car les Baloutches ne sont que 2 millions, contre 12 millions de Kurdes ; il finit donc par se joindre au référendum sur la Constitution, en décembre 1979. Craignant moins les Baloutches que les Kurdes, et comptant sur le *shaykh ol-eslâm* pour jouer un rôle d'attrape-votes, le premier guide de la révolution leur accorde de faire de Zahedan (à l'origine, modeste terminus ouest du chemin de fer du Raj) une sorte d'équivalent sunnite de Qom, la « capitale » religieuse chiite de l'Iran.

Cette brusque centralité d'une périphérie par excellence du pays (où le commerce local, jusqu'à la fin de la monarchie, se faisait en roupies) favorise l'émergence d'une toute nouvelle « communauté sunnite d'Iran » (*jamâ'at-e sonni-e Irân*). À sa tête, Déobandis et Frères s'efforcent de jouer ensemble les conservateurs contestataires, garants de l'unité iranienne, certes, mais défenseurs des laissés-pour-compte de la Constitution de 1979 – un rôle qui peu à peu va les amener au centre de l'échiquier politique national. Entre-temps, si le frérisme kurde d'Iran a perdu ses premiers leaders dans les répressions du début des années 1980, ses écoles coraniques (*maktab-e Qor'ân*) continuent de prospérer régionalement.

En 2002, un parti fRériste est accrédité, la « Société iranienne pour la prédication et la réforme » (JDEI en acronyme persan). Pour aider à la mettre sur pied, les Renseignements de la RII s'inspirent du Hezbollah kurde de Turquie, institué en 1979 contre le PKK alors marxiste-léniniste. Autorisée à s'installer dans tout l'Iran, la JDEI vient elle aussi conforter la légitimité des élections – présidentielles, en soutien des réformistes, mais aussi municipales. Féristes et Déobandis intègrent par ailleurs la grande stratégie de Téhéran : les seconds vers le Sous-Continent, l'Afghanistan, l'Asie centrale ex-soviétique ; les premiers lors des Printemps arabes vers l'Égypte de Mohamed Morsi ou la Tunisie de Rached Ghannouchi.

Depuis 2011 : entre jihadisme transnational et mouvements sociaux

Car depuis le tournant du siècle, la RII affronte deux types de défis. Le premier, ce sont les impacts de l'expansion régionale du salafisme jihadiste – de l'essor d'Al-Qaïda comme organisation, après la première prise du pouvoir par les Taliban à Kaboul en 1996, jusqu'à la prise de Damas par le « Comité de libération du Levant » en décembre 2024, en passant par l'expérience de l'État islamique en Irak et en Syrie entre 2006 et 2019. Depuis le tournant du siècle aussi, on assiste à l'épopée des guérillas baloutches du Jund-Allah puis du Jaysh al-ʿadl, qui par contraste font paraître les madrasas déobandies de l'est, même peuplées de vétérans du jihad afghan, comme autant d'oasis de calme pouvant faire office de soupapes de sécurité.

Côté kurde, la JDEI et le réseau en partie apolitique des *maktab-e Qorʿân* font longtemps figure, eux aussi, d'interlocuteurs plus ou moins fiables du « système », sur fond de résistance armée de groupes kurdes révolutionnaires (PDKI héritier de Mahabad, Komala maoïste, Parti de la Vie libre au Kurdistan anticapitaliste et autogestionnaire). D'autant que dans une « communauté sunnite d'Iran » tiraillée entre leaderships concurrents, un nouveau défi s'impose depuis le début des années 2000 : la diffusion d'un courant salafiste (axé sur un retour à l'âge d'or du Prophète). Très marqué par les expériences irakiennes, par l'essor de l'ÉI surtout, ce dernier profite pendant la décennie suivante du boom de l'Internet 2.0.

Certains de ses militants prônent une islamisation de la société par le bas dans une inspiration puritaine et quiétiste (*madkhali*, du nom d'un ouléma saoudien contemporain, Rabiʿ al-Madkhali, qui enseigne la soumission inconditionnelle à l'autorité politique, quelle qu'elle soit). Dépourvus d'organisation propre, nombreux sont les Madkhalis qui occupent des charges d'imam, leur permettant de dénoncer en chaire la politique de Téhéran, sans pour autant épouser la cause du jihad. Moindre mal, donc, car en 2002, la RII a accueilli au Kurdistan les combattants du groupe salafiste jihadiste Ansar al-islam (« Défenseurs de l'islam »), chassés d'Irak par l'US Army. Agissant en « proxy » de Téhéran, le groupe s'est vite scindé, ses membres kurdes iraniens reportant leurs attaques sur… des cibles officielles iraniennes.

Heureusement si l'on peut dire, la consolidation de l'État islamique, par ses conquêtes de Raqqa et de Mossoul en 2014, y attire quantité de militants d'Ansar, qui participent à l'aventure sous forme de brigades (en arabe : *katâ'ib*, sing. *katîba*) plus ou moins autonomes. Entre-temps, la RII s'est rangée en Syrie aux côtés de Bachar al-Assad après quelques hésitations au début des révoltes et des révolutions arabes de 2011. La « Défense des lieux saints », de 2012 à 2018, y draine aussi les instructeurs des forces spéciales Al-Qods (« Jérusalem ») des Gardiens de la révolution, qui interviennent sur des champs d'opération extérieurs : Syrie, Afghanistan via des milices ethno-confessionnelles chiites, parmi lesquelles les « Fatemis » constitués de Hazaras, ou encore Liban avec le Hezbollah.

Ce succès géopolitique révèle la dimension impériale d'un projet iranien né des occupations américaines de l'Afghanistan et de l'Irak. Il permet aux Gardiens de se présenter en défenseurs de la diversité religieuse du Proche-Orient (de la présence chrétienne entre autres), contre la violence génocidaire de l'ÉI. Cependant l'« Axe de la résistance » que la Légion installe jusqu'au Liban, voire à Gaza, se heurte, en Iran même, à une impopularité croissante. Après le soutien prodigué au Hamas avant et après le 7 Octobre, l'attaque de drones et de missiles contre Israël, en avril 2024, ne relève guère le prestige des Gardiens. (Il se murmure à Téhéran que les missiles ont disparu, sans faire de gros dégâts, pour demander l'asile…)

Le vent, il est vrai, a tourné depuis la chute des cours du brut au début de la décennie 2010, que vient aggraver en 2018 une nouvelle série de sanctions internationales. L'État-providence n'est plus ce qu'il était, et le président « modéré » Hassan Rohani, dès son élection en juin 2013, se heurte à des mouvements sociaux qui tendent à devenir chroniques – deuxième ensemble de défis auxquels le régime se confronte depuis un quart de siècle. Élu sur la promesse réformiste de rendre aux Iraniens une « vie normale », Rohani laisse faire, par des services qu'il ne contrôle pas, une répression qui s'est muée en une sorte de terreur sans fin. Celle-ci ne restera pas sans conséquences sur des contestations d'une radicalité nouvelle.

Conclusion

L'horizon d'attente que le mouvement réformiste avait maintenu pour tous, minorités comprises, a perdu le peu de crédit qui lui restait. Ses propres mesures (telle la généralisation de l'emploi précaire, dès la présidence Khatami) l'ont privé de relais dans les classes moyennes populaires (en empêchant la mobilisation du salariat, sans qu'il ne soit bientôt plus besoin d'interdire le syndicalisme). Certes, la technocratie parvient parfois à s'imposer à la théocratie – tel le Croissant rouge iranien, héritier des gauches de gouvernement de la fin du XXe siècle, obtenant de haute lutte la fermeture des sanctuaires au début de la pandémie de Covid-19, en 2020. Mais ces victoires renforcent le « système ». Et tandis que les « fils-de » (*âqâzâdeh*) issus d'une ploutocratie clientéliste peuvent faire étalage d'un luxe spectaculaire, les bidonvilles s'étalent et, au cinéma, de jeunes déshérités figurent en délinquants et non plus, comme naguère, en martyrs à auréole. La perte rapide de ses anciens bastions populaires fait passer le régime dans son entier ainsi que ses milices fanatisées pour « extrémistes » (*gholât*, la désignation historique de minorités chiites brocardées pour leurs excentricités). Un renversement peu à peu s'opère, que vient accélérer, dans les années 2020, une suite d'événements, dans le pays comme au-dehors, peu reliés mais qui font conjoncture.

L'un d'eux est la mort à Téhéran, pour un voile mal ajusté, de la jeune Kurde Jina Mahsa Amini, le 15 septembre 2022 aux mains des « Rondes de l'observance » – dont la brutalité et la bêtise sont alors dénoncées par nombre d'anciens de la RII. Si la protestation qui suit fait écho à celles qui se sont succédé presque ininterrompues depuis 2013, elle s'impose par son ampleur et sa nouveauté. En effet, le mouvement « Femme ! Vie ! Liberté ! », apparu dès les obsèques de Jina Mahsa, prend racine dans les courants féministes kurdes de la fin du XXe siècle. Il révèle dans la population une capacité neuve d'identification à une périphérie très longtemps méprisée, afin d'affronter le pouvoir en retournant contre ses polices leurs propres tactiques. Les sociétés civiles kurde ou baloutche, elles, refusent l'escalade vers le conflit armé où le pouvoir cherche à les entraîner. La volonté d'abolition de la ségrégation des femmes héritée de 1979 y a gagné les forces les plus conservatrices. Pied de nez à la révolution : un porte-voix en vue de la contestation n'est autre que le *shaykh ol-eslâm* de Zahedan. Inlassable héraut d'une région, d'un groupe ethnique délaissés, cet ancien soutien des Taliban afghans inverse une notion clé du khomeynisme, celle du « déshérité » (*mostaz'af*), en achevant de la séculariser afin de lui donner un contenu moins exclusif que jamais.

« Sanandaj[1], Zahedan : lumière, prunelle de l'Iran ! » s'écriaient manifestantes et manifestants de l'automne 2022, de Téhéran à Toronto. En plaçant au centre de l'échiquier politique des figures, des institutions kurdes ou baloutches jusqu'alors identifiées à la marginalité et à l'arriération – géographique, ethnique, culturelle –, la protestation suggérait que le pays avait peut-être commencé à se concevoir moins en empire qu'en nation. Tandis

1. Ville de l'aire kurde iranienne, ancienne capitale de la République de Mahabad.

qu'en janvier 2025, un partenariat stratégique entre Iran et Russie s'employait à perpétuer ici et là un ordre ancien, une nation se réinventait à partir d'anciennes marches (celles de la geste safavide…), en se dotant d'une idéologie égalitaire sécularisée avec l'aide d'une institution religieuse (la madrasa sunnite, un legs du XIe siècle mué en creuset à idées révolutionnaires). Certes, l'exemple de maintes victoires passées incite à la plus grande réserve, de même que la capacité du *velâyat* à s'ajuster, avec patience, aux défis du moment afin d'en tirer parti. Le contexte international changé par la chute de Damas aux mains d'un jihad levantin, début décembre 2024, a semblé cependant devoir solidifier un temps au cœur de la politique iranienne la place de voix naguère « minoritaires » devenues parmi les plus tonitruantes de la contestation. Dans un second temps, l'opération « Lion redressé » lancée par Israël le 13 juin 2025 contre la production iranienne d'uranium enrichi, et ses attaques ciblées contre les principaux chefs des Gardiens de la révolution ont pu faire croire, brièvement, à la volonté de Tel-Aviv, bientôt rejointe par Washington, de favoriser un changement de régime. D'aucuns ont même pu parler de nouvelle ère dans l'histoire du Moyen-Orient. Que nenni : les menaces de réplique formulées début juillet ont montré qu'on ne se souciait que d'uranium enrichi, se plaçant dans la continuité d'attaques ciblées largement entamées au tournant des années 2010. De son côté, Téhéran pouvait lancer en toute impunité une énième campagne de répression à grande échelle. Laissées plus que jamais seules face à un pouvoir touché en plein cœur, les voix alternatives présentes dans toutes les strates, toutes les régions de la société iranienne (sinon même à tous les niveaux de son État et de ses forces armées) ne s'exposent-elles pas, en fait de nouvelle ère, à la continuation d'une période déjà longue, balisée de crises endémiques — entre d'une part un État clientéliste que ses échecs acculent à se reradicaliser et de l'autre des forces de changement nanties d'un consensus tout neuf mais qu'une nouvelle vague de violence confronte à des défis anciens ?

12.

Entre islamisme et nationalisme, la difficile marche turque vers un modèle libéral et démocratique

Bayram Balci

Évoquer la question de l'islam et du nationalisme dans le monde musulman force à la nuance, car ce monde n'est pas homogène. La Turquie y occupe une place singulière. Héritière de l'Empire ottoman, qui a défié l'Europe, elle a été et demeure à la confluence de divers courants de pensée issus du nationalisme et de l'islamisme. Elle constitue un cas d'école pour la recherche sur ces notions. Ce chapitre se focalisera sur la période récente de ce début de XXIe siècle, quand ces deux notions, au gré des conjonctures, oscillent entre opposition, fusion et confusion.

Qu'entend-on, dans le cas précis de la Turquie contemporaine, par nationalisme? Alain Dieckhoff considère que «le nationalisme est à la fois une idéologie et un mouvement politique qui entend faire de la nation – collectivité humaine partageant des caractéristiques communes, culturelles (langue, religion, histoire partagée...) et/ou politiques (appartenance à la même communauté politique territorialisée) – le lieu privilégié de l'expression collective. Le terme est apparu dans les principales langues européennes, d'abord timidement à la fin du XVIIIe avant de s'affirmer au cours du siècle suivant. C'est dire qu'il s'agit d'un phénomène moderne lié à une transformation majeure : le fait d'investir le peuple de la souveraineté politique ultime, en lieu et place des monarques». Longtemps fermé aux innovations, l'Empire ottoman rencontre ce concept de façon tardive. Sa genèse européenne le rend d'autant plus suspect aux yeux des élites qu'il stimule l'intérêt des groupes ethniques minoritaires de l'Empire. Les chrétiens s'en emparent les premiers, puis les Kurdes, les Arabes et les Turcs, qui furent les derniers à s'en inspirer pour fonder la Turquie moderne.

A contrario, l'islamisme est un pur produit du monde arabe musulman, quand bien même sa structuration politique s'inscrit dans une idéologie inversée au nationalisme européen pour mieux y faire face. Évidemment, cette définition est réductrice, tant les islamismes sont pluriels et porteurs d'une myriade de visions du monde articulant religion, État et société. À n'en choisir qu'une, adoptons la définition de Thomas Hegghammer, qui parle d'une « idéologie qui consiste à mobiliser les musulmans autour d'un projet social et politique fondé sur les normes et les lois religieuses ».

Islam et nationalisme dans le monde musulman

À la naissance de la Turquie moderne, Atatürk conçoit le sécularisme comme un outil de rattrapage libéral vis-à-vis de l'Europe. Inséparable de l'idée de nation moderne fondée sur la science et le progrès, le nationalisme doit devenir une source d'inspiration dans tous les domaines. De fait, il y a, dès le début de la fondation de la République turque, un paradoxe dans la conception de la nationalité et de la citoyenneté. La Grèce et la Turquie, pour créer un État-nation prétendument sur le modèle européen, procèdent à des échanges de population. On a ainsi défini comme « grec » quiconque était de confession grecque-orthodoxe, même s'il s'agissait de personnes dont aucun ancêtre n'avait jamais foulé le Péloponnèse, et inversement ne pouvaient être « turcs » que des individus de confession musulmane sunnite. De part et d'autre, on a ostracisé, voire expulsé des individus qui n'étaient pas de la religion majoritaire, islam en Turquie et chrétien orthodoxe en Grèce. Mais à l'époque déjà, le nationalisme se heurte à la concurrence de la notion d'islamisme, qui gagne du terrain dans les autres pays musulmans devenus indépendants. Ce dualisme est à l'œuvre durant tout l'entre-deux-guerres, dans la quasi-totalité du monde musulman, où le pouvoir est nationaliste mais l'opposition est islamiste. Les séculiers parlent de nation, quand les islamistes parlent de l'*Oumma*. Et il se durcit dans les années 1970, jusqu'à l'année charnière de 1979. Cette année-là, la révolution islamique s'empare du pouvoir en Iran, mettant fin au régime nationaliste du Shah. Partout, le socialisme décline, désavoué par ses échecs en matière économique et sociale, alors que, dans le même temps, les islamismes profitent de ces frustrations, si bien que pour limiter la casse, les nationalistes vont sacrifier le sécularisme sur lequel ils se sont bâtis. S'opère alors une forme de rapprochement, voire de convergence, entre les courants de pensée nationalistes et religieux. On le constate en Turquie, dans certains pays arabo-musulmans, mais aussi dans le monde chrétien, voire en Inde et en Israël. En Turquie, le Parti républicain du peuple, fondé par Atatürk, après avoir été longtemps le bastion de la laïcité, s'est vu contraint de s'ouvrir au conservatisme religieux de sa base. Et cette tendance ne fait que s'affirmer depuis. En effet, Ekrem Imamoğlu, l'actuel maire d'Istanbul, bien qu'issu de ce parti, témoigne publiquement d'un grand respect pour les valeurs et les institutions de l'islam. Depuis les années 1970, le rapprochement s'opère dans les deux sens : les nationalistes s'ouvrent à l'islam et les islamistes s'ouvrent au nationalisme, par calculs électoralistes, mais pas seulement.

Comment s'explique ce glissement vers un nationalisme islamiste, a fortiori dans une république laïque comme la Turquie ? L'analyse revient à expliquer comment réconcilier les deux hommes forts de la Turquie moderne, Mustafa Kemal Atatürk et Recep Tayyip Erdoğan. Qu'est-ce que ce bras de fer idéologique dit de la Turquie du XXIe siècle ?

L'argument défendu ici est le suivant. Erdoğan, bien qu'issu de l'islam politique de Necmettin Erbakan et de son mouvement Millî Görüş, a effectué de vraies tentatives de démocratisation lors de son premier mandat. Toutefois, aux échecs intérieurs se sont ajoutés des revers internationaux qui ont miné les ambitions et piqué au vif la vanité des élites. En réaction, s'est révélé au grand jour un retour aux sources, un attachement profond à une pensée à la fois islamiste et nationaliste, qui caractérise désormais cet « erdoganisme ».

Tout au long de l'analyse, nous verrons comment et pourquoi à l'issue d'une décennie d'efforts d'ouverture, de libéralisme, de démocratisation, les digues ont cédé et laissé place depuis 2010 (ou 2013 selon les différents analystes) à une dérive nationaliste populiste et islamiste agressive. Pour conclure, nous verrons comment les mutations géopolitiques à l'œuvre dans la région peuvent faire espérer des perspectives plus positives pour la Turquie.

Dix ans d'élan démocratique et libéral

L'instigateur de l'élan initial s'appelle Recep Tayyip Erdoğan. La trajectoire politique de l'homme en dit long sur l'impulsion première et l'ambition cardinale de cet élan. Issu de la Turquie provinciale, musulmane et conservatrice, Erdoğan se construit idéologiquement et politiquement à l'ombre de la mouvance Millî Görüş, un courant politique à la fois islamiste et nationaliste fondé par Necmettin Erbakan. Figure historique de l'islamisme turc, ce dernier a été influencé par les Frères musulmans, dont il a lui-même influencé les descendants grâce à ses expériences, en 1974, dans un gouvernement de coalition et en 1996 en tant que Premier ministre au pouvoir. Erbakan et Erdoğan furent très proches, et c'est à partir des rangs du parti Refah, dirigé par Erbakan, qu'Erdoğan a été élu maire d'Istanbul en 1994. De cette première expérience aux commandes de la mégapole économique du pays, il fait un tremplin qui assurera sa popularité. Avec son équipe, il s'attèle à de grands chantiers : amélioration de la voirie, de la circulation, des infrastructures de transport, mise en place d'une politique sociale qui lui fera gagner l'adhésion des classes marginalisées d'une ville qui concentre l'essentiel de la richesse du pays. Sa bonne gestion de la municipalité le propulse sur le devant de la scène politique nationale. Et en 2002, dans un contexte de crise entre les partis politiques historiques, sa toute jeune formation Adalet ve Kalkınma Partisi (« Parti de la justice et du développement », AKP) accède au pouvoir en s'imposant aux élections législatives.

Débute alors une décennie au pouvoir qui se caractérise par un esprit étonnamment libéral, inclusif et globalement démocratique. Ainsi, plusieurs réformes fondamentales sont portées par des lois proposées et votées par la majorité AKP visant à décrisper la société et l'État, notamment sur les questions relatives aux minorités ethniques et religieuses qui gangrènent depuis l'origine la démocratie turque. La première réforme rompt avec la primauté de la turcité, et accorde enfin des droits culturels et identitaires à la minorité kurde, second groupe ethnique du pays. Le pays tout entier est tenu de reconnaître aux Kurdes le droit d'accéder à un enseignement en langue kurde et de disposer d'une chaîne de télévision financée par l'État. L'ouverture vers la minorité alévie, une communauté proche du chiisme mais propre aux traditions anatoliennes et représentant tout de même près de 20 % de la population (bien que traversée par divers courants), est plus timide. Victimes de discriminations, voire de pogroms[1], les Alévis restent considérés comme déviants par la majorité sunnite. Or, entre 2007 et 2009, débats et réformes ont permis de mettre un terme au rejet systématique dont ils faisaient l'objet dans les instances du pouvoir et la société. Même les minorités chrétiennes, Grecs,

1. En 1978, dans la ville de Kahramanmaras, des pogroms anti-alévis ont causé la mort de plus de 120 personnes. Et en 1993, dans la ville de Sivas, un autre massacre a été perpétré contre des intellectuels pour la seule raison qu'ils étaient alévis.

Arméniens, Syriaques, ont bénéficié de ce climat d'ouverture. Une bonne partie des biens qui leur avaient été confisqués par l'État dans les années 1950 leur ont été restitués à cette époque. *Idem* pour la petite minorité juive, qui a été rassurée par le désir de l'AKP de maintenir de bonnes relations avec Israël.

Le réformisme de l'AKP a également bénéficié à sa base électorale. En effet, les Anatoliens musulmans conservateurs, majoritaires dans le pays mais dominés auparavant par les élites sécularisées, ont pu, par exemple, saluer le retour du voile, donc le retour des femmes conservatrices dans la sphère publique, dans les universités, mais aussi dans l'administration, la police et l'armée où jusque-là le port du voile était banni.

Malgré les efforts, le modèle turc a fait long feu. Au fil des scrutins, Erdoğan se succède à lui-même, mais il n'offre plus tout à fait ce visage d'espoir libéral à l'intérieur, comme à l'international. Cette dérive autoritaire, aux accents nationalistes et islamistes, s'opère insidieusement dans la pratique du pouvoir au calendrier mou, sans rupture datée. Les observateurs de la vie politique turque ont considéré tour à tour 2007, 2010, voire 2013 – quand le pouvoir a réprimé violemment les protestations au parc Gezi – comme des tournants. Et indéniablement, c'est à partir de 2013 que le pouvoir confirme un virage ouvertement autoritaire, qui s'appuie à la fois sur un retour aux idées et aux valeurs de l'islamisme dont il est issu et sur un nationalisme teinté d'anti-occidentalisme. C'est aussi en 2013 que bat son plein la guerre fratricide entre Erdoğan au pouvoir et son ancien allié de l'ombre Fethullah Gülen, gourou d'une nébuleuse islamo-moderniste très influente. En effet, grâce à une même base anatolienne, musulmane sunnite et conservatrice mais aussi teintée de nationalisme, Erdoğan et Gülen ont forgé une alliance qui dure dix ans. Après avoir éliminé leurs adversaires kémalistes dans les structures de l'État et sur fond de divergences en politique intérieure et extérieure, les deux hommes entrent en conflit. Erdoğan sort victorieux et bannit le mouvement Gülen au prix d'une répression féroce qui a radicalisé le pouvoir. Mais 2013, c'est encore la chute de Mohamed Morsi en Égypte qui inquiète Erdoğan et l'enlisement de la Turquie dans la crise syrienne. Pourtant, si l'année 2013 entérine la bascule, les motifs de l'autoritarisme sont bien antérieurs et peuvent être classés en deux catégories, externes et internes à la Turquie.

Les déclencheurs de la dérive autoritaire, islamiste et nationaliste

La Turquie, comme tout autre État, est soumise à des tensions aussi bien internes qu'externes, qui influent sur la conjoncture et sur ses choix. Il ne s'agit pas ici de dédouaner Erdoğan de ses seules responsabilités, de les reporter sur ses opposants ou de les minimiser, mais de les replacer dans leur contexte. La critique facile de l'agenda caché, *taqiyya*, est un reproche classique adressé à tous les courants islamistes et un procès d'intention qui manque de preuves solides, car tout « gage de modération est interprétable a contrario comme un marqueur de dissimulation ».

Dans le cas d'Erdoğan, la dérive autoritaire résulte en très grande partie de ses choix politiques et idéologiques, quand, face aux difficultés et aux oppositions, il décide d'y remédier avec les idées islamistes et nationalistes du Millî Görüş, qui l'avaient formaté dans sa jeunesse. Qu'on la taxe de *taqiyya* ou de retour aux sources, l'instauration d'un ordre nationaliste relève avant tout de la responsabilité personnelle et individuelle d'Erdoğan.

Cela étant dit, des facteurs à la fois intérieurs et extérieurs ont exacerbé cette transformation politique pour le pire.

Sur le plan intérieur, il s'agit d'éviter à tout prix l'implosion de la société turque polarisée. Entre 2002 et 2010, voire un peu après, le gouvernement Erdoğan se veut seulement conservateur, un peu à l'image de la démocratie chrétienne occidentale, et affiche ouverture et tolérance envers ses détracteurs, notamment la vieille garde kémaliste. Les élites de l'AKP ambitionnent alors d'instaurer une démocratie qui tienne compte du caractère traditionnel et conservateur de la société turque. Mais l'*establishment* kémaliste, c'est-à-dire la Turquie ultra-laïque, incarnée par l'armée et l'appareil judiciaire, viscéralement attaché au kémalisme originel, n'adhère pas aux ambitions d'Erdoğan et de son équipe. Il redoute un agenda caché et entreprend plusieurs initiatives pour déstabiliser le gouvernement, voire le faire tomber, en organisant, par exemple, dès 2007, de gigantesques manifestations contre la prétendue politique « rétrograde » du gouvernement.

À cela s'ajoute une autre croisade dans les instances de l'État pour empêcher qu'un islamiste de l'AKP ne succède au président sortant Ahmet Necdet Sezer. La candidature d'Abdullah Gül, l'un des membres fondateurs de l'AKP et proche collaborateur d'Erdoğan, suscite une levée de boucliers dans le camp des ultra-laïcs, tant la charge symbolique est lourde. Plus que son identité AKP, c'est le fait que la femme de Gül soit voilée qui pose problème. En effet, pour la Turquie résolument laïque, que la première dame du pays porte le voile constitue une atteinte à la laïcité et aux fondements mêmes du kémalisme. Malgré le bras de fer qui s'engage entre les deux Turquie, Gül est largement élu à la présidence par le Parlement lors des élections anticipées de juillet 2007. Cette victoire s'accompagne d'une modification du mode de scrutin du président, désormais choisi au suffrage universel direct, et facilite l'accès au pouvoir suprême des conservateurs.

Forcées de reconnaître leur défaite, les élites kémalistes n'ont pas dit leur dernier mot. En 2008, la Cour constitutionnelle, bastion puissant du kémalisme, suspectant le parti AKP d'activités antilaïques, a tenté de le museler. Le parti n'a échappé à la dissolution qu'à une seule voix près. L'AKP est finalement sorti plus fort et victorieux de ces batailles, mais aussi plus vindicatif.

Sur le plan international, il s'agit de résister aux tensions et de défendre ses intérêts. Jusqu'en 2010, l'aimant européen fonctionne encore sur la Turquie. C'est bien contre leur nature profonde que Erdoğan et l'AKP ont fait preuve d'ouverture, comme jamais auparavant, pour initier des réformes libérales et remporter l'adhésion du pays à l'Union européenne, à la porte de laquelle il frappe depuis 1987. Ces efforts, exigés par l'Europe, visant l'abolition de la peine de mort, le code pénal, la démocratisation, le sort des minorités, ou encore l'assouplissement de la politique étrangère vis-à-vis de Chypre, sont tout sauf une évidence pour Erdoğan, qui s'est formé dans une idéologie religieuse et conservatrice plutôt hostile à l'Occident. Or, du point de vue d'Ankara, non seulement toutes ces réformes n'ont pas été saluées par l'Union européenne, mais la Turquie a subi deux camouflets.

Dès 2007, Nicolas Sarkozy affirme publiquement son opposition à l'adhésion de la Turquie. Angela Merkel, chancelière depuis 2005, qualifie d'erreur la candidature turque. Tant de mauvaise foi humiliante en réponse aux efforts institutionnels fournis a exacerbé le sentiment anti-européen, voire anti-occidental. Le deuxième camouflet, ayant contribué à la résurgence nationaliste en Turquie, a concerné l'intégration de Chypre dans l'Union européenne. L'île aurait dû être réunifiée pour entrer dans l'Europe, mais de fait elle est restée divisée depuis l'intervention militaire turque en 1974 qui devait éviter le rattachement de l'île à la Grèce des colonels, au pouvoir depuis 1967. Or, après de longues tractations, le plan de réunification Annan a été accepté par la partie turque (grâce à l'engagement personnel de Recep Tayyip Erdoğan au grand dam des Kémalistes, fermés à toute concession), mais rejeté par la partie grecque. Ce blocage n'a pas empêché l'Europe d'intégrer la partie grecque de l'île et de considérer que la Turquie occupait militairement une partie du territoire de l'Union européenne. Le traitement réservé à la Turquie a été perçu comme injuste et méprisant par la société et tout le spectre politique turcs, accentuant d'autant le sentiment anti-européen.

À ces camouflets se sont ajoutés des facteurs extérieurs, comme les répercussions de la crise politique en Égypte. En 2013, l'armée égyptienne a orchestré un coup d'État contre Mohamed Morsi, premier président démocratiquement élu de toute l'histoire du pays et issu, comme l'AKP, de l'islam politique. Le silence assourdissant de tout l'Occident révolte la plupart des Turcs. Pour Erdoğan, la duplicité occidentale, exigeant la démocratie mais la refusant par paranoïa envers les musulmans, leur préférant des régimes militaires oppressifs, est une raison supplémentaire de méfiance et de distanciation. La chute de Morsi coïncide en outre avec un immense mouvement de protestation au parc Gezi, sur la place Taksim. Si, au départ, les protestataires voulaient surtout exprimer leur opposition à un projet de réaménagement de la place dans une perspective conservatrice et anti-écologique, la réponse répressive du pouvoir a transformé l'action en une révolte sociale générale dans tout le pays. Le pouvoir d'Erdoğan tremble mais se raffermit. La lecture des deux événements le convainc que le silence complice des Occidentaux à l'égard de Morsi et leur soutien au mouvement Gezi témoignent d'une même obsession à endiguer tout pouvoir démocratique musulman. Et c'est bien à partir de là qu'Erdoğan s'est engouffré et abîmé dans une conception exclusivement majoritaire de la démocratie turque, selon laquelle il interprète ses victoires électorales successives comme des plébiscites qui l'affranchissent de tout débat contradictoire pluraliste et lui donnent carte blanche pour diriger seul le pays.

Plus il serre le poing, plus il fait preuve d'autoritarisme, invoquant d'abord ses valeurs islamistes, puis nationalistes, avant de les intégrer dans une doctrine islamo-nationaliste pour tenir la Turquie.

Le pays sous la férule de l'islamisme et du nationalisme

La dérive idéologique fut relativement lente et insidieuse, de sorte qu'avec aussi peu de recul conjoncturel et historique, il paraissait inapproprié, tout au moins abusif, de parler d'islamisation du régime turc. En Occident, on mesurait mal combien les réformes de démocratisation de la décennie précédente avaient pesé sur la majorité conservatrice et traditionnelle anatolienne, avide de plus de liberté religieuse. La désillusion vis-à-vis de l'Europe a rapproché Erdoğan de sa base et l'a conforté dans la poursuite d'un projet politique nationaliste et islamiste servant les intérêts supérieurs de la Turquie. Le premier signe de rupture date de 2010, quand la réforme de la Diyanet İşleri Başkanlığı, c'est-à-dire de la direction des Affaires religieuses, fait de cette institution un outil non plus de régulation entre le religieux, le social et le politique, mais d'islamisation du pays et de la société. Suivront trois ans plus tard, en 2013, des réformes éducatives majeures, la militarisation du régime, et la montée du sentiment anti-occidental alimenté par le pouvoir, lesquelles redéfinissent les contours idéologiques d'une nouvelle Turquie.

Islamisme. Parce qu'elle forge une société en profondeur et sur le long terme, la politique éducative du gouvernement mérite une attention particulière. L'islamisation par l'éducation se concrétise par deux biais. En premier lieu, intervient la réforme du statut des célèbres écoles *Imam Hatip,* c'est-à-dire des écoles de formation des imams et des prédicateurs. Ces écoles publiques, où sont formés les cadres religieux du pays, datent d'une époque antérieure à Erdoğan, quand dans la Turquie laïque elles devaient accompagner la politique de sécularisation de la société. Le but était de former le peu de cadres religieux dont on estimait avoir besoin pour assurer cette transition. L'AKP au pouvoir, dans sa logique inverse de formation d'une « génération pieuse », va au contraire augmenter le nombre de ces écoles et permettre à ceux qui en sont issus de candidater aux concours d'entrée à l'université pour mieux y diffuser leurs idées et leurs valeurs[1]. En paral-

1. En 2002, date de l'arrivée au pouvoir du parti d'Erdoğan, le pays comptait 450 *imam hatip*. Ce chiffre est passé en 2024 à 5 147 collèges et lycées, selon les données officielles.

lèle de ces *Imam Hatip*, dans l'ensemble des écoles publiques du pays, les programmes scolaires sont revus et corrigés pour que se maintienne ce souffle conservateur. Un cours obligatoire d'histoire des religions y est introduit, qui de fait promeut l'islam sunnite majoritaire, mâtiné de turcité.

Toutefois, revenons sur la réforme du statut et des nouvelles obligations de la Diyanet. Celle-ci a été fondée à l'époque d'Atatürk pour accompagner la politique séculière du pays. Ne pouvant complètement supprimer l'islam, le régime kémaliste l'avait créée pour administrer a minima les questions religieuses. Tous les gouvernements successifs ont cherché à influencer cet outil afin de mieux contrôler, selon leur vision, les liens entre État et religion. Quand l'AKP accède au pouvoir, la rupture s'opère graduellement dans la finalité de l'institution pour la mettre au service de sa politique d'islamisation. D'abord, par les moyens extrêmement généreux qui lui sont alloués. En 2024, son budget dépasse déjà celui du ministère de l'Éducation nationale et elle emploie plus de 120 000 personnes. Ses compétences sont élargies pour mener – ce que les Kémalistes déplorent – une révolution islamiste silencieuse. Et en effet, à partir de la deuxième décennie du pouvoir AKP, la Diyanet se voit investie d'une mission bien plus politique qu'auparavant. Ainsi, il est devenu fréquent que ses présidents s'expriment publiquement et tiennent des propos politiques lors des *khoutba* (prêches du vendredi) pour justifier les actions du gouvernement. Elle devient aussi plus interventionniste en matière de vie sociale et de comportement sociétal en prenant, par exemple, publiquement position contre l'alcool, l'IVG, les tenues indécentes des femmes, les communautés LGBTQIA+. L'allégeance de la Diyanet à l'AKP a culminé dans sa réaction active au coup d'État manqué de juillet 2016. Depuis les minarets de toutes les mosquées du pays, les « imams d'Erdoğan » ont appelé les fidèles à descendre dans les rues pour mettre en échec le putsch qui le visait nommément. Et, dans la bataille qui l'a opposé à la mouvance güleniste dont certains membres ont pris part au putsch, elle a clairement pris position en faveur du gouvernement contre les gülenistes. Enfin, depuis octobre 2017, la Diyanet s'est vu octroyer le droit de conclure des mariages religieux ayant valeur de mariages civils, rompant ainsi avec l'exclusivité des mariages civils, prérogative des maires. Aussi, en matière de politique étrangère, la Diyanet est devenue un acteur à part entière de diffusion de l'islam turc hors des frontières nationales. Si auparavant ses services se limitaient à l'organisation du culte pour la diaspora turque en Europe, l'AKP fait d'elle une organisation prosélyte active partout dans le monde. Ainsi, en Asie centrale, et depuis quelques années de façon plus notable encore en Afrique, elle envoie des imams, restaure des mosquées et accorde des bourses à des étudiants en théologie en Turquie.

Cette islamisation du pays et de la société prend aussi la forme d'une politique qui, selon Şebnem Gümüşçü, « ordonne le bien et réprimande le mal », c'est-à-dire qui police et judiciarise ce qui relève de la pratique religieuse et des mœurs. Ce principe de l'islam médiéval est appliqué de nos jours dans nombre de régimes islamistes comme, par exemple, dans l'Afghanistan des Taliban. Or, cette dernière comparaison, souvent relevée par les analyses, est déformante et abusive quant à la réalité turque. Certes le régime et le programme d'Erdoğan encouragent à la polarisation binaire et manichéenne, entre le Bien et le Mal, entre l'authentique et l'étranger, entre le bon musulman et le mécréant, mais il ne verse pas, encore, dans la réification des femmes et l'exécution barbare des contrevenants à la loi islamique la plus rigoureuse. À titre d'exemple, la législation turque sur l'alcool en témoigne. Si l'alcool n'est pas stricto sensu interdit, les lieux de sa consommation sont plus réduits qu'avant et les taxes qui frappent les boissons alcoolisées sont exorbitantes. Ainsi, restreindre les tentations doit suffire à faciliter un mode de vie plus conforme aux interdits islamiques.

Enfin, dans la politique islamique de l'AKP, il faut aussi noter l'aménagement de l'espace public. Dans un pays qui n'en manque pas, l'État finance la construction de mosquées pour saturer le paysage de symboles religieux. Parmi les plus emblématiques, figure celle de la place Taksim, au cœur du quartier le plus « européen » d'Istanbul. Autrefois symbole de la Turquie moderne, laïque, démocrate et libérale, qui y tenait ses rassemblements et manifestations (1er mai [fête du Travail], 8 mars [journée mondiale des droits des femmes] par exemple), cette place, bordée d'une petite mosquée en bois, a été métamorphosée par la construction imposante d'une gigantesque mosquée d'inspiration ottomane. Depuis son inauguration, elle attire ici un nouveau public militant et démonstratif dans sa religiosité. Ainsi, pour Erdoğan, cette revanche est un pied de nez à ses détracteurs, notamment à ceux qui avaient initié à quelques mètres de là les manifestations de Gezi à l'été 2013. Dans le même élan, la verdoyante colline de Çamlica a été déboisée pour la construction d'une immense mosquée qui porte le nom de Recep Tayyip Erdoğan. Enfin, il faut bien mentionner les politiques d'Erdoğan de reconversion de vieilles églises en mosquées, comme celle de Sainte-Sophie, mais aussi d'autres, plus petites, comme celle de Saint-Sauveur-in-Chora devenue Kariye camii.

Nationalisme. En parallèle est mise en œuvre une politique d'exaltation de la nation, de la grandeur turco-ottomane qu'il importe de réactiver pour redorer le blason de la Turquie sur la scène mondiale. Reprocher actuellement à Erdoğan d'avoir abandonné le libéralisme au profit de l'islamisme et du nationalisme, c'est oublier que ce mélange des genres est constitutif de sa pensée. Il a toujours un peu versé dans le néo-ottomanisme, rappelant à chaque occasion opportune le rôle des Ottomans, voire des Seldjoukides dans la défense de l'islam et de la grande *Oumma*, la communauté mondiale des musulmans. D'ailleurs, il s'est souvent exprimé sur sa vision de la turcité, notamment dans un discours où il affirmait : « Je suis turc mais pas turquiste. » Aussi, nombreuses furent jusqu'en 2015 les altercations qui l'opposèrent à Devlet Bahçeli, chef de file de la droite nationaliste turque au sein de l'Assemblée nationale. En 2015, contre toute attente, Erdoğan et les nationalistes de Bahçeli font alliance. Le revirement a lieu quand survient la rupture du dialogue que le président Erdoğan avait entamé avec le mouvement national kurde. La guerre en Syrie et la constitution, aux confins nord-est de ce pays, d'une région kurde autonome de fait, avec à sa tête une direction liée au PKK, présenté en Occident comme le fer de lance de la lutte contre Daech, a réactivé la menace kurde du PKK en Turquie, fait voler en éclats le processus de paix et éloigné l'électorat kurde du camp Erdoğan. Ainsi aux élections de septembre 2015, le parti pro-kurde, inévitablement soumis au PKK, fait défection et fragilise l'AKP, qui n'obtient qu'une petite majorité relative. Pris de panique, Erdoğan se tourne alors vers les nationalistes, qui eux se frottent les mains d'une reprise de la confrontation avec le PKK. Malgré les antagonismes entre les nationalistes et l'État profond, l'urgence pour « sauver la patrie en danger » justifie l'alliance contre nature. Ce virage nationaliste, sur fond de crise syrienne qui a renforcé le PKK, a pris une nouvelle tournure avec le coup d'État de juillet 2016. Orchestré par plusieurs camps hostiles à Erdoğan, notamment la mouvance de Gülen, ce putsch a largement alimenté la paranoïa du pouvoir, qui se crispe d'autant et voit des ennemis de la nation partout, dans le pays comme à l'étranger. C'est donc aussi pour s'en protéger, qu'il a emprunté au discours nationaliste ses éléments de repli souverain.

La référence identitaire à l'ère ottomane, voire seldjoukide n'est ni nouvelle ni l'apanage du camp d'Erdoğan. D'autres avant lui ont mis en exergue la prise de Constantinople en 1453, le culte des grands sultans ottomans, mais avec Erdoğan cette « ottomania » devient une obsession rhétorique centrale, au cœur de la politique publique éducative, architecturale et culturelle. Cette ultra-visibilité publicitaire glorifie Soliman le Magnifique, Sélim Ier mais surtout Abdülhamid II, qui fait l'objet d'un véritable culte dans l'entourage d'Erdoğan, pour son combat mené contre les forces occidentales qui dépeçaient l'Empire à la fin du XIXe siècle. Aujourd'hui face à l'Europe et aux États-Unis, Erdoğan se réincarne en sultan ottoman. C'est du moins la stratégie de communication, adoptée par les conseillers de la présidence.

La référence à l'héritage seldjoukide et aux autres empires turcs de l'histoire transparaît également. Le nouveau palais présidentiel, par exemple, est construit sur un modèle architectural seldjoukide. La garde présidentielle est affublée d'un uniforme kitsch et caricatural, inspiré des costumes impériaux passés. Pour marquer l'ancienneté de l'implantation turque en Anatolie, c'est toute une politique d'exaltation de l'héritage seldjoukide et de ses grandes figures qui est mise à l'honneur. Ainsi, les trois premiers sultans, Tuğrul Beg, Alp Arslan et Malik Shah font depuis peu l'objet d'une réhabilitation particulière et d'un culte renouvelé, porté notamment par de grandes séries télévisées financées par l'État.

À travers ces références au passé seldjoukide et ottoman, l'objectif est aussi de montrer que le peuple turc reste au service de l'islam pour le promouvoir et pour protéger la grande communauté musulmane. Cette thématique est en réalité commune à tous les courants islamo-nationalistes en Turquie. Mais dans le cas d'Erdoğan, elle est instrumentalisée au service de la dérive autoritaire, tant en politique intérieure qu'extérieure. Face aux menaces intérieures de polarisation, réelles ou fantasmées, le pouvoir se durcit. En politique extérieure, la défense de la patrie en danger justifie les changements d'alliances, la distanciation avec l'Occident dont les intérêts sont contraires, le rapprochement avec l'ennemi héréditaire russe qui, contre toute attente, permet de mieux lever les craintes sécuritaires de la Turquie.

Conclusion

Porté aussi par l'ouverture et le décollage économique, le libéralisme d'Erdoğan a fait long feu. Le repli islamiste et nationaliste relève de sa responsabilité personnelle, envenimée par ailleurs par un contexte politique intérieur et extérieur très détérioré et déstabilisant. De fait, les questions sécuritaires sont redevenues cruciales et la crise économique dégénère en crise sociale profonde.

Cependant, depuis décembre 2024, l'espoir renaît du côté de Damas et allège la menace que faisait planer la guerre en Syrie sur la Turquie. Grâce à la chute du pouvoir de Bachar al-Assad qui n'est plus là pour alimenter le chaos, le dialogue semble être de mise entre l'État turc et le mouvement national kurde. En effet, le 27 février 2025, qui entrera dans l'histoire de la Turquie, le fondateur et chef historique du PKK a décidé la fin de la lutte armée et l'autodissolution de l'organisation qu'il a créée lui-même. Il s'agit là d'une nouvelle perspective qui nourrit l'espoir d'un assouplissement du pouvoir en Turquie.

13.

Évangélisme et salafisme en Afrique de l'Ouest : religieusement « radicaux », politiquement modernes

Brahim Afrit

Deux mouvements religieux réformistes à l'agenda planétaire, l'évangélisme et le salafisme, ont attiré ces dernières années l'attention croissante de l'opinion publique internationale, principalement en raison de l'activisme accru de leurs représentants sur la scène politique. Depuis leur émergence, ces deux mouvances religieuses porteuses d'un discours maximaliste englobant tous les aspects de l'existence, tant individuels que collectifs, ont profondément reconfiguré le paysage religieux dans de nombreux endroits du monde, au point que certains parlent de « révolution », en référence au défi complexe que posent ces courants au-delà de la sphère religieuse[1].

Souvent présentées comme « fondamentalistes », « radicales », ou « extrémistes » – entre autres adjectifs souvent autocentrés et péjoratifs, voire injurieux –, ces deux mouvances religieuses sont devenues sujets de débat et de confrontation au sein d'un large éventail d'experts qui s'y sont intéressés de près. Qu'ils soient chercheurs, décideurs politiques ou même journalistes, de

1. Ruth Marshall, *Political Spiritualities : The Pentecostal Revolution in Nigeria*, Chicago, University of Chicago Press, 2009, et Abdoulaye Sounaye, « Révolution salafiste en Afrique de l'Ouest », dans *Politique africaine* 1, n° 161-162 (2021).

nombreux observateurs ont tenté d'expliquer la récente montée en puissance de ces mouvements à travers des cadres d'analyse plus ou moins rigides, voire essentialistes. Pourtant, leur idéologie, le positionnement public de leurs représentants à mi-chemin entre le religieux, le social et le politique, leur capacité à créer des synergies entre phénomènes planétaires et facteurs locaux, sont autant d'éléments qui requièrent une approche plus dynamique de ces mouvements, à plus forte raison, lorsqu'il s'agit d'étudier leur interaction.

Malgré des trajectoires historiques distinctes, leurs différences doctrinales, et les modèles de société opposés qu'ils prônent, un certain nombre d'universitaires se sont attelés à examiner ces deux mouvements sous un angle comparatif dans leur environnement plus large[1]. L'étude de leur rencontre en Afrique de l'Ouest plus spécifiquement a suscité bon nombre de débats académiques ces dernières années. Brian Larkin et Birgit Meyer ont par exemple décrit le christianisme et l'islam dans cette région comme deux « faux frères/doubles » (*doppelgangers*), c'est-à-dire des « ennemis dont les actions se reflètent mutuellement et dont les trajectoires sont largement entremêlées[2] ». Marloes Janson a dans ce sens remarqué que l'une des raisons clés de la difficulté d'approcher comparativement christianisme et islam ainsi que les différents mouvements qui leur sont affiliés réside dans le défi

1. Roman Loimeier, « Is There Something Like "Protestant Islam" ? », *Die Welt des Islams* 45, n° 2, 2005, p. 216-254 ; Brian Larkin, Birgit Meyer, « Pentecostalism, Islam and Culture : New Religious Movements in West Africa », dans Emmanuel K. Akyeampong (dir.), *Themes in West Africa's History*, Oxford, James Currey, 2006 ; Barbara M. Cooper, *Evangelical Christians in the Muslim Sahel*, Bloomington, Indiana University Press, 2006 ; et Shobana Shankar, « Between the Crescent and Cross : Politicized Remains of Local Religious Traditions in the North of Nigeria », dans Marloes Janson, Kai Kresse, Benedikt Pontzen, et Hassan Mwakimako (dir.), *Religious Plurality in Africa : Coexistence, Conviviality, Conflict*, Rochester, Boydell & Brewer, 2024.

2. Larkin et Meyer, *Themes in West Africa's History*, p. 287.

d'accommoder un cadre analytique à même d'appréhender les « similarités, les différences, et les enchevêtrements » de ces deux traditions monothéistes qui « impliquent une dynamique complexe d'identification et de différenciation mutuelles, de rapprochement et de détachement[1] ».

À cette fin, ce chapitre entend étudier l'interaction entre évangélisme et salafisme sous le prisme de leur rapport à la modernité politique, en examinant la manière dont leurs représentants, particulièrement en Afrique de l'Ouest, alignent aussi bien leur discours que leur mode opératoire sur les logiques de la modernité, dans le contexte de la mondialisation et d'un ordre mondial fondé sur le modèle de l'État-nation séculier. Ce faisant, il fait dialoguer de façon critique le contexte religieux, politique, social et culturel ouest-africain avec la trajectoire de l'évangélisme et du salafisme dans la région. L'argument principal est que leur alignement avec les logiques de la modernité, qui se manifeste d'abord par un rapport critique à la tradition, puis par le refus de l'héritage colonial et enfin à travers la politisation de la religion, fait de ces deux mouvements des mouvements, souvent désignés comme « radicaux » sur le plan religieux, modernes, au sens politique du terme.

De faux frères ?

Même si ces deux idéologies religieuses réformistes prônent toutes deux l'activisme politique pour concrétiser leur projet de société, l'évangélisme et le salafisme ne sont néanmoins pas placés sur le même pied d'égalité concernant la perception de leur portée politique, particulièrement dans l'opinion publique

1. Marloes Janson, « Unity Through Diversity : A Case Study of Chrislam in Lagos », *Journal of the International African Institute*, 86, n° 4, 2016, pp. 646-672, p. 615.

occidentale. Cela tient principalement au fait que le salafisme, non seulement s'est posé comme défi pour les musulmans traditionalistes, particulièrement les soufis de la région, en majorité issus des ordres de la Qadiriyya, de la Tijaniyya, et de la Sanusiyya, mais est devenu plus récemment une source d'inquiétude majeure à l'échelle internationale au-delà de la communauté musulmane. Après le 11 septembre 2001, un nombre grandissant de voix a commencé à s'interroger sur les liens idéologiques du salafisme – souvent réduit, à tort, au « wahhabisme » en référence à Muhammad 'Abd al-Wahhab, un savant religieux du XVIIIe siècle originaire du Najd (actuelle Arabie saoudite) dont les enseignements ont servi de références centrales aux figures fondatrices du salafisme au Moyen-Orient – avec de nombreuses organisations jihadistes transnationales, à commencer par Al-Qaïda, Daech (ISIS), et leurs multiples dérivés, notamment dans la région du Sahel.

La présence du salafisme en Afrique de l'Ouest remonte au début du XXe siècle, lorsque commencent à s'établir des liens avec le Moyen-Orient, les villes saintes de La Mecque et Médine dans le Hedjaz en particulier, des liens toujours vivants. Plusieurs études historiques sur le salafisme ont à ce titre souligné l'importante contribution d'acteurs religieux venant de régions du monde musulman traditionnellement considérées comme périphériques – le Moyen-Orient faisant office de centre – dont l'Afrique de l'Ouest, à l'émergence du salafisme en tant que mouvement mondial depuis la fin du XIXe siècle[1]. D'autres ont voulu remettre en question toute approche du salafisme comme mouvement hiérarchique organisé autour d'une logique de centre-périphéries

1. Stéphane Lacroix, *Awakening Islam : The Politics of Religious Dissent in Contemporary Arabia*, Cambridge, Harvard University Press, 2011 ; Henri Lauzière, *The Making of Salafism : Islamic Reform in the Twentieth Century*, New York, Columbia University Press, 2015 ; et Michael Farquhar, *Circuits of Faith : Migration, Education, and the Wahhabi Mission*, Stanford, Stanford University Press, 2016.

qui reléguerait des régions se situant en dehors du Moyen-Orient à un statut de périphéries d'un centre basé en Arabie saoudite. Stéphane Lacroix a appelé dans ce sens à une « révolution copernicienne » pour une meilleure compréhension des contributions d'acteurs non moyen-orientaux dans l'émergence du salafisme en tant que phénomène mondial.

La dimension politique de l'évangélisme, en particulier en Afrique de l'Ouest, ne saurait être sous-estimée pour autant. Car si l'activisme a été le creuset du mouvement salafiste depuis ses origines, compte tenu de son agenda religieux axé sur des alliances locales avec des figures fondatrices du mouvement au pouvoir, à commencer par 'Abd al-Wahhab, Muhammad 'Abduh (mort en 1905), et Rashid Rida (mort en 1935), en Égypte et au Levant, l'évangélisme qui, comme le salafisme, est apparu comme un mouvement socioreligieux en dehors du champ de l'État, n'était en revanche pas porté sur l'activisme à ses débuts. En Afrique de l'Ouest, les Églises dites « réformées » ont fait partie du projet missionnaire dès ses débuts ; elles partageaient l'ambition des catholiques d'étendre le christianisme au-delà de la côte du golfe de Guinée et de contrer l'influence de l'islam plus au nord. Ce premier courant évangélique fut introduit à travers les Églises coloniales, via les missions anglicanes, méthodistes, baptistes, calvinistes et presbytériennes originaires d'Europe du Nord essentiellement. Cette première vague a permis aux organisations évangéliques d'asseoir une présence durable dans une région jusque-là dominée par les missionnaires catholiques, et ce particulièrement après la disparition du cardinal Charles Lavigerie (mort en 1892), un missionnaire établi à Alger qui avait pour ambition de coordonner les efforts des missions catholiques au sud du Sahara.

À cette première vague s'est ajouté un mouvement réformiste chrétien plus récent, né aux États-Unis au XIXe siècle en tant que branche issue du protestantisme européen et appelé évangélisme – souvent d'ailleurs confondu avec sa composante pentecôtiste, et même avec les Églises dites « charismatiques » au sein du catholicisme – et qui a commencé à émerger à partir des années 1970 comme force politique dans de nombreux pays partout dans le monde. Aujourd'hui, la région connaît l'essor de cette seconde vague, appuyée sur des organismes qui entretiennent des liens étroits avec les États-Unis, et dont la méthode ne diffère guère de celle de leurs homologues salafistes. De la même manière que pour le salafisme, un nombre croissant d'experts de l'évangélisme a appelé à une approche critique de la logique centre-périphéries. Stephen Offutt a par exemple identifié l'Afrique de l'Ouest – aux côtés de l'Amérique latine – comme un « nouveau centre de l'évangélisme global » (NCGE)[1]. Dans ces régions du « Sud global », des acteurs évangéliques opèrent en autonomie croissante par rapport aux centres historiques localisés en Europe et en Amérique du Nord.

Un terrain commun

Même si l'islam fut introduit dans la région depuis le Maghreb via le Sahara dès le Xe siècle, le christianisme, qui a atteint l'Afrique de l'Ouest par la mer par l'intermédiaire des commerçants européens à partir de la fin du XVIe siècle, a également réussi à asseoir une présence durable dans le paysage religieux et sociopolitique de la région avec l'entreprise coloniale. Alors que son implantation a été favorisée par les liens étroits des Églises européennes – catholiques ou protestantes – avec le projet colonial, ses actions axées sur des projets humanitaires et de développement au niveau local lui ont permis de survivre à la disparition de l'ordre colonial.

1. Stephen Offutt, *New Centers of Global Evangelicalism in Latin America and Africa*, New York, Cambridge University Press, 2015.

Concernant l'évangélisme et le salafisme, l'Afrique de l'Ouest présente l'un des cadres les plus saisissants s'agissant de l'étude de leur rencontre. Cela s'explique par le fait que leurs représentants y ont intensifié leur présence dans le paysage religieux, social et politique de manière spectaculaire ces dernières décennies. D'autant plus que la région s'est transformée en terrain particulièrement fertile pour la coexistence entre l'évangélisme et le salafisme, ce qui leur a permis de prospérer de façon tout à fait singulière. Des communautés salafistes importantes existent dans toute la région, de la Mauritanie au Nigeria, particulièrement dans les centres urbains. Les Églises évangéliques, quant à elles, sont historiquement concentrées dans les anciennes colonies britanniques (Sierra Leone, Ghana, Nigeria, Liberia). Des communautés évangéliques plus récentes sont aussi présentes dans les anciennes colonies françaises (Côte d'Ivoire, Togo, Bénin, Burkina Faso), et même plus au nord, dans le Sahel à majorité musulmane, dans les grands centres urbains du Mali et du Niger. Cette présence s'explique par un activisme et des migrations continus depuis les années 1970.

En quelques décennies, des dizaines de ces organisations réformistes sont devenues des acteurs majeurs sur le plan social dans différents pays, d'Ibadou Rahmane au Sénégal à Yan Izala et Boko Haram au Nigeria pour le salafisme, à EP Church au Ghana, the Redeemed Christian Church of God (RCCG) et Abundant Life Gospel Church au Nigeria pour l'évangélisme. Cependant, il est difficile d'estimer le nombre d'adeptes ou leurs proportions dans leurs communautés religieuses respectives. Cela s'explique principalement par le fait que l'influence de ces mouvements va bien au-delà du cercle de leurs adeptes autoproclamés. De plus, l'activisme social de leurs représentants se télescope souvent avec celui d'autres groupes religieux, comme les Frères musulmans pour le salafisme à l'instar des Ibadou Rahmane au Sénégal.

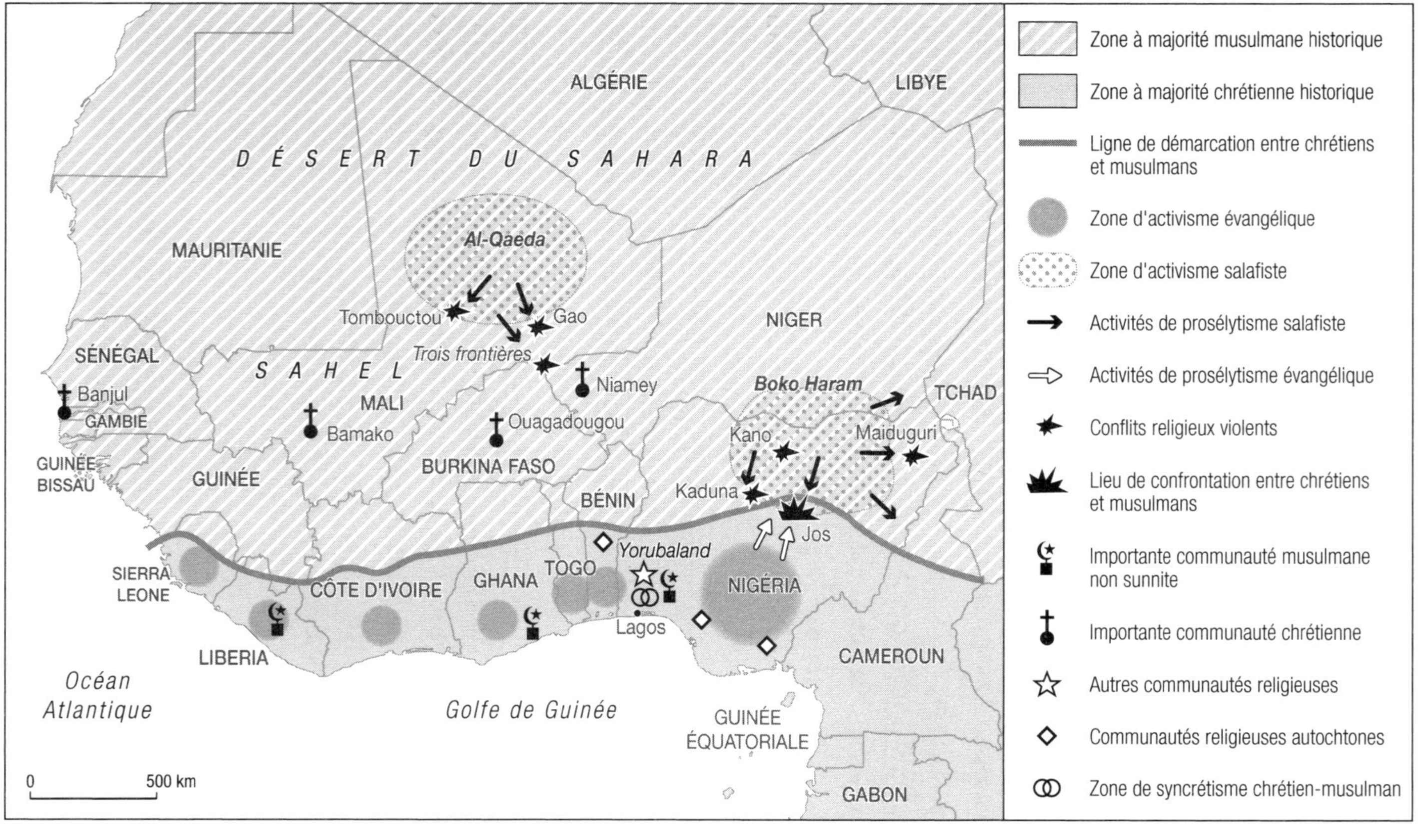

Salafisme et évangélisme en Afrique de l'Ouest : entre contact, conflit et coexistence.

Restaurer la « vraie » tradition

Parmi les éléments que l'évangélisme et le salafisme partagent se trouve un regard critique posé sur la culture locale. Les évangéliques, de même que les salafistes, ont en effet tendance à rejeter toute croyance ou pratique locale apparentée à l'animisme et aux religions indigènes, souvent considérées comme du paganisme par les évangéliques ou de la *jahiliyya* – une référence religieuse aux coutumes préislamiques – par les salafistes. Cette hostilité n'épargne ni les catholiques ni les soufis de rite malékite, stigmatisés pour des croyances et des pratiques taxées d'imitation aveugle du passé, ou d'innovations blâmables, voire de perpétuer un folklore religieux hérité de l'ère coloniale.

Cette posture critique partagée vis-à-vis de la culture populaire ne tient pas tant au fait que ces idéologies réformistes sont contre la tradition en tant que telle, mais plutôt que leurs porte-parole autoproclamés accusent souvent les traditionalistes d'avoir dévié de la « vraie » tradition telle que véhiculée par leurs sources. Que cette vérité soit les Évangiles ou le Coran et la Sunna (la tradition prophétique), ces deux courants partagent l'idée d'un passé sacré normatif qu'ils appellent à restaurer, et dont ils se présentent comme les dépositaires exclusifs. Cet agenda de restauration est central dans le discours des missionnaires évangéliques et salafistes ; leurs prédicateurs présentent souvent leur prosélytisme comme une œuvre nécessaire pour « purifier » la société, souillée par la culture locale, prélude au rétablissement de la gouvernance de Dieu. Ce discours leur permet aussi de se présenter comme le lien entre leurs contemporains et le message des origines tel que sauvegardé par le Christ et ses apôtres pour les évangéliques, ou pour les salafistes, par les trois « générations vertueuses » (*al-salaf al-salih*) qui ont succédé au prophète Muhammad.

Le cas du mouvement Yan Izala (en arabe, Jama'at Izalat al-Bid'a wa-Iqamat as-Sunna, ou « Société pour la suppression de l'innovation et pour la restauration de la Sunna ») dans le nord du Nigeria illustre le défi que le salafisme a posé aux traditionalistes musulmans. Fondé à la fin des années 1970 à Jos – la capitale de l'État de Plateau situé le long de la ligne de « démarcation » démographique entre chrétiens au sud et musulmans au nord – par un groupe d'étudiants salafistes nigérians ayant de fortes attaches avec l'université de Médine, Yan Izala s'est vigoureusement opposé à un large éventail de pratiques locales, souvent liées au soufisme, considérées comme non islamiques, dont l'usage des amulettes, la récitation de litanies, de prières surérogatoires ou encore la vénération de tombes de saints[1].

Contrairement à leurs homologues salafistes, qui tendent à accorder une importance significative à la tradition normative et condamnent tout élément perçu comme une « innovation non autorisée » (*bid'a*), les évangéliques tendent à adopter une attitude plus ouverte et plus permissive vis-à-vis de certaines pratiques locales, dont des religions indigènes[2]. Cela n'empêche pas évangéliques et salafistes, en dépit du fait qu'ils s'accusent souvent mutuellement en public d'être l'ennemi numéro un, d'unir leurs forces occasionnellement pour trouver un terrain d'entente afin de dénoncer les manifestations publiques de symboles et de pratiques indigènes. Un exemple de cette alliance de circonstance a eu lieu en 1977 lors du second Festival mondial des arts nègres (Festac) à Lagos, où des organisations chrétiennes et musulmanes, principalement évangéliques et salafistes, se sont unies

1. Voir Ousmane Kane, *Muslim Modernity in Postcolonial Nigeria : A Study of the Society for the Removal of Innovation and Reinstatement of Tradition*, Leiden, Brill, 2003 ; Roman Loimeier, *Islamic Reform and Political Change in Northern Nigeria*, Evanston, Northwestern University Press, 1997 ; et Alexander Thurston, *Salafism in Nigeria : Islam, Preaching, and Politics*, Cambridge, Cambridge University Press, 2016, p. 92-114.

2. John D. Y. Peel, « Similarity and Difference, Context and Tradition, in Contemporary Religious Movements in West Africa », *Journal of the International African Institute* 86, n° 4, 2016, p. 620-627, 198.

pour dénoncer ce qu'elles considèrent comme la célébration à l'échelle nationale de pratiques idolâtres[1].

Néanmoins, de nombreuses études documentent la manière dont les organisations évangéliques et salafistes en Afrique de l'Ouest ont plus récemment commencé à incorporer des éléments de culture locale dans leur discours religieux afin de s'aligner sur les références de leurs publics, et aussi de donner à leur agenda global un vernis local. C'est le cas des figures emblématiques de Yan Izala, comme Abubakar Gumi (mort en 1992), qui ont commencé à inclure dans leur discours religieux des références locales, y compris en haoussa, la langue traditionnelle du nord du Nigeria et du sud du Niger, en plus de réclamer l'héritage spirituel de certaines figures du soufisme, tel le héros ouest-africain et champion du jihad contre l'esclavagisme européen Ousman Dan Fodio (mort en 1817). Les figures centrales du mouvement ont aussi travaillé à ouvrir leur approche d'un droit religieux d'inspiration salafiste (alignée sur le rite hanbalite) au répertoire local de tradition malékite, soucieuses de promouvoir leur mouvement comme « fait maison ». Certaines ont également adopté cette ouverture dans l'optique de faire face à des critiques croissantes de la part de leurs rivaux, notamment les traditionalistes au sein de leur propre communauté religieuse, qui les ont longtemps accusées à leur tour – et continuent de le faire – d'imiter leurs homologues étrangers opérant dans les centres de leur mouvement, notamment saoudiens, et même d'être des agents à la solde d'agendas étrangers.

Des mouvements « glocaux »

La récente vague de mondialisation s'est avérée particulièrement propice à l'expansion mondiale de l'évangélisme et du

1. *Ibid.*, p. 155.

salafisme depuis les années 1970. Cela tient pour beaucoup à la capacité de leurs représentants à cerner les logiques sur lesquelles repose la mondialisation et à leur habileté à en exploiter des dynamiques qui s'appuient sur des réseaux transrégionaux multiformes via des institutions allant de sites religieux, comme des mosquées, des madrasas et des églises, à des écoles, et des universités, des banques, des organisations de bienfaisance, des libraires, des imprimeries mais aussi des agences de voyages et bien sûr des médias, y compris des plateformes numériques. Cela a permis aux représentants évangéliques et salafistes de partager de multiples ressources, se posant en bienfaiteurs de nombreux publics au-delà de leurs activités religieuses.

Leur ancrage réussi tient également au rôle que jouent leurs représentants dans la mise en relation de réseaux transnationaux multiformes d'une part, et de l'environnement local dans lequel ils opèrent d'autre part. Pour l'évangélisme comme pour le salafisme en Afrique de l'Ouest, le rôle de prédicateurs locaux charismatiques est central, de par leur habileté à produire un discours religieux qui véhicule un programme mondial à travers des références culturelles et sociales auxquelles s'identifient leurs publics. Cette capacité à générer des formes d'autorité locale autonome par rapport à un réseau transnational plus large, tout en adaptant la portée universaliste de l'idéologie évangélique ou salafiste au niveau local, a permis à ces représentants de diffuser un large éventail de synthèses, conçues pour refléter les particularités, les normes, mais aussi les attentes de leur auditoire.

Cette capacité d'action translocale a permis à ces acteurs d'ancrer localement ces mouvements globaux. Cette habileté à concilier des dynamiques globales et des phénomènes locaux a amené des experts travaillant sur ces deux mouvements à décrire les acteurs qui s'en réclament comme « glocaux ». Ce néologisme, qui a gagné en visibilité dans la littérature académique sur la religion dans les années 1990, renvoie à des phénomènes qui naissent de l'interaction d'influences religieuses mondiales avec des aspects culturels et sociaux locaux. Ce faisant, les acteurs évangéliques et salafistes en Afrique de l'Ouest ont réussi à transformer des lieux, initialement considérés comme des périphéries au sein de leur réseau religieux, en des centres autonomes à part entière. Plusieurs experts du salafisme ont par exemple examiné le rôle de diplômés ouest-africains de l'université de Médine ou de lauréats de la Ligue islamique mondiale (LIM), une organisation non gouvernementale basée à La Mecque et souvent présentée comme une institution majeure dans la diffusion du salafisme, dans le développement de celui-ci dans leur région d'origine, une fois rentrés au Nigeria et insérés dans la vie professionnelle. Cet exemple illustre la manière dont des programmes religieux à visée mondiale sont véhiculés localement via des organisations et des acteurs dont le champ d'action s'étend au-delà du champ religieux[1].

Un remède à la modernité

En plus de leur compréhension fine de la mondialisation et de ses logiques sous-jacentes, la réussite des mouvements évangéliques et salafistes en Afrique de l'Ouest tient aussi à la capacité de leurs représentants locaux à proposer à leurs publics une alternative à la modernité politique véhiculée par la mondialisation et héritée du colonialisme via l'État-nation séculier. De nombreuses organisations évangéliques et salafistes promeuvent à ce titre leur projet social comme un remède aux dérives de la mondialisation et aux promesses non tenues de l'État-nation postcolonial. Une certaine attention est d'ailleurs portée dans leurs discours religieux à la relation entre la

1. Voir le cas du prêcheur salafiste Abubakar Gumi et ses disciples entre Médine et le nord du Nigeria : Muhammad Sani Umar, « Changing Islamic Identity in Nigeria from the 1960s to the 1980s : from Sufism to anti-Sufism », dans Louis Brenner (dir.), *Muslim Identity and Social Change in Sub-Saharan Africa*, Londres, Hurst & Company, 1993.

communauté d'une part, et l'expérience de l'individu d'autre part, ce qui permet aux prédicateurs évangéliques et salafistes de transformer des principes religieux en modèles pratiques destinés à être appliqués au quotidien. Une telle approche pratique procède en général dans ce type de discours par un glissement dans le discours religieux d'une attention portée sur la moralité religieuse vers des références croissantes à l'éthique de l'engagement de l'individu, appelant à la solidarité sur le plan social, et à l'activisme sur le plan politique. En transformant des préceptes religieux en outil d'engagement social et politique, ces mouvements offrent ainsi à leurs publics une plateforme qui leur permet de réconcilier leurs croyances religieuses, leur compréhension de la modernité politique en tant que citoyens, et leurs angoisses et leurs aspirations en tant qu'individus.

Ce positionnement public conciliant éthique individuelle et valeurs collectives a séduit de jeunes publics urbains familiers des technologies modernes de l'information et de la communication. Pour le cas de l'évangélisme par exemple, une véritable « théologie matérialiste » – souvent promue sous le label « Évangile de la prospérité » – a vu le jour ces dernières décennies dans le but de capter un jeune auditoire porté sur la quête d'émancipation matérielle. De nombreuses organisations n'hésitent d'ailleurs pas à choisir des noms qui véhiculent cette image. C'est le cas de Winners' Chapel (« la chapelle des gagnants »), ou encore Action Chapel International (« la chapelle internationale de l'action ») au Ghana et au Nigeria. De la même manière, plusieurs études sur le salafisme ont documenté les efforts croissants dans les prêches à rechercher une conciliation entre poursuite de la prospérité matérielle et quête du salut. Cette attention portée sur le matérialisme se manifeste aussi dans de nombreuses pratiques à l'intersection de la religion et de la culture. Au sein de communautés évangéliques, par exemple, des prières et des rituels censés chasser les démons et conjurer le mauvais sort sont régulièrement pratiqués, souvent en communauté. De manière similaire, les prêcheurs salafistes tendent de plus en plus à pratiquer la *roqya*, un rituel de guérison par le

Coran réputé conforme à la sharīʿa, afin de traiter la sorcellerie ou le mauvais œil, souvent avec l'objectif de dissiper tout obstacle au succès matériel de l'individu.

Concernant l'activisme politique croissant des évangéliques, de plus en plus d'études commencent à remettre en question l'idée jusque-là dominante selon laquelle ils étaient moins actifs politiquement que leurs homologues salafistes. Certains ont d'ailleurs examiné les connexions complexes d'Églises évangéliques avec des acteurs politiques opérant à différents échelons de l'État, notamment au Nigeria, au Ghana et au Libéria. Ces travaux illustrent comment des organisations évangéliques ont travaillé à modeler leur discours religieux afin d'embrasser un activisme porté sur les droits de l'homme et aligné sur les logiques de l'État-nation séculier. Ce travail a été en partie motivé par la volonté de mettre au défi leurs rivaux musulmans, qui ont longtemps buté sur le défi de concilier droits de l'homme et sharīʿa, et ce depuis l'ère coloniale. Cette posture a permis aux évangéliques d'utiliser un discours en apparence acquis aux valeurs universelles et humanistes comme porte d'entrée dans le politique afin d'avancer leur agenda social, tout en récoltant les louanges de leurs partenaires internationaux, surtout occidentaux. Inspirés par l'exemple de leurs adversaires évangéliques, des acteurs salafistes se sont récemment mis à promouvoir à leur tour certaines interprétations de la sharīʿa comme modèle idéal pour la sauvegarde des droits de l'homme, principalement en portant l'accent sur des thématiques de justice sociale et de bien-être collectif. À l'inverse, et souvent en réponse aux activistes musulmans qui prônent l'application de la sharīʿa via l'intervention de l'État, un nombre croissant d'évangéliques – particulièrement au Ghana et au Nigeria – sont de plus en plus explicites quant à leur volonté d'instaurer un État « chrétien[1] ».

1. Ebenezer Obadare, « Response to "Similarity and Difference, Context and Tradition, in Contemporary Religious Movements in West Africa" By J. D. Y. Peel », *Journal of the International African Institute* 86, n° 4, 2016, p. 640-645.

Le Nigeria : un cas d'école pour le meilleur et pour le pire

Le Nigeria se présente comme le cas le plus frappant et le plus complexe concernant la rencontre entre l'évangélisme et le salafisme dans la région. Dans ce pays multiethnique (le plus peuplé d'Afrique) qui abrite une remarquable pluralité religieuse, les chrétiens (majoritaires dans le Sud), et les musulmans (majoritaires dans le Nord), cohabitent avec un large éventail de traditions religieuses, des religions traditionnelles et des systèmes de divination indigènes – les plus célèbres étant l'Ifá et l'Òrìṣà – ainsi qu'avec une multitude de communautés fondées sur des croyances millénaristes. Et au niveau des deux monothéismes, d'importantes communautés catholiques, anglicanes et bien sûr protestantes coexistent aux côtés de chiites, d'ahmadis et des « non dénominationnels » tels que les coranistes, un courant qui ne reconnaît que le Coran – et exclut donc la Sunna du Prophète qui repose essentiellement sur la tradition des hadiths – comme source exclusive de vérité. Ces communautés musulmanes interagissent avec une majorité sunnite elle-même influencée par une multitude de traditions soufies, y compris ses ordres locaux (Qadiriyya, Tijaniyya, et Sanusiyya). Cette diversité est particulièrement visible à Lagos, la ville qui abrite également des communautés bahá'íes et hindoues, ce qui accentue davantage le caractère singulier du paysage religieux du Nigeria.

Bien que ce soit officiellement un État laïc et fédéral depuis son indépendance de l'Empire colonial britannique en 1960, cette nation moderne – agrégeant un riche spectre de groupes ethnolinguistiques dominé par les Haoussas au Nord, les Yoroubas au Sud-Ouest, et les Igbos au Sud-Est – a assisté à l'émergence de confrontations de plus en plus nombreuses entre chrétiens et musulmans au sujet de la place de la religion dans l'espace public. Ces confrontations se sont souvent nourries d'une surenchère de part et d'autre, surtout dans le nord du pays. C'était déjà le cas dès les premières années suivant l'indépendance. En 1964, l'Association chrétienne du Nord (NCA) fut établie en réponse directe à la Jama'atu Nasril Islam (« Société pour le soutien de l'islam »), une coalition de figures et d'organisations religieuses et politiques musulmanes de premier plan formée pour défendre les intérêts des musulmans dans le nord du pays.

La fin du premier régime militaire (de 1966 à 1979), coïncidant avec l'envolée des cours mondiaux des hydrocarbures, a inauguré une période de dépenses publiques et de programmes de développement. Ces initiatives ont bénéficié de manière disproportionnée aux communautés chrétiennes, en particulier dans le Sud urbain, et plus précisément aux citoyens éduqués dans les institutions publiques et privées calquées sur le modèle occidental, plus directement connectées à l'État central, et ce comparativement aux madrasas musulmanes traditionnelles dans le Nord souvent gérées par des communautés locales plus ou moins autonomes. Olusegun Obasanjo, un baptiste plus tard converti à l'évangélisme, fut l'un des exemples de l'émergence de cette élite chrétienne dont l'action publique était religieusement orientée. Militaire de carrière, Obasanjo fut le principal artisan de la transition civile qui a précédé le deuxième régime militaire (de 1983 à 1999) avant d'être élu deux fois président (1999 à 2007). Son arrivée au pouvoir coïncida avec la montée en visibilité des organisations évangéliques. Cette augmentation de l'influence des évangéliques a été facilitée par un activisme indirect déployé dans des sphères sociales clés, particulièrement via les organisations caritatives et les associations religieuses étudiantes (les *campus prayer fellowships*) des universités d'État. La présence évangélique dans ces espaces publics a été catalysée par les relations d'ordre confessionnel entre les étudiants d'une part, le corps enseignant et l'administration d'autre part, particulièrement dans le Sud. À titre d'illustration, le révérend Josiah Olufemi Akindayomi, un prêcheur né anglican dans un milieu profondément traditionaliste et qui a fondé la Redeemed Christian Church of God (RCCG), l'une des plus importantes « méga-églises » évangéliques que compte le pays, a rencontré Enoch Adejare Adeboye, l'actuel superviseur général de l'organisation, dans les années 1970 à l'université de Lagos du temps où ce dernier était enseignant en mathématiques.

Bien que le contexte des années 1970 fût critique dans l'aggravation du fossé entre chrétiens et musulmans dans le pays, il est important de mentionner que l'aspect religieux de cette opposition est souvent lié à d'autres facteurs non religieux qui trouvent leur origine pour la plupart dans la période coloniale[1]. Parmi ces facteurs, les historiens du Nigeria contemporain ont documenté la manière dont les administrateurs coloniaux ont favorisé les chrétiens éduqués selon le modèle européen, au détriment des musulmans éduqués à la madrasa. Cela a contribué à l'émergence d'une élite chrétienne postcoloniale qui bénéficia d'un accès privilégié aux hautes fonctions publiques, particulièrement dans la bureaucratie civile et les secteurs économiques, notamment dans les régions du Nord à prédominance musulmane.

La fin des années 1970 vit également la rédaction d'une nouvelle Constitution adoptée durant la brève transition civile entre les deux régimes militaires. Cet épisode politique donna lieu à d'intenses débats concernant la place de la religion au Nigeria, particulièrement concernant l'inclusion de la sharīʿa dans le système juridique. Selon certains experts, c'est précisément la question de la place publique de la sharīʿa qui a ouvert la voie aux tensions persistantes aujourd'hui entre chrétiens et musulmans, tensions qui ont culminé de façon sporadique – mais néanmoins

1. Toyin Falola, *Violence in Nigeria : The Crisis of Religious Politics and Secular Ideologies*, Rochester, University of Rochester Press, 1998 ; Roman Loimeier, « Nigeria : The Quest for a Viable Religious Option », dans William F. S. Miles (dir.), *Political Islam in West Africa : State-Society Relations Transformed*, Boulder, Lynne Rienner, 2007 ; et Insa Nolte, « Religion, Development and Politics in Nigeria », dans Matthew Clarke (dir.), *Handbook of Research on Development and Religion*, Cheltenham, Edward Elgar Publishing, 2013.

croissante – dans de tragiques épisodes de violence coûtant la vie à des milliers de personnes. L'activisme chrétien durant cette période prit alors une tout autre dimension avec l'établissement d'organisations religieuses d'envergure nationale, telles que l'Association chrétienne du Nigeria (CAN), fondée en 1976 en tant qu'héritière de la NCA. Initialement composée de différentes obédiences chrétiennes, principalement catholiques et protestantes, elle est tombée, à partir de la fin des années 1990, sous l'influence des organisations évangéliques. L'entrée dans l'arène politique via ces organisations nationales a permis aux évangéliques de promouvoir plus efficacement un modèle de société conforme à leurs visions, tout en contrant leurs rivaux musulmans qui prônaient une plus grande place pour la sharīʿa dans l'espace public.

La crise qui frappa le pays, dans les années 1980, avec l'effondrement du prix du baril et l'échec des réformes néolibérales qui s'ensuivirent, amplifia la visibilité des organisations aussi bien évangéliques que salafistes, particulièrement à partir des années 1990. Constatant l'échec du modèle de l'État-nation postcolonial et la corruption de ses représentants laïcs, tant civils que militaires, de nombreux citoyens se mirent en quête d'alternatives politiques et de ressources leur permettant de compenser le retrait spectaculaire de l'État fédéral du champ social. Certains se tournèrent alors vers les organisations religieuses locales. En réponse, des organisations évangéliques et salafistes commencèrent à donner un nouveau tour à leur discours, initialement porté sur la pureté de la foi, le salut, pour l'orienter vers des approches plus pratiques, à commencer par les thématiques de justice sociale et de lutte contre la corruption.

Cette compétition accrue a également poussé plusieurs représentants religieux, chrétiens et musulmans, à s'accuser mutuellement d'infiltrer l'État dans le but d'imposer leur modèle de société à l'échelle nationale, accentuant la polarisation du climat religieux du pays. Certains épisodes isolés ont particulièrement prêté le flanc à ces accusations, comme en 1986 lorsque l'homme fort du pays, le général Ibrahim Babangida fit admettre sa nation au sein de l'Organisation de la conférence islamique (OCI). Ce fut aussi le cas en 1991 à Kano, une ville à majorité musulmane du nord du pays, lorsqu'un prédicateur évangélique allemand, Reinhard Bonnke, fut invité à lancer une « croisade », ou en 2001 lorsqu'un musulman, Alhaji Muktar Mohammed, fut nommé coordinateur local du programme de développement fédéral à Jos.

La mise en place de tribunaux islamiques dans douze États du nord du pays dans les années 2000 marqua un tournant dans l'histoire des relations entre chrétiens et musulmans depuis l'indépendance. Cette décision provoqua une nouvelle vague de prosélytisme chrétien dans le Nord, particulièrement de la part des organisations évangéliques qui ont interprété une telle décision comme la preuve de l'islamisation du pays. La plupart de ces organisations, sous couvert que leurs activités prosélytes n'étaient que le reflet d'une tentative légitime de défendre la liberté de religion et les droits des chrétiens, menèrent des campagnes agressives, souvent présentées comme des croisades. Ce discours trouve néanmoins un fondement dans la situation précaire de la minorité chrétienne du nord du pays, de plus en plus exposée à des tentatives de conversions forcées, à des destructions d'églises et à des discriminations dans l'accès aux institutions. Certaines figures évangéliques commencèrent également à diaboliser l'islam en tant que tel, ce qui contribua à alimenter la montée du radicalisme islamique dans la région[1]. Cette dialectique portée par des agendas qui s'alimentent mutuellement a donc joué un rôle critique dans ce que Murray Last a appelé l'« économie de la panique politique[2] ».

---

1. Ruth Marshall-Fratani, « Mediating the Global and Local in Nigerian Pentecostalism », *Journal of Religion in Africa* 28, n° 3, 1998, p. 278-315.

2. Murray Last, « Muslims and Christians in Nigeria : An Economy of Political Panic », *The Round Table : The Commonwealth Journal of International Affairs* 96, n° 392, 2007, p. 605-616.

La montée de la confrontation qui s'ensuivit joua un rôle clé dans l'émergence de Boko Haram, à partir de 2009. Ce mouvement insurrectionnel, qui débuta comme une organisation religieuse salafiste, se tourna par la suite vers le terrorisme, clamant son affiliation à Daech en 2015. Il a dès lors lancé plusieurs violentes campagnes contre l'État central à travers une stratégie spectaculaire axée sur les assassinats, les enlèvements et les destructions de masse. L'organisation, qui vise également régulièrement des communautés chrétiennes, accuse l'État central de se ranger du côté des chrétiens dans une supposée guerre contre l'islam, et de soutenir l'occidentalisation de la société nigériane. Depuis l'avènement de Boko Haram, la relation entre chrétiens et musulmans dans le pays s'est détériorée de façon tragique, les actions violentes exacerbant les divisions entre les communautés, déstabilisant la région entière au-delà du Nigeria, du Niger au Tchad en passant par le Cameroun.

Ces actions violentes n'ont pas épargné ses propres coreligionnaires, notamment les soufis et les musulmans fréquentant les écoles publiques. Des violences intra-musulmanes, bien que moins fréquentes, avaient lieu avant Boko Haram, particulièrement entre les salafistes et d'autres groupes tels les soufis et les coranistes, comme ce fut le cas en 1981 à Kano lors des émeutes ayant suivi le soulèvement des partisans du prêcheur coraniste Maitatsine contre l'État central. Cependant, la montée de l'évangélisation de la société nigériane, depuis les années 1990, a poussé les courants réformistes et soufis à resserrer leurs rangs dans le but d'ériger un front commun pour mieux faire face au défi évangélique. Tandis que ce réalignement a favorisé un certain degré de pacification chez les musulmans, il a en revanche intensifié la polarisation entre musulmans et chrétiens.

Malgré ces tensions persistantes, la coexistence entre chrétiens et musulmans au Nigeria a aussi pris des formes plus constructives. Chrislam dans le Yorubaland, un mouvement – bien qu'il ne compte que quelques centaines d'adeptes – situé à l'intersection du christianisme et de l'islam, en est un bon exemple. Il s'articule autour d'une dizaine de communautés locales autonomes telles que Ifeoluwa, l'une des premières, et Oke Tude, l'une des plus importantes. Fusionnant des éléments doctrinaux et des pratiques issus du christianisme et de l'islam, et des références puisées dans les religions indigènes yorouba, il est présenté comme un œcuménisme, un syncrétisme, voire un assemblage. Souvent décrite comme une exception dans le paysage religieux du Nigeria, Lagos, le centre urbain le plus important du Yorubaland et le principal foyer de coexistence religieuse en Afrique, abrite la plupart des communautés qui s'en réclament. Aussi surprenant que ce mouvement puisse paraître, il n'est cependant pas aussi inattendu compte tenu de l'environnement culturel dans lequel il a émergé. Dans le Yorubaland – où la moitié des habitants environ sont musulmans et l'autre moitié chrétiens avec de fortes influences de religions indigènes –, il n'est pas rare de trouver des personnes, quelle que soit leur confession, qui se définissent avant tout selon leur identité ethnolinguistique et donc en tant que Yorouba[1]. Il y est aussi fréquent de trouver des familles mixtes composées de chrétiens, de musulmans, et d'adeptes de religions traditionnelles qui participent mutuellement aux célébrations religieuses des autres membres de la famille issus d'autres confessions. À la différence de régions où les fractures sont plus prégnantes, cette diversité religieuse caractéristique du Yorubaland a permis le développement de mouvements tel Chrislam.

L'apparition de tels mouvements révèle la volonté de citoyens d'aborder la division entre chrétiens et musulmans comme l'occasion de mettre les deux traditions à contribution afin de répondre aux défis engendrés par la modernité. Beaucoup d'adeptes

1. David D. Laitin, *Hegemony and Culture : Politics and Religious Change among the Yoruba*, Chicago, Chicago University Press, 1986, p. 97 ; et Marloes Janson, « Unity Through Diversity : A Case Study of Chrislam in Lagos », *Journal of the International African Institute* 86, nº 4, 2016, p. 646-672, 652.

adoptent d'ailleurs une attitude utilitariste, voyant ces mouvements avant tout comme une alternative aux promesses non tenues des autres religions plus « classiques », dont des idéologies réformistes, à commencer par l'évangélisme et le salafisme. Pour Marloes Janson, qui a étudié Chrislam et les motivations de ses adeptes, ce mouvement « offre à ses membres un discours de sécurité matérielle et spirituelle » comparable à celui proposé par le répertoire évangélique ou salafiste, particulièrement aux personnes « marquées par la pauvreté et les inégalités ». Elle a aussi noté que nombreux sont ceux ayant rejoint Chrislam qui sont motivés par des objectifs « pragmatiques », dont la volonté de remédier à des « problèmes physiques, spirituels et/ou financiers » que d'autres courants religieux ont échoué à résoudre : « Beaucoup d'entre eux ont été ce qu'ils appellent des "acheteurs religieux" (*religious shoppers*), puisqu'ils avaient fréquenté plusieurs églises, mosquées, et/ou temples avant de se tourner vers le Chrislam[1]. »

Conclusion : Radicalement modernes

L'évangélisme et le salafisme, malgré leurs trajectoires historiques différentes, leurs orientations religieuses distinctes et le modèle de société diamétralement opposé qu'ils prônent, partagent néanmoins sur le plan politique le souci de répondre aux attentes des citoyens, qu'elles soient d'ordre social, économique ou politique, ce qui leur permet de compter parmi leurs adeptes respectifs des publics plus larges et plus diversifiés que d'autres alternatives religieuses traditionnelles ou politiques.

Ces deux mouvements, bien souvent perçus comme radicaux sur le plan religieux, affichent tous deux une certaine compatibilité avec les logiques de la modernité sur le plan politique, ce qui a permis à leurs représentants de diffuser leur agenda universaliste

1. *Id.*, *Journal of the International African Institute*, p. 161.

bien au-delà du cercle de leurs adeptes autoproclamés et de l'adapter au contexte local. Cette adaptation à la modernité et à ses logiques a aussi permis aux représentants locaux d'offrir aux citoyens, dans leurs contextes nationaux respectifs, des alternatives pratiques opérant comme une plateforme publique afin de faire face aux incertitudes posées par la modernité depuis l'ère coloniale et de remédier aux effets négatifs de la globalisation, ainsi qu'aux promesses non tenues de l'État-nation séculier.

14.

Le renouveau islamique en Asie du Sud : entre piétisme, islamisme et jihadisme

Amélie Blom et Aminah Mohammad-Arif

La « radicalité » islamique dans le contexte sud-asiatique (en Inde et au Pakistan) doit se comprendre dans sa dimension polysémique, incluant tant les régimes d'intensité religieuse que des modes de politisation à géométrie variable, de la manifestation de rue au jihadisme, en passant par la participation aux élections. Dans cette région du monde, cette radicalité se confond largement avec le renouveau islamique qu'incarne un réformisme que nous nommerons « scripturaire », car il a pour objectif de réformer les conceptions et les pratiques des musulmans sud-asiatiques, de façon à les rendre strictement conformes aux Textes fondateurs de l'islam (Coran et Hadith). Ce réformisme, qui remonte à la période coloniale, se décline en mouvements variés tant sur le plan des doctrines et des pratiques religieuses que sur celui du rapport au social et au politique. Alors que l'islam sud-asiatique, qui compte près de 600 millions de fidèles en 2025, est souvent considéré en France comme « périphérique », l'étude de ces mouvements montre qu'ils ont en réalité joué un rôle central dans le monde islamique, bien au-delà des frontières sud-asiatiques. Les principaux d'entre eux (Deobandi/Tablighi Jama'at, Ahl-i-Hadith/salafiste, Jama'at-i-Islami, Barelwi), objets de ce chapitre, appartiennent tous à la branche sunnite de l'islam, largement majoritaire en Asie du Sud.

Historique et doctrine

Le réformisme scripturaire a pour objectif de tenter de « purger » les conceptions et les pratiques inscrites dans les Textes de ce qui est perçu comme des « innovations » (*bid'a*) et des agrégats locaux. La notion d'innovation religieuse revêt ainsi une acception singulière liée à l'idée de dégradation et de dénaturation. La réforme passe par un retour à « l'âge d'or » des premiers siècles de l'islam qui s'articule à une revivification de la religion. Pour mener leur projet à bien, les réformistes scripturaires s'appuient sur deux concepts islamiques. Le premier est celui d'*'iṣlaḥ* (« réforme »), du verbe *aslaha*, « rendre meilleur », donc améliorer, réformer. Les velléités de réforme ne portent pas sur le dogme, mais sur les mœurs des sociétés musulmanes, dont les pratiques de l'islam se seraient progressivement éloignées du message originel. Le second est celui de *tajdid*, la « rénovation » ou « régénération ».

Les attaques des réformistes scripturaires portent particulièrement sur la conception soufie d'une immanence du Divin. Celle-ci voit en toute création une manifestation du Divin avec des effets sur les pratiques : si tout est Dieu, l'union extatique avec Dieu suffit, amoindrissant par-là même l'importance d'observer les règles de la sharī'a. Elle a pour autre conséquence d'élever les saints soufis au rang d'intercesseurs du fidèle auprès de Dieu. Les réformistes scripturaires défendent au contraire l'idée exclusive d'une transcendance du Divin et s'érigent contre la notion d'intercession, lui préférant celle de la responsabilité individuelle à mener une vie islamiquement appropriée, c'est-à-dire conforme à la sharī'a. Par ailleurs, si le soufisme a joué un rôle fondamental dans l'islamisation de diverses régions du monde, y compris en Asie du Sud, il doit notamment son succès à son incorporation des coutumes locales (comme casser une noix de coco sur le seuil d'un sanctuaire de saint, répandre des pétales de rose sur les tombes de saint ou attacher un bout de tissu ou une ficelle comme performance votive). Ce sont ces « innovations », absentes du répertoire islamique « d'origine », et dénoncées comme des croyances relevant du champ de la superstition, qui attirent l'ire des réformistes scripturaires[1].

Ces idées sont d'abord développées au XVIIIe siècle par le théologien de Delhi, Shah Waliullah, mais le projet rencontre initialement peu d'écho. Toutefois, la perte du pouvoir politique des musulmans en faveur des Britanniques s'accompagne non seulement d'une critique sévère à l'égard des élites mogholes, jugées corrompues et responsables du déclin politique et moral des musulmans, mais elle a aussi d'importantes répercussions sur leurs conceptions et pratiques religieuses. L'intensification de la présence britannique après 1857 s'accompagne en outre d'une politique coloniale qui a pour effet de rigidifier les frontières entre les diverses religions présentes en Inde et de les mettre en concurrence. C'est dans ce contexte qu'émergent des courants islamiques (*maslak*) qui formalisent et pérennisent les idées réformistes du siècle précédent en les confrontant aux religions en présence : le caractère supérieur et distinct de l'islam est réaffirmé tant par rapport au christianisme qu'à l'hindouisme.

Parmi ces courants, celui que l'on nommerait aujourd'hui « salafiste » (ou « wahhabite » en raison de sa proximité doctrinale avec le wahhabisme saoudien) est le tout premier à apparaître en Inde, où il est connu sous le nom de Ahl-i-Hadith (« les gens du Hadith »). Ils n'accordent une légitimité religieuse qu'aux Textes fondateurs (Coran et Hadith) ; tout individu ou concept s'érigeant en intermédiaire entre Allah et les humains est disqualifié et vilipendé. Ils rejettent donc le soufisme. De même qu'ils nient toute légitimité aux quatre écoles de droit, y compris l'école

1. Aminah Mohammad-Arif, *Conversion de jeunes musulmans à l'islam : religion, piété et mobilité symbolique en Inde*, thèse de HDR, IEP de Paris, 2019.

hanafite dont se réclame la majorité des musulmans en Asie du Sud. Agissant en police morale dès les débuts, ils n'hésitent pas à entrer en conflit, sous forme de joutes verbales et écrites, avec les musulmans dont les interprétations divergent des leurs, ainsi qu'avec les hindous, également engagés dans une réforme de leur propre religion[1] et les missionnaires chrétiens. Dès 1884, des liens organiques se forgent avec la péninsule Arabique suite à l'arrivée en Inde d'Arabes du Nadj désireux de se former auprès d'oulémas du Ahl-i-Hadith, connus pour leur savoir sur la tradition prophétique. À partir des années 1960, les rôles s'inverseront : l'Arabie saoudite se lance dans une politique de diffusion du wahhabisme et du salafisme à travers le monde, qui s'étendra à l'Inde comme au Pakistan. Ces soutiens financiers directs ont certes permis aux Ahl-i Hadith de progresser dans les deux pays, mais ils y restent minoritaires comparés aux autres courants réformistes.

Le deuxième courant, fondé en 1867, est le mouvement de Deoband, qui tire son nom de la ville éponyme, située au nord de Delhi. Sa principale originalité réside dans son projet d'enseignement et de diffusion de l'islam. Les Deobandi adoptent des méthodes d'instruction modernes tout en excluant de leurs programmes l'anglais et les sciences « occidentales », promouvant à la place l'étude du Coran, des Hadith, et des sciences islamiques (la jurisprudence ou *fiqh*, la morale ou *akhlaq*, la récitation appropriée du Coran ou *tajwid*, etc.). Transformant progressivement Deoband en l'un des centres majeurs d'enseignement religieux en Asie du Sud, ils créent aussi le plus important réseau de madrasas de l'époque. En dépit de leurs velléités réformistes, ils demeurent conformes à la tradition hanafite en matière de théologie et de droit, et tolèrent le soufisme. Après l'indépendance de l'Inde et du Pakistan, ils continuent de gérer un important réseau de madrasas et de mosquées de part et d'autre.

---

1. Christophe Jaffrelot, *Les Nationalistes hindous*, Paris, Presses de la FNSP, 1993.

La vision deobandie du canon islamique a inspiré la Tablighi Jama'at, qui s'inscrit dans cette tradition. Elle trouve son origine en Inde où elle est fondée en 1926. Comme l'indique son nom (*tabligh* signifie « la prédication »), elle s'est donné pour mission principale le prosélytisme. Celui-ci a autant pour objectif de propager le « véritable » islam auprès des musulmans que de donner une occasion à l'individu d'approfondir sa foi (porter la bonne parole suppose l'apprentissage préalable d'une connaissance de l'islam). Son fondateur, Muhammad Ilyas (1885-1944), rassemble l'ensemble de ces principes sous la forme d'un programme décliné en six points (profession de foi, prières canoniques, connaissance de Dieu et sa remémoration, respect de chaque musulman, sincérité de l'intention et consécration de son temps au prosélytisme). Le pouvoir politique échappant désormais aux musulmans en Inde, il défend aussi l'idée qu'il revient à chacun de défendre et d'assurer par ses propres pratiques spirituelles et profanes le respect de la sharī'a. S'il accorde malgré tout une certaine place dans sa doctrine aux questions sociales et politiques, ses successeurs tendront à conférer à la piété personnelle une attention exclusive. Après sa mort, le projet de réislamisation sera de plus en plus centré sur la transformation progressive de l'individu, tandis que celui des institutions sociales ne revêtira guère de caractère prioritaire : aussi parle-t-on de la Tablighi Jama'at comme d'un mouvement piétiste. Après la décolonisation, il continuera de s'imposer comme l'un des mouvements de réislamisation « par le bas » les plus performants.

Le troisième grand mouvement réformiste est celui des Barelwi. Il se distingue à maints égards des autres courants évoqués jusqu'ici, en particulier de celui des Deobandi : leurs conflits doctrinaux et leurs anathémisations réciproques ont jalonné l'histoire de l'islam sud-asiatique depuis un siècle et demi. Le barelwisme incarne la dévotion dite « populaire » et la religiosité soufie majoritaire dans le sous-continent indien, ce qui lui vaut d'être souvent qualifié de « mouvement soufi ». Il tire son nom de la ville de naissance de son fondateur, Ahmad Riza Khan (1856-1921), né à Bareilly, dans l'actuel Uttar Pradesh (Inde). Si le terme « barelwi » est censé s'appliquer à ce mouvement, son sens s'est étendu à tout individu dont les conceptions et les pratiques se confondent avec la dévotion dite « populaire ».

Deux éléments fondent cette doctrine. Le premier est relatif à l'importance conférée au Prophète : objet d'une grande vénération, il est la lumière (*noor*) dont la présence serait toujours sensible, et garde, même après sa mort, la faculté d'intercéder en faveur des fidèles auprès de Dieu. Cet « amour du Prophète » (*ishq-e-rasul*) est à ce point constitutif du mouvement que toute critique à son encontre sera progressivement assimilée à un blasphème. Le second élément a trait à l'idée de médiation à travers le rôle des saints et des maîtres spirituels, considérés comme des intercesseurs auprès du Divin. Ces deux idées les distinguent des autres mouvements islamiques qui insistent, au contraire, sur le caractère éminemment humain du Prophète, et s'insurgent contre toute forme d'intercession remettant en cause la souveraineté divine. Face à leurs critiques, Ahmad Riza Khan crée dans les années 1880 un mouvement organisé qu'il baptise le Ahl-i Sunna wa Jama'at (« Gens de la tradition du Prophète et de la Communauté ») afin d'en affirmer l'orthodoxie. S'il s'oppose à l'idée d'une normativité s'arrêtant à l'islam des origines, il n'en plaide pas moins pour un islam en conformité avec la sharī'a et fidèle aux prescriptions islamiques. À ce titre, le mouvement tel que pensé par Ahmad Riza Khan s'inscrit non seulement dans le réformisme, mais aussi dans une certaine tradition scripturaire.

Le dernier grand mouvement réformiste à apparaître pendant la période coloniale est la Jama'at-i-Islami (« Parti islamique »). Il se distingue nettement des précédents courants, car il n'est pas animé par des clercs (son fondateur, Abul Ala Mawdudi, était journaliste). Il émerge dans un contexte marqué par la recherche d'idéologies pour lutter contre la présence coloniale et alors que l'abolition du Califat en 1924 entraîne par ailleurs un bouleversement dans l'ensemble du monde musulman, qui débouche entre autres sur la formulation de nouveaux projets politiques. En Inde, Abul Ala Mawdudi (1903-1979), connu par la suite comme l'un des grands théoriciens du concept d'« État islamique », est l'un des principaux acteurs à prendre part à l'élaboration d'une pensée politique qui prend en compte des concepts socio-économiques et politiques modernes, au nom du droit à la libre interprétation (*ijtihad*). Sa re-conceptualisation de l'islam articule non seulement une approche très ancrée dans la tradition islamique mais aussi un engagement critique avec la philosophie et les idéologies occidentales. Elle débouchera sur l'élaboration d'une alternative aux autres idéologies prédominantes (comme le communisme et le fascisme, qui pourtant exercent sur lui une certaine influence) à l'aune de l'islam. Considérant que l'islam constitue un « système » devant réguler tous les aspects de la vie individuelle, sociale et politique, Mawdudi propose une définition en vertu de laquelle la sharīʿa, en tant qu'ultime loi du pays, doit s'appliquer à tous les domaines du droit. Pour mener à bien son projet, il crée en 1941 la Jamaʿat-i-Islami. Appelée à incarner une « avant-garde de la révolution islamique », elle a pour vocation de rassembler une élite composée de membres à la piété et à la vertu exemplaires, avec pour mission d'investir progressivement le champ politique et social afin d'établir le royaume de Dieu sur terre.

Mawdudi jouera ainsi un rôle central dans la conceptualisation de l'islamisme tant parmi des formations modérées (une partie de ses écrits relève d'une littérature centrée sur les pratiques de base), que parmi des mouvements plus radicaux : sa pensée a influencé Sayyid Qutb, l'un des cadres dirigeants des Frères musulmans, qui se réapproprie certains de ses concepts comme celui de jihad, en en retenant surtout les aspects les plus radicaux, voire en les radicalisant davantage.

Ces mouvements survivent tous à la partition du sous-continent indien qui donne naissance à l'Inde et au Pakistan en

1947. Si les différences selon les pays, sur lesquelles on reviendra, ne sont pas très marquées pour certains mouvements (la Tablighi Jama'at notamment), elles sont beaucoup plus importantes chez d'autres, et ce, pour deux raisons principales. La première est démographique : le Pakistan est composé à 97 % de musulmans alors que l'Inde en comprend seulement 11 % lors de la Partition (14 % aujourd'hui) contre 80 % d'hindous. La seconde a trait à la place conférée à la religion dans ces pays. Les fondateurs du Pakistan, qui ont lutté pour la création non pas d'un « État islamique » mais d'un « État pour les musulmans » où leurs droits seraient protégés, ont à l'origine un projet politique sécularisté. Toutefois, une série de facteurs les conduisent à mettre la religion au cœur de l'identité de l'État-nation nouvellement fondé : la façon dont la religion a été mobilisée durant le mouvement pour l'indépendance (autour du slogan de « l'islam en danger » face aux revivalismes hindou et sikh) ; le traumatisme que provoque la Partition, qui a fait des centaines de milliers de morts et des millions de déplacés de part et d'autre ; et la pression politique des oulémas réformistes et des idéologues de la Jama'at-i-Islami, d'autant plus forte qu'ils avaient initialement rejeté l'idée du Pakistan au nom d'une *Oumma* universelle. Les nouveaux dirigeants, de tendance progressiste à l'image de Muhammad Ali Jinnah (1876-1948), ne transforment pas l'État en une théocratie mais, dès la fin des années 1940, ils sont contraints de donner un pouvoir d'arbitrage aussi bien constitutionnel que moral aux professionnels de la religion. À l'inverse, les fondateurs de l'Inde postcoloniale, à commencer par Jawaharlal Nehru (1889-1964), voient dans le sécularisme la condition sine qua non de la survie du pays, d'autant que celui-ci est marqué par une importante pluralité religieuse et comprend la plus grande minorité musulmane dans le monde sur le plan numérique. À quelques décennies près, les deux États, qui depuis la Partition entretiennent des relations très tendues, ont néanmoins connu une évolution assez similaire : l'islamisation progressive des lois et des politiques au

Pakistan, avec une accélération à partir des années 1980, sous le régime du général Zia ul-Haq ; l'hindouisation progressive de l'Inde à partir des années 1990 avec une nette montée en puissance dans les années 2010, sous l'égide de Narendra Modi.

La période contemporaine : réislamisation concurrentielle de la société

L'effort de « réislamiser » la société, que mettent en œuvre les courants islamiques dans l'Inde et le Pakistan contemporains, ne diffère pas fondamentalement d'un pays à l'autre, quel que soit le contexte, majoritaire ou minoritaire. Qu'il s'agisse du Ahl-i-Hadith, des Deobandi, des Barelwi ou de la Jama'at-i-Islami, ils confèrent tous une importance centrale à la réforme morale et spirituelle des individus à travers une réislamisation correspondant à la doctrine de chacun de ces mouvements. S'accordant sur la nécessité d'une transformation fondée sur les préceptes islamiques, ils préconisent particulièrement le respect systématique des cinq piliers de l'islam et la ségrégation entre les sexes (avec l'obligation du voile pour les femmes de façon plus stricte que les pratiques jusque-là en vigueur en Asie du Sud). À l'exception des Barelwi, les autres mouvements islamiques s'opposent aussi vigoureusement à la fréquentation des sanctuaires de saints soufis qu'ils dénoncent comme une forme d'associationnisme (*shirk*) remettant en question l'unicité divine.

Pour mener à bien leurs projets de réforme, chacun de ces mouvements s'est lancé dans un prosélytisme aux méthodes variées. Les Deobandi qui continuent de se concentrer sur l'établissement de madrasas (entre 50 000 et 60 000 dans toute l'Asie du Sud aujourd'hui) ont essentiellement confié cette tâche à la Tablighi Jama'at. Elle s'est montrée particulièrement active, en Inde comme au Pakistan ainsi qu'à l'étranger (dès 1946), au sein de la diaspora sud-asiatique comme de communautés musulmanes non sud-asiatiques, si bien qu'elle est devenue le mouvement missionnaire musulman le plus important dans le monde. En Inde, à partir de son centre administratif à Nizamuddin (Delhi), elle se livre avec succès à une concurrence avec les autres mouvements pour le contrôle des mosquées où sont prononcés des prêches du vendredi conformes à son idéologie ; elle est aussi connue pour ses prédications de voisinage à travers des associations de quartier où elle diffuse son message (auprès des femmes notamment), sans opérer de distinction entre les musulmans, même si ses adhérents incluent avant tout de (petites) classes moyennes urbaines. La Tablighi Jama'at pakistanaise s'est récemment autonomisée de sa branche indienne. Son congrès annuel, dans la ville de Raiwind (Pendjab), réunirait environ 2 millions de fidèles pakistanais et étrangers, ce qui en ferait le deuxième rassemblement de musulmans le plus important après le hajj. Tout comme en Inde, ses méthodes de prédication sont particulièrement flexibles : du porte-à-porte en petits groupes, que tout musulman pieux peut effectuer à tout moment de l'année. Ces techniques ont contribué à banaliser le mouvement dans la société pakistanaise, des classes modestes aux plus aisées.

La Tablighi Jama'at doit toutefois compter, depuis les années 1980, avec une rivale barelwie, la Dawat-i-Islami (« Appel de l'islam »), qui s'inspire de ses méthodes de prédication avec un succès croissant, aussi bien au Pakistan que dans la diaspora. Pour pénétrer la société, les oulémas et imams barelwis peuvent aussi compter sur les très populaires célébrations de la naissance du Prophète (*milad*), dont ils dirigent généralement les comités d'organisation. En Inde, leur prosélytisme diffère quelque peu : il s'agit moins de tenter de faire des émules que de freiner le succès croissant des autres mouvements islamiques.

L'effort de réislamisation de la société mené par les Ahl-i-Hadith revêt, quant à lui, un caractère plus élitiste de par l'attention plus importante qu'il accorde aux capacités de réception de préceptes exigeants (fondés sur une lecture rigoriste des textes islamiques), tout en continuant d'entretenir l'idée d'une supériorité sur les autres mouvements.

Quant à la Jama'at-i-Islami, que ce soit en Inde ou au Pakistan, elle vise avant tout des groupes intéressés par un engagement social et/ou politique en sus de l'investissement religieux. Aussi n'est-il guère étonnant qu'elle cible les classes moyennes urbaines éduquées et, tout particulièrement, les étudiants. Au Pakistan, son syndicat étudiant, la Islami Jamiat-i Talaba (« Société islamique des étudiants »), s'est imposé dans les universités publiques, où il agit en police idéologique et morale sur les campus.

Un militantisme politique à degrés variables

La façon dont le radicalisme islamique se traduit politiquement en Asie du Sud est extrêmement différente selon que le contexte est minoritairement ou majoritairement musulman. En Inde, la condition vulnérable des musulmans, jugés responsables de la Partition, et les accusations d'allégeance au voisin pakistanais ont eu pour effet de contrecarrer toute velléité des mouvements islamiques de se constituer en partis. On observe toutefois quelques différences selon les mouvements. Fidèles à leur piétisme, la Tablighi Jama'at et le Ahl-i-Hadith demeurent à l'écart du champ politique : ils ne s'y impliquent pas, ne donnent pas de consigne de vote et découragent les participations aux manifestations. La Jami'at 'Ulama-i-Hind, qui représente les Deobandis, s'était mobilisée aux côtés du Parti du Congrès en faveur de l'indépendance de l'Inde. Le mouvement, aujourd'hui divisé en deux factions, interpelle régulièrement le gouvernement, quel qu'il soit, sur les questions relatives aux droits des musulmans. La Jama'at-i-Islami (devenue Jama'at-i-Islami Hind après la Partition) continue, elle aussi, d'être plus politisée. Initialement, son leadership indien nourrissait des vues similaires à celles de son fondateur, Mawdudi, qui s'opposait au sécularisme et à la démocratie, et avait déclaré l'Inde « territoire des infidèles ». Conformément à cette vision, la Jama'at-i-Islami Hind remplace simplement le concept de « Royaume d'Allah ou État islamique » par celui « d'établissement de la religion » en 1948. Elle commence par boycotter les élections : y participer revenait à légitimer la démocratie. Depuis les années 1960, confrontée à une opposition des musulmans indiens au principe même d'État islamique en Inde, elle accepte le jeu démocratique en participant aux élections et en donnant des consignes de vote. De même qu'elle accepte désormais le sécularisme, tout comme les autres mouvements islamiques. Ses membres prennent souvent part aux manifestations relatives à l'islam (comme celles contre les caricatures du Prophète) ou pour la défense des droits des musulmans (telles celles de 2019-2020 en protestation contre une nouvelle loi sur la citoyenneté). Par réaction aux virulentes critiques des mouvements réformistes scripturaires à leur encontre, certains Barelwi (à la tête, par exemple, de sanctuaires de saints soufis aussi célèbres que celui d'Ajmer Sharif au Rajasthan) ont été tentés de manifester leur soutien aux nationalistes hindous ; mais, face à la radicalisation croissante du régime de Narendra Modi, ces soutiens se sont affaiblis.

Au Pakistan, la politisation des mouvements réformistes a pris une forme bien différente puisque, à l'exception de la Tablighi Jama'at, tous ont donné naissance à des partis dont les ancrages régionaux diffèrent : le courant deobandi à la Jamiyyat Ulama-i-Islam (« Société des oulémas de l'islam »), principalement implantée dans les zones à dominante pashtoune ; le courant barelwi à la Jamiyyat Ulama-i-Pakistan (« Société des oulémas du Pakistan »), forte au Pendjab rural ; et la Jama'at-i-Islami Pakistan, l'héritière du projet de Mawdudi (qui, du reste, émigra au Pakistan après 1947), dont le vivier électoral se trouve principalement dans le Pendjab urbain et la mégalopole portuaire de Karachi. La Jama'at-i-Islami Pakistan est, de loin, le parti le mieux organisé et le plus engagé politiquement, ses homologues deobandi et barelwi faisant plutôt figure de groupes de pression dans le jeu politique pakistanais. Elle a joué un rôle majeur, dans la rue et à l'Assemblée, de soutien à la dictature du général Zia (1977-1988) puis aux gouvernements conservateurs de la *Pakistan Muslim League*; les deux l'utilisant aussi comme relais pour contrer l'opposition démocratique et progressiste. Lorsqu'ils se soumettent au jeu électoral, les partis islamiques et islamistes obtiennent toutefois de piètres résultats (ils ne dépassent jamais 10 % des voix), ce qui s'explique autant par la méfiance d'une bonne partie de la société pakistanaise à l'égard de l'instrumentalisation politique de l'islam que par les divisions internes au champ politico-religieux. En effet, lorsque ces partis parviennent à s'allier, comme ce fut le cas à la faveur de la « guerre contre la terreur » sous la direction américaine en Afghanistan et au Pakistan après 2001, ils emportèrent les élections dans deux des quatre provinces du pays, au Khyber Pakhtunkhwa et au Balouchistan. Hormis l'anti-impérialisme, la seule cause derrière laquelle les partis islamiques et islamistes pakistanais peuvent s'unir est l'ostracisation de la minorité ahmadie (un mouvement messianique musulman qui dit parfaire la prophétie de Muhammad), qu'ils sont parvenus à faire déclarer « minorité non musulmane » par le gouvernement en 1974, une première dans le monde musulman.

La radicalisation violente : marginale en Inde, polymorphe au Pakistan

Eu égard au contexte indien, caractérisé par des violences chroniques contre la minorité musulmane, la radicalisation violente des musulmans est relativement faible. Malgré aussi le fait que ces dernières décennies ont été marquées par une dégradation de leur condition sociale et politique. Certes, la radicalisation islamiste n'est pas totalement étrangère au sol indien. Elle a peut-être même contribué à la victoire des nationalistes hindous en Inde tant ceux-ci l'ont érigée avec succès en phénomène majeur des années 2000. Les violences des nationalistes hindous et la destruction de la mosquée d'Ayodhya en 1992 ont eu pour effet la radicalisation d'un groupe connu sous l'acronyme de SIMI (Students Islamic Movement of India). Fondé en 1976, à Aligarh, il était à l'origine l'une des branches estudiantines de la Jama'at-i-Islami ; celle-ci a progressivement pris ses distances lorsque le SIMI s'est radicalisé. Cette radicalisation a revêtu deux formes : appel au jihad, l'un d'autodéfense contre les attaques des nationalistes hindous, l'autre pour récupérer la mosquée d'Ayodhya ; appel à la constitution d'un califat en Inde, en réaction au projet de « nation hindoue ». Il semble toutefois qu'elle soit demeurée confinée au domaine discursif sans passage à l'action du SIMI. Il existe deux autres organisations assez mystérieuses, les Deccan Mujahideen et les Indian Mujahideen, qui ont revendiqué ou à qui ont été attribués plusieurs attentats (comme ceux de Delhi, Jaipur et Ahmadabad en 2008). Même si leur existence est sans doute avérée, elles semblent n'avoir attiré qu'une poignée d'individus. De même, le nombre de musulmans indiens impliqués dans le jihadisme international reste très marginal. Le Cachemire indien, seul État à majorité musulmane de la fédération indienne et qui bénéficia jusqu'en 2019 d'un statut autonome, fait figure d'exception. Des mouvements séparatistes, visant le rattachement au Pakistan du territoire disputé, passent en effet à la lutte armée à partir de la fin des années 1980. Le plus important d'entre eux, le Hizb-ul Mujahideen (« Parti des moudjahidines »), s'inspire de la conception du jihad de Mawdudi. Ce groupe, fondé par un Cachemiri indien, recrute aussi bien en Inde qu'au Pakistan, où il bénéficie d'un sanctuaire et du soutien de la Jama'at-i-Islami.

À l'inverse de l'Inde, la radicalisation violente concerne tous les courants réformistes au Pakistan, où elle est, en outre, polymorphe. La Tablighi Jama'at fait toutefois figure d'exception (partielle) : si son piétisme apolitique l'a mise à l'écart de toute action violente revendiquée, il reste qu'un nombre non négligeable de ses fidèles se sont radicalisés en son sein et au contact de militants de groupes armés deobandi ; certains d'entre eux ont ensuite été impliqués dans des attentats terroristes.

La violence politique au nom de l'islam au Pakistan se structure autour de trois enjeux. Le premier concerne les conflits qui opposent les groupes islamiques et islamistes entre eux. Ils portent sur des questions doctrinales, ainsi que sur le partage des ressources rares, qu'elles soient foncières (le contrôle des mosquées) ou financières (financement de l'État et des milieux conservateurs, en particulier commerçants).

Le deuxième est régional : les différentes guerres afghanes depuis le milieu des années 1970, à l'ouest, et le conflit pour le contrôle du Cachemire opposant l'Inde et le Pakistan, à l'est, ont eu des répercussions majeures sur le champ politico-religieux interne. À la faveur de ces tensions géopolitiques, ont émergé des groupes armés jihadistes qui se rattachent aux courants ahl-i-hadith, deobandi et jama'ati tels que, respectivement, le Lashkar-i-Tayyebah, le Jaish-i-Muhammad et le Hizb-ul-Mujahideen. Ces groupes, initialement financés et armés par les militaires pakistanais, se sont progressivement autonomisés de leur mentor ; certains ont même bifurqué vers un jihadisme terroriste globalisé (à l'instar des auteurs du meurtre du journaliste américain Daniel Pearl en 2002 à Karachi ou encore de ceux de l'attentat de Mumbai en 2008 qui inspirera les jihadistes du 13 novembre 2015 à Paris).

Le troisième enjeu, qui concerne le blasphème, mobilise tout particulièrement les Barelwi. Si les minorités religieuses (chrétiens, ahmadis et chiites) sont les principales victimes des accusations de blasphème – passible d'emprisonnement (dès la période coloniale) et de la peine de mort en cas d'outrage au Prophète depuis 1986 –, les sunnites jugés « déviants » sont de plus en plus ciblés. Le nombre d'accusations de blasphème a non seulement explosé (10 entre 1947 et 1985 contre 100 à 200 par an aujourd'hui), mais elles donnent aussi lieu à une violence endémique de type « vigilantiste » de moins en moins contrôlable : meurtres politiques (assassinat d'un gouverneur et d'un ministre en 2011 pour avoir demandé une réforme de la loi sur le blasphème), lynchages, incendies criminels contre des quartiers ou des villages chrétiens, ou encore exécutions extra-judiciaires (parfois dans l'enceinte même d'un tribunal), sans compter les émeutes récurrentes appelant à la mort de blasphémateurs.

Cette évolution doit beaucoup à la radicalisation du mouvement barelwi qui constitue la mutation la plus notable du champ politico-religieux pakistanais depuis les années 2010, et qui s'est incarnée dans la formation d'un nouveau mouvement, puis parti politique, islamique : le Tehreek-i-Labbaik Pakistan (litt. « Mouvement je suis là[1] du Pakistan » ou TLP). Dix ans à peine après sa création, il s'est imposé aux élections de 2024 comme le premier parti islamique en nombre de voix. Sa popularité sans précédent découle d'une conjonction de facteurs où s'entrecroisent des considérations religieuses, politiques et économiques : intensité de la dévotion pour le Prophète ; importance historique de la lutte anti-ahmadie au nom de la « finalité de la prophétie » ; déclin de la popularité de la Jama'at-i-Islami Pakistan et « guerre contre la terreur » dont les oulémas barelwi ont été des victimes collatérales pour s'être opposés aux attentats-suicides et aux jihadistes d'inspiration deobandi ; exode rural et précarité croissante des zones périurbaines. À quoi s'ajoute une dimension internationale après la publication des caricatures du Prophète dans *Charlie Hebdo* : le Tehreek-i-Labbaik s'y oppose par des mobilisations violentes, provoquant la première crise diplomatique avec la France en 2020. Il est à noter qu'avant même la création du

1. Labbaik est une formule que prononcent les pèlerins lorsqu'ils arrivent à La Mecque. Elle signifie « je suis là », sous-entendu exclusivement « Ô Allah » pour les uns (notamment les réformistes scripturaires), et « Ô Prophète d'Allah », pour les autres, comme le TLP.

Tehreek-i-Labbaik, différents groupes barelwi (et deobandi) qui se reconnaissent dans la mouvance du *khatm-i nabuwwat* (« finalité de la prophétie »), s'étaient déjà mobilisés contre la publication des caricatures danoises en 2006[1] et, presque vingt ans auparavant, contre l'écrivain anglo-indien Salman Rushdie. C'est d'ailleurs d'Inde et du Pakistan qu'est parti le mouvement transnational de protestation contre *Les Versets sataniques* en 1988.

La radicalité islamique a ainsi émergé en Asie du Sud en réaction à la présence coloniale et dans un contexte religieux où l'hindouisme « polythéiste » était numériquement dominant. Incarnée par le réformisme scripturaire, elle est partiellement dépendante de la position majoritaire ou minoritaire des musulmans, et met en scène des acteurs aux missions et aux modes opératoires différenciés, jouissant de niveaux d'influence et de succès très variables. Si l'objectif de réformer la société pour la remettre dans le « droit chemin » (*sahi rasta*) relie tous ces mouvements, le degré d'engagement politique varie de l'un à l'autre. De même, la radicalisation violente, souvent spectaculaire que ce soit sous sa forme jihadiste ou vigilantiste, reste minoritaire. Enfin, le réformisme scripturaire s'illustre par une créativité qui lui offre un rayonnement au-delà des frontières sud-asiatiques, témoignant de la multipolarité en Islam et, sinon d'une nouvelle centralité, au moins d'un éclatement géographique où d'autres régions que le Moyen-Orient offrent des modèles exportables qui circulent et sont réappropriés.

---

1. Amélie Blom, « Conflit d'émotions : les émeutes anti-"caricatures danoises" de 2006 à Lahore (Pakistan) », *in* Amin Allal, Gilles Dorronsoro, et Olivier Grojean (dir.), *Politiques de la violence. Organiser la lutte de la Colombie au Pakistan*, Paris, Karthala, 2021, pp. 167-187.

15.

Les Taliban, de la guerre civile à la mainmise des religieux

Adam Baczko

Le mouvement Taliban apparaît en 1994 dans un contexte de guerre civile marqué par l'effondrement de l'État afghan et les affrontements entre les anciennes factions de moudjahidines qui combattaient l'occupation soviétique. Les Taliban regroupent des étudiants (*taliban* en pachto et en dari) et des diplômés des madrasas deobandies situées au Pakistan, à la frontière avec l'Afghanistan, dont beaucoup ont combattu l'occupation soviétique dans les années 1980. Avec le soutien financier et matériel du Pakistan, le mouvement clérical s'impose en moins de deux ans en promettant d'instaurer le droit islamique et de mettre fin à la guerre civile.

Dès leur prise de pouvoir en 1996, les Taliban proclament l'Émirat islamique d'Afghanistan et installent un système politique et judiciaire donnant aux religieux la mainmise sur l'État. Les clercs islamiques prennent la tête de l'ensemble des ministères et de l'administration, et appliquent un programme fondé sur une interprétation stricte de l'islam et une organisation patriarcale de la société. Ils mettent en place des tribunaux islamiques, chargés de trancher les litiges et d'appliquer des sanctions sévères, telles que la lapidation pour adultère, l'amputation pour vol et des exécutions publiques. Ce système est administré par des juges formés dans les madrasas deobandies, qui bénéficient ainsi d'une reconnaissance de leur compétence par une entité indépendante. Ils figurent parmi les fonctionnaires les mieux rémunérés du régime et jouissent d'une autorité incontestée.

Le régime taliban impose un contrôle strict sur la société, notamment sur les femmes vivant en milieu urbain et ayant reçu une éducation, qui sont désormais exclues de l'éducation et du travail, et soumises à des restrictions rigoureuses de déplacement et d'habillement. En revanche, ces restrictions pèsent moins sur les femmes des zones rurales, qui suivaient déjà des prescriptions analogues en termes d'habillement et vivent de cultures vivrières ou de l'artisanat, des activités qui restent tolérées. Parallèlement, dans la continuité des pratiques des partis de moudjahidines comme le Hezb-e Islami de Gulbuddin Hekmatyar, le régime interdit la musique, le cinéma et tout divertissement jugé contraire aux principes islamiques. Ce projet de société conservateur vise à préserver l'ordre social en maintenant les hiérarchies traditionnelles et en garantissant la domination patriarcale.

Alors que la guerre continuait dans le Nord-Est et que les Taliban portaient peu d'intérêt aux questions économiques, le pays a continué à s'enfoncer dans la crise et la pauvreté durant cette période. Par ailleurs, le régime s'est rapidement isolé sur le plan international, affrontant les organisations internationales, notamment avec la destruction des bouddhas de Bamyan en mars 2001 et, surtout, en accueillant les militants d'Al-Qaïda. À la suite des attentats du 11 septembre 2001, les États-Unis interviennent à la tête d'une large coalition pour mettre fin à l'Émirat islamique et capturer les commanditaires présents sur le sol afghan. Le régime s'effondre en quelques semaines en raison de la supériorité militaire occidentale, mais aussi du mécontentement de la population après cinq ans de pouvoir.

Pourtant, dans les deux décennies qui suivent, les Taliban ont progressivement reconquis les campagnes afghanes, village par village, avant de s'emparer de Kaboul en août 2021. Leur victoire est d'abord le reflet de l'échec de l'intervention occidentale dont les troupes ont multiplié les bavures dans les premières années et ont formé des milices d'anciens chefs de guerre, dont les exactions avaient favorisé la montée en puissance des Taliban dans les années 1990. Face aux dérives des troupes occidentales et à un régime gangrené par la corruption et le népotisme, les Taliban sont parvenus à incarner aux yeux de nombre d'Afghans l'ordre et l'État.

Dans le contexte même de la guerre, ils mettent en place dans les campagnes un appareil judiciaire qui joue un rôle clé dans leur succès. Le système de tribunaux repose sur la rotation des juges et une organisation judiciaire centralisée, ce qui assure un relatif respect des règles de fonctionnement. En résolvant d'une manière perçue comme impartiale les litiges, les juges donnent au mouvement une certaine légitimité, en offrant des procédures judiciaires prévisibles, tout en diffusant, avant même la victoire du mouvement, leur vision conservatrice et patriarcale de la société.

Dès leur retour au pouvoir, les Taliban rétablissent l'Émirat islamique d'Afghanistan, ce qui redonne aux religieux le monopole des postes de pouvoir. Le ministère de la Promotion de la vertu et de la Prévention du vice est réinstauré et installé de manière symbolique dans l'ancien ministère des Droits des femmes. À partir de 2022, les restrictions visant les femmes se multiplient : interdiction de l'éducation au-delà du primaire, obligation d'être accompagnée d'un garant masculin pour se déplacer et port du voile couvrant le visage en public. Ces mesures, appliquées avec rigueur, s'accompagnent d'une recrudescence des violences contre les militantes féministes, dont certaines sont victimes de disparitions forcées.

Ce durcissement reflète à la fois leur idéologie patriarcale et leurs difficultés à gouverner un pays exsangue après quarante-trois ans de guerre. Leur régime fait, en effet, face à des sanctions occidentales qui accentuent son isolement et renforcent le poids d'une base militante qui demande l'application du programme politique islamiste pour laquelle ils se sont battus. Pourtant, après leur prise de pouvoir, les Taliban cherchèrent initialement à négocier avec les Nations unies et les pays occidentaux afin d'accéder aux fonds gelés de la Banque centrale afghane et d'obtenir une reconnaissance internationale. Ces enjeux représentaient un levier de négociation pour les Occidentaux, mais les sanctions, notamment la confiscation des avoirs afghans par les États-Unis, ont accentué la rupture.

La société afghane traverse une famine sans précédent : 20 millions d'Afghans et d'Afghanes souffrent de la faim, et 95 % de la population vit sous le seuil de pauvreté. Privé de l'aide internationale qui représentait 75 % des revenus de l'État, le régime taliban repose sur des ressources limitées, notamment les droits de douane, pour assurer un fonctionnement minimal, et une perspective aussi lointaine qu'incertaine d'exploitation de ses ressources minières. La santé et l'éducation, auparavant soutenues par les financements occidentaux, s'effondrent, ce qui aggrave le mécontentement populaire. Cependant, aucune opposition politique structurée ne menace leur pouvoir, et l'organisation de l'État islamique (Daech), principal rival, attire ceux qui jugent les Taliban trop timorés.

Face à ces défis, ils concentrent leurs efforts sur la consolidation de leur pouvoir, en utilisant la prétendue préservation de la moralité des femmes comme levier politique. L'instrumentalisation des questions de genre n'est pas nouvelle en Afghanistan : qu'il s'agisse des communistes, des moudjahidines, ou des Occidentaux, chaque régime a justifié son action en prétendant protéger ou libérer les femmes. Aujourd'hui, les Taliban marquent leur rupture avec l'Occident en restreignant brutalement leurs droits, tout en érigeant ces mesures en symbole de leur autorité. Ce choix renforce l'isolement international du pays et plonge la population afghane dans une détresse toujours plus profonde.

16.

D'un transnationalisme l'autre : les jihadismes

Mohamed-Ali Adraoui

Il peut paraître, de prime abord, paradoxal de questionner, voire de contester, le caractère transnational du jihadisme contemporain, tout comme il semble surprenant de mettre un *s* à une offre idéologique comptant parmi les objets aujourd'hui les plus étudiés par les sciences sociales. Or, c'est précisément l'objet de la présente contribution que de montrer que l'articulation entre une appréhension plurielle du fait jihadiste et une analyse historicisée du rapport au transnationalisme fournit une manière originale et novatrice de comprendre les contenus doctrinaux, la sociologie des mobilisations et des acteurs, ainsi que l'évolution temporelle qui caractérisent cette offre idéologique depuis plusieurs décennies. On pourrait, effectivement, supposer que l'étendue géographique ainsi que la prégnance religieuse et politique caractérisant l'imaginaire jihadiste et son influence dans différents milieux sociaux sans omettre l'impression d'implacabilité et d'intentionnalité radicale palpable chez les théoriciens, cadres et militants suffiraient à apporter des conclusions définitives quant à ce dernier. C'est, comme souvent, oublier que les prénotions forment les filtres par lesquels nous croyons comprendre le réel, le dépassement de celles-ci représentant la condition nécessaire d'une plus juste appréhension des acteurs, enjeux et concepts que le chercheur s'intéressant aux jihadismes a la prétention d'analyser. Cela s'avère encore plus vrai lorsqu'il propose de croiser l'une des notions cardinales des sciences politiques contemporaines à son objet de recherche comme c'est le cas dans ce chapitre.

Le but de la présente contribution est en effet de relire l'histoire du/des jihadisme(s) à la lumière du concept de transnationalisme afin d'examiner comment ce phénomène, sa genèse, ses évolutions doctrinales, les différents types de mobilisations violentes qu'il a générés et la sociologie des acteurs s'en réclamant représentent autant d'occasions de saisir l'idée que cette articulation jihadisme/transnationalisme n'était ni homogène ni préméditée. Il a fallu des interactions spécifiques entre des facteurs historiques, politiques et idéologiques pour accoucher des différentes formes transnationales jihadistes qui s'offrent à nous depuis plusieurs décennies.

Ce chapitre a donc pour finalité de montrer la dialectique fine qui existe à l'époque contemporaine entre narratifs transnationaux/globaux et adaptabilité géographique, politique et stratégique caractérisant les mobilisations jihadistes. À la lumière des intrications entre les circulations des idéologies, acteurs et agendas stratégiques caractérisant les différentes expériences jihadistes qui se sont succédé depuis un demi-siècle, c'est une réalité nouvelle qui se fait jour. Il est, en effet, erroné de conclure qu'une forme transnationale *absolue* et *anhistorique* a pris, quelles que soient les circonstances, le parti d'une négation de l'État-nation au profit de l'*Oumma*, ou du narratif du combat armé tous azimuts au détriment de récits plus particuliers qui impliquent des espaces, temporalités, cibles, groupes sociaux et finalités politico-religieuses bien spécifiques. Si l'on accepte de prendre pour point de départ historique l'émergence de mouvements dédiés au service de cette matrice doctrinale et identitaire affirmant contester et dépasser les frontières de l'engagement islamique à partir de la décennie 1980, la sociologie du transnationalisme[1] qui se fait ainsi jour permet clairement de repérer et de définir les différentes époques clés du jihadisme qui sont au nombre de trois.

Les phases historiques et sociologiques qui caractérisent la mise en place, puis le déploiement, de ce dessein politico-militaro-religieux ne sont pas les mêmes et obéissent, nous le verrons, à une conception et à une pratique variables de la transnationalité dans le temps et l'espace. Autrement dit, à une vision essentialisée et quasi idéal-typique du transnationalisme que l'on pourrait trop rapidement appliquer au jihadisme doit se substituer une approche plus historique et sociologique de ce dessein, que nombre de théoriciens, cadres et militants ont cherché à mettre en pratique au cours des dernières décennies, depuis l'époque où les premières cohortes de combattants appelés à défier l'ennemi soviétique dans le contexte du conflit afghan de la fin de la Guerre froide ont commencé à dépeindre un tableau *transnational* du combat pour l'islam à l'âge contemporain. D'autres générations qui prônaient un jihad armé dans des contextes disparates et évolutifs sont par la suite apparues, modulant les périmètres du

1. Concept et champ d'études initialement apparus en 1916 avec l'écrivain Randolph Bourne, qui en faisait usage afin d'appeler à une meilleure intégration des « immigrés transnationaux » s'installant aux États-Unis, signifiant par là la nécessité d'un affaissement des frontières, une relativisation des approches stato-centrées ainsi que l'abandon du principe d'assimilation. Dans les années 1970, des politistes tels que Joseph Nye et Robert Keohane emploient ce terme pour analyser le rôle des institutions transnationales dont la dimension et le rôle prennent progressivement le pas sur certaines des fonctions historiques des États. Le présent chapitre se fonde sur une acception classique de ce terme, faisant écho à toute dynamique et tout imaginaire social impliquant une intégration des personnes, idées, biens et mobilisations dépassant le cadre des frontières entre États et supposant des interactions entre des groupes échappant à la dimension stato-nationale, créant ainsi des identifications, politiques, discours et circulations de type régional et/ou global. Lire Rainer Bauböck, *Diaspora and Transnationalism : Concepts, Theories and Methods*, Amsterdam University Press, 2010.

jihadisme par rapport à des adversaires, modes d'action, acteurs et objectifs qui fluctuaient sans cesse entre localisme assumé et transnationalisme rêvé, autorisant dès lors à constater une pluralité de configurations unissant jihadisme d'un côté, et transnationalité/transnationalisme de l'autre.

Ce chapitre sera organisé autour de trois parties. La première fera la lumière sur l'historicité du processus de transnationalisation doctrinale et sociologique qui explique l'apparition d'un nouveau narratif au sein du champ de l'islam radical dans les dernières décennies du XXe siècle. Cette dynamique constitue la différence ontologique entre les courants de l'islam politique, se projetant d'abord et pour l'essentiel à l'échelle stato-nationale, et les mouvements jihadistes qui ont cherché à réagir à cette logique en mondialisant le combat d'abord, en le dépolitisant sur le plan institutionnel ensuite, en le dénationalisant sur le plan social et géographique enfin. Viendra ensuite le moment de comprendre les différentes pratiques du transnational qui se sont fait jour sur le plan stratégique à partir des années 1990, au moment où l'agenda jihadiste devient principalement anti-occidental, et de quelles manières les organisations qui se réclament de cette idéologie ont tenté, dans le cadre de conflits précis, de mobiliser la ressource transnationale par rapport à des ennemis et à des objectifs donnés. Cette partie fournira plus particulièrement l'occasion de voir de quelles manières transnationalité/transnationalisme/transnationalisation et régionalisation/nationalisation/localisation ne sont pas nécessairement exclusifs quand on étudie de près les mobilisations jihadistes, ces deux dimensions ayant bien souvent fait l'objet d'une vision complémentaire dans le but de parvenir à des objectifs stratégiques précis. Il sera enfin question de mettre en lumière les différentes tentatives de construire un combat essentiellement global à partir de théâtres d'opération spécifiques, d'où se sont déployées, ces dernières années, des mobilisations jihadistes qui ont non seulement recherché l'avènement d'un combat *authentiquement* transnational, mais peut-être surtout la construction d'un nouvel ordre étatique, cherchant désormais à supprimer de manière définitive tout reliquat de l'État-nation moderne au profit d'un transnationalisme de conquête.

Le transnationalisme jihadiste comme réaction au nationalisme transitoire de l'islamisme historique

La première logique historique qui sous-tend l'affirmation d'un jihadisme transnational tient à la réaction doctrinale, politique et militaire initiée par les premières générations de théoriciens, cadres et militants qui promouvaient cette idéologie contre les forces islamistes, au premier rang desquelles les leaders de l'organisation Al-Qaïda, qui se met en place lors de l'année 1987-1988 au cours d'entretiens réguliers dans la ville de Peshawar entre les vétérans de la guerre d'Afghanistan comme Oussama Ben Laden et Ayman al-Zawahiri, convaincus de la nécessité de capitaliser sur ce qui fait figure de succès géopolitique majeur afin d'élargir l'agenda de renouveau islamique à l'ensemble de la planète, par-delà l'action islamiste traditionnelle. Plus ancienne mais également plus intégrée dans le cadre stato-national, à l'image de l'organisation généralement considérée comme la matrice de l'islamisme/l'islam politique, à savoir l'Association des Frères musulmans (fondée en 1928 en Égypte par un groupe de personnes dominé par Hassan al-Banna, un instituteur influencé par les idées du réformisme islamique de la seconde moitié du XIXe et du début du XXe siècle croyant à l'impératif d'un réveil civilisationnel fort à une époque de déliquescence géopolitique touchant le monde musulman sous l'effet de la suprématie coloniale européenne), cette offre idéologique a cherché à investir et à capturer l'appareil d'État dans les pays où elle émergeait.

Le concept d'islamisme fait ici référence à la vision radicale, revivaliste mais également gradualiste portée par des mouvements et partis organisés en vue de l'obtention du pouvoir politique au sommet des sociétés historiquement musulmanes, dans le but de les sortir de l'atonie civilisationnelle qui s'impose à nombre d'entre elles au tournant du XXe siècle. Défendant comme horizon un projet d'unification des peuples musulmans, mais qui n'adviendrait qu'au terme d'une démarche progressive en vertu de laquelle le moment national est cardinal, ces mouvements ont ainsi posé les jalons doctrinaux de l'islam politique dans sa version historique dominante, à laquelle les premières générations jihadistes vont opposer une critique à la fois idéologique, mais également politique et militaire qui constitue le fondement de leur approche transnationale.

Pour les islamistes « classiques », la capture de l'appareil d'État au sommet d'un pays comme l'Égypte représente à la fois un aboutissement mais également une étape pré-califale. Il est question de réformer la société en interne vers toujours plus de conformité envers les injonctions sacrées (telles que comprises par les forces islamistes) par le truchement des organes étatiques (éducation, culture, économie...), avant d'entamer la fusion de tous les pays musulmans, désormais « ré-islamisés » une fois l'œuvre domestique du mouvement islamiste réalisée, en une entité califale restaurée – elle avait disparu, en 1924, après le démantèlement de l'Empire ottoman. En d'autres termes, les mouvements islamistes se projettent politiquement, par-delà discours et symboles panislamiques renvoyant à la défense d'une *Oumma* essentialisée, dans une transnationalité décalée conçue comme un aboutissement. Celle-ci relève d'un stade historique final.

À la différence des islamistes « classiques », une transnationalité directe définit le jihadisme. Celle-ci est constitutive d'une critique acerbe du gradualisme islamiste que théoriciens et militants jihadistes rapprochent du penchant pour le militantisme politique institutionnel, lequel doit d'abord se déployer dans un cadre stato-national pour les Frères musulmans. Parti politique et activisme national sont conjointement vilipendés par les premières générations jihadistes. Ces deux éléments doivent donc laisser place à un mouvement idéologico-militaire ainsi qu'à une mobilisation transnationale.

Les jihadistes émergent pour la première fois comme groupe conscient et organisé durant la décennie 1980, autour de ses premières figures tutélaires telles que Abdullah Azzam, dont le cheminement doctrinal et biographique illustre presque à lui seul ce processus de dépassement et de contestation du gradualisme islamiste au profit d'un jihad armé et transnationalisé à partir de la guerre d'Afghanistan, lorsque émerge notamment le premier groupe à se réclamer du jihadisme, Al-Qaïda. Sa fondation sera la principale conséquence de l'agenda désormais central de défense des terres d'islam[1] considérées comme agressées par différents impérialismes tels que celui de l'Union soviétique en Afghanistan ou encore celui des États-Unis illustré par le renforcement de la présence militaire américaine en Arabie saoudite dans le sillage de la première guerre du Golfe. La défense des terres d'islam se substitue dès lors au gradualisme frériste censé faciliter la construction d'un État islamique de manière progressive. L'horizon devient alors celui d'un combat militaire (l'une des acceptions du terme *jihad* dans un certain nombre de sources) par-delà les frontières nationales en lieu et place d'un activisme politique classique et national. Azzam est ainsi surnommé « l'imam du jihad », en tant que figure cardinale de la première forme jihadiste historique qui apparaît en Afghanistan : on voit pour la première fois des combattants venir du monde entier afin de participer à la libération d'un pays non plus présenté comme théâtre d'un conflit de la Guerre froide mais comme une terre d'islam envahie par une puissance non musulmane devenant dès lors ennemie légitime de l'ensemble du corps des musulmans. Ce dernier n'est plus

1. Abdullah Azzam, *Defence of the Muslim Lands*, Azzam Publications, 1994 (préface d'Oussama Ben Laden).

uniquement défini comme communauté religieuse et spirituelle, mais comme nation à part entière, ayant droit à un territoire donné, des frontières sûres et une souveraineté politique sur un espace géographique et civilisationnel précis. La défense de cet espace n'est donc plus l'apanage d'un État spécifique, non plus que d'une communauté internationale étrangère aux attendus de la foi musulmane telle que comprise dans cette première génération jihadiste, mais d'un groupe de combattants qui se perçoivent comme l'avant-garde armée de l'*Oumma*, désormais amenée à intervenir et à se projeter partout où des causes musulmanes se font jour. Cette matrice intellectuelle devient, à partir de cette époque, l'armature doctrinale légitimant différents jihads armés partout où des peuples d'islam seront censés avoir été bafoués dans leurs droits (Bosnie, Tchétchénie, Cachemire, Palestine, Irak, Syrie, Mali…).

Répondant à une logique intégralement nouvelle de privatisation et de déterritorialisation de l'action armée dans un contexte où l'autorité califale n'est plus, ces premiers jihadistes conceptualisent dès lors leur identité et construisent leur mobilisation sur une critique acerbe des mouvements islamistes nationalisés dont Azzam, lui-même formé à l'école des Frères musulmans palestiniens, égyptiens et jordaniens (pays où il fera partie des instances dirigeantes de l'organisation), et ses successeurs vont déclarer l'obsolescence, l'ineffectivité et l'inadéquation doctrinale. L'islam politique « canal historique », dont les Ikhwan al-Muslimin (« Frères musulmans ») sont la principale émanation, se trouve dès lors disqualifié. Fondé sur la primauté de la lutte militaire, quelle que soit l'origine géographique ou culturelle qui caractérise ceux qui s'y investissent, le jihadisme place désormais la figure du combattant transnational au cœur de son récit et de sa sociologie, cette dimension étant ici intégralement assumée et définissant ce qui va constituer la différence ontologique entre jihadisme et islamisme, le transnationalisme du premier devant ici être principalement interprété et conçu comme un phénomène sociogéographique et doctrinal de dépassement, voire de négation et de lutte contre les frontières au fondement des États mais que les premières cohortes de jihadistes vont vilipender, y compris face aux islamistes des décennies passées. La destruction du régime de l'ex-président Hosni Moubarak et son remplacement par un État islamique « authentique » par des moyens légaux qui s'ancrent dans un islamisme national égyptien sont ainsi présentés, au sortir du conflit afghan, par l'un des dirigeants d'Al-Qaïda, Ayman al-Zawahiri, comme une tâche non simplement avortée, mais impossible étant donné la grammaire militante déficiente des Frères musulmans refusant l'action directe armée contre et par-delà les frontières, ces derniers n'ayant récolté au final qu'une « moisson amère[1] » là où le mouvement jihadiste de l'époque offre une alternative révolutionnaire transnationale construite sur les manquements et erreurs prêtés aux thuriféraires de l'islam politique historiquement dominant jusque-là.

Le transnationalisme jihadiste du tournant du XXIe siècle : déterritorialiser l'action violente

Une deuxième historicité doit être convoquée lorsque l'on souhaite examiner de près ce que l'on peut maintenant nommer de véritables cycles de transnationalité marquant l'histoire des mobilisations jihadistes. Après l'affirmation d'un nouveau narratif de réaction aux thèses islamistes stato-nationalo-centrées, fondé sur le recours à des projections violentes qui dépassent désormais le militantisme politico-religieux nationalisé et la légitimation de l'activisme (le plus souvent pacifique) des forces de l'islam politique traditionnellement dominant, c'est au cours de la décennie 1990 (jusqu'à l'invasion américano-britannique de l'Irak en 2003

1. Sajjan M. Gohel, *Doctor, Teacher, Terrorist : The Life and Legacy of Al-Qaeda Leader Ayman al-Zawahiri*, Oxford University Press, 2023.

et ses immédiates conséquences) qu'un nouveau cycle historique correspondant à une mutation de la *praxis* jihadiste voit le jour. Deux transformations majeures structurent ce nouveau cycle et méritent, comme nous allons le voir, d'être mises en lumière et analysées. Reposant sur un retour à la fois critique et positif sur l'expérience idéologique et militaire relative à la guerre d'Afghanistan de la décennie 1980, le transnationalisme des principaux opérateurs jihadistes de cette époque, au premier rang desquels l'organisation Al-Qaïda, se définit par une vision plus offensive et extravertie du champ de l'action violente, qu'il soit question du périmètre géographique, de la nature et du nombre des ennemis visés contre lesquels le combat armé doit s'exporter, et des stratégies de recrutement et de mise en pratique de cette lutte idéologico-militaire, désormais incontournable dans l'univers de l'islam radical contemporain.

Les jihadistes ont gagné la guerre d'Afghanistan : c'est alors le pilier de leur croyance et de leur schéma mobilisationnel. Bien qu'ultra-minoritaires, ils sont bien l'avant-garde (*al-Tali'a*) en avance sur le reste de l'*Oumma* pour ce qui est de la compréhension de la religion. Le jihad afghan a confirmé qu'ils étaient « le groupe sauvé » (*al-Farqat al-Najiyya*) et « la faction victorieuse » (*al-Taïfa al-Mansoura*). Si cette avant-garde doit nécessairement débuter esseulée avant que ses succès, comme l'Afghanistan est censé l'avoir montré, ne fassent basculer l'ensemble des musulmans du monde dans le camp de l'action transnationale armée par-delà toute frontière nationale ou séparation « artificielle » (origine ethnique, statut social…) différenciant les adeptes de la foi musulmane, cette avant-garde va chercher à amplifier son impact transnational. S'opère alors non seulement un changement de degré mais surtout de nature dans sa *praxis* du transnational. La doctrine jihadiste se voyant confirmée et légitimée, depuis le départ de l'Armée rouge de la terre d'islam afghane finalisé le 15 février 1989, par ses thuriféraires comme *la* solution aux maux que rencontrent les peuples musulmans, elle se trouve dès lors actualisée et renouvelée afin de démultiplier ses effets à l'échelle globale.

Si la polysémie fondatrice du concept de jihad dans la religion musulmane est reconnue dans les écrits et discours jihadistes, c'est son acception guerrière qui fait l'objet d'une surdétermination dans ces derniers. L'effort sur le sentier de Dieu est principalement valorisé pour justifier la supériorité d'un jihad armé (rendu à travers la notion de *qital* que l'on peut aussi bien traduire en français par « combat » que par « mise à mort »). Cette acception du terme *jihad* a très majoritairement prévalu durant les siècles précédents afin d'engendrer et légitimer des modes et périmètres d'usage de la violence physique et militaire avant tout destinés à protéger les émirats, principautés et califats islamiques. Si ces derniers n'existent plus vraiment à notre époque, l'usage d'une vision combattante et violente du jihad ne saurait devenir pour autant caduque. La différence liée aux mouvements jihadistes contemporains tient davantage à une forme de rupture épistémique, politique et symbolique par rapport aux débats pluriséculaires portant sur la compréhension du jihad (*Fiqh al-Jihad*). Le combat armé qu'ils préconisent, et qui est effectivement l'une des acceptions prêtées au terme *jihad* dans les sources généralement partagées comme paradigmatiques dans le corpus de l'islam[1], évolue néanmoins vers une action privatisée et sublimée par un groupe microscopique sans assise territoriale ni souveraineté établie sur une population et un pays donnés mais qui théorise, dans le sillage de « la victoire afghane », l'impératif de transnationaliser encore davantage la lutte à travers deux évolutions principales.

D'abord, on peut désormais parler d'un décloisonnement du transnational. Ce dernier se confond maintenant, de manière claire et assumée, avec le global. Là où le conflit afghan était le produit d'une transnationalisation territorialisée à l'échelle d'un

1. David Cook, *Understanding Jihad*, University of California Press, 2005.

pays devenant, pour les jihadistes, enjeu de combat entre « peuples musulmans » et « puissances infidèles », cette seconde époque voit, quant à elle, le monde entier entrer dans le périmètre géographique du combat armé. Plus précisément, la logique martiale qui définit l'idéologie jihadiste en vient à englober l'ensemble des territoires de la planète où peuvent potentiellement se trouver et se déployer les ennemis de l'islam, l'avènement d'un transnationalisme organique et non plus uniquement opportuniste et réactif, comme ce fut le cas de la précédente historicité (bâtir sur les manquements et les échecs de l'islam politique), faisant dès lors, et de façon définitive, basculer le jihadisme dans une idéologie de projection.

L'opportunité de jihad armé offerte par la guerre d'Afghanistan s'étant avérée victorieuse, il s'agit désormais d'être proactifs. La stratégie de « jihadisation » d'un conflit débutant nonobstant toute considération islamique pour les acteurs a servi, dans les années 1980, contre l'ennemi soviétique, avec une première génération de combattants et de théoriciens ayant réagi militairement et géographiquement à ce dernier. Toutefois, une rupture stratégique et conceptuelle advient dans la foulée de « la victoire d'Afghanistan ». Il est maintenant question d'exporter la lutte par-delà les frontières du monde majoritairement musulman. Il n'est donc pas étonnant que ce transnationalisme organique, identitaire et projectif s'accompagne d'une désignation du champ de l'ennemi elle-même de plus en plus englobante et mondiale. Les États-Unis sont les premiers à faire les frais de cette nouvelle configuration historique du transnationalisme jihadiste en se voyant désignés comme ennemi de l'islam et des musulmans tout en étant les premiers à faire l'objet d'une inversion stratégique. Le combat doit désormais être porté contre leurs intérêts en terre d'Islam, mais également, voire surtout, par-delà les lignes historiques de la civilisation islamique, ce qui autorise des attaques sur le sol américain contre les populations civiles, comme l'illustreront, à la manière d'un cas d'école, les attentats du 11 septembre 2001. À la différence du cycle transnational précédent, dans le cadre duquel jamais la compréhension du jihad armé n'a débouché sur une mobilisation militaire dépassant le champ territorial de l'Afghanistan ni inclus des cibles civiles, le présent cycle obéit bien à une mutation doctrinale et opérationnelle majeure qui d'une certaine manière constitue la matrice des mobilisations jihadistes les plus actuelles.

Ensuite, ce nouveau cycle historique qui caractérise la pratique et la conceptualisation du transnational au sein du jihadisme principalement représenté par Al-Qaïda cherche, parallèlement à l'expansion du champ territorial et à celui de l'adversité, à s'établir dans l'ensemble des sociétés dans le monde où sont présents des musulmans. Pour le formuler autrement, ce n'est plus le combattant potentiel qui vient sur le champ de bataille mais plutôt ce dernier qui devient la création du premier. C'est, en effet, là où des profils de combattants émergent que se déploient désormais les champs physiques et symboliques de la lutte armée pour la défense de l'islam et des musulmans. En lien avec les projections militaires et politiques de certains États dans le monde musulman (présence militaire américaine au Moyen-Orient, soutien espagnol à l'invasion de l'Irak de 2003 « justifiant » les attentats de la gare d'Atocha de Madrid le 11 mars 2004...), la riposte jihadiste se fait néanmoins sur le sol de l'ennemi. La pratique du transnational que cela suppose est synonyme de recrutement et d'opérationnalisation sur le terrain de la cible. C'est, à titre d'exemple, au cours de ce second cycle historique qu'émergent les premières figures de *home-grown terrorists*, socialisés dans le contexte socioculturel et politique contre lequel ils vont se positionner en embrassant l'imaginaire jihadiste.

La sociologie du transnational à laquelle cette période correspond est, par conséquent, celle d'une verticalité plus grande, par opposition à l'horizontalité caractérisant davantage le cycle historique précédent, où les déplacements et la mobilité combattante

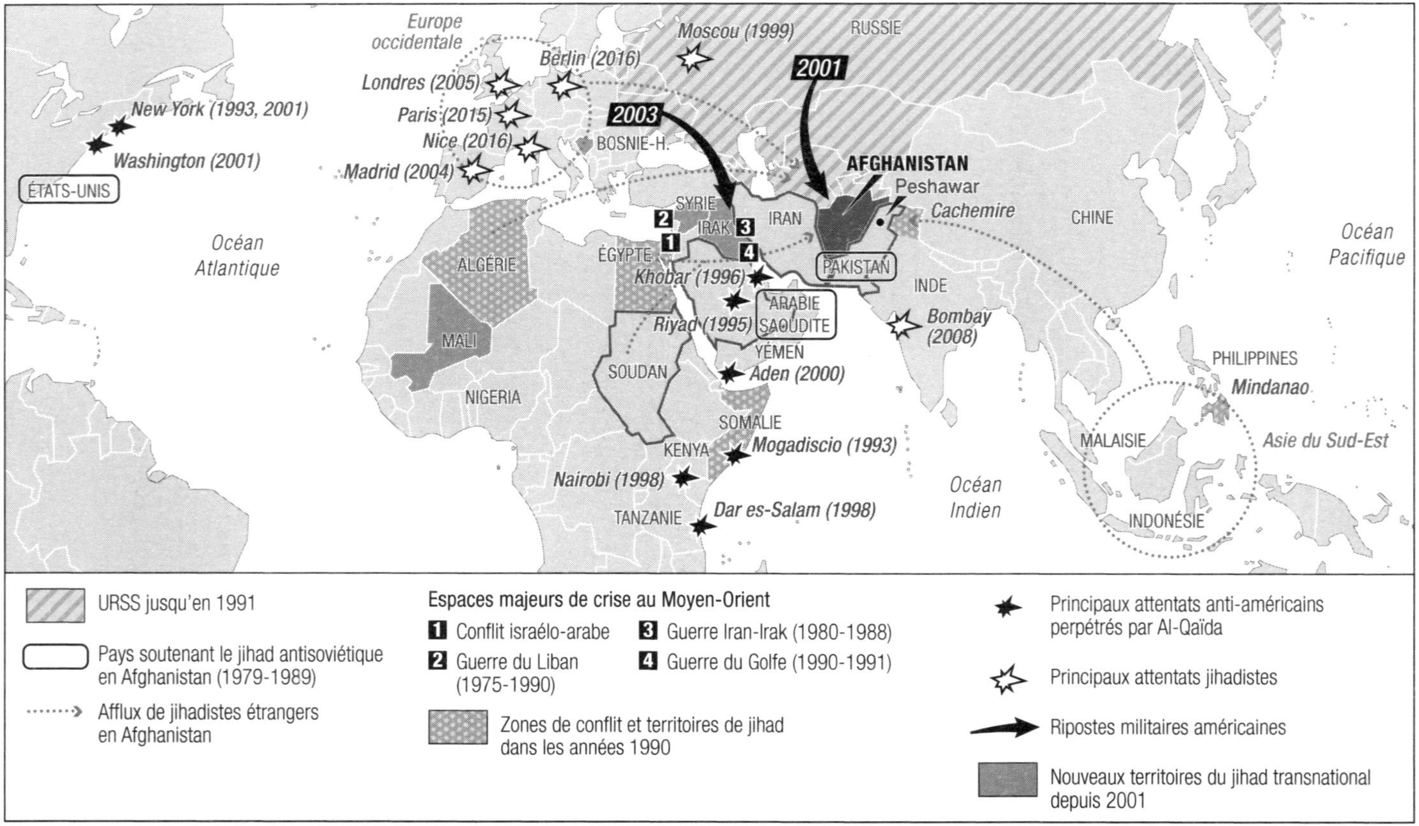

Entre transnationalisme et régionalisation : les dynamiques jihadistes à l'échelle globale.

se faisaient d'une société (majoritairement musulmane ou non) vers un théâtre de conflit (hérité de facteurs le plus souvent non religieux comme celui d'Afghanistan). La verticalité ici observée fait écho à l'émergence « d'acteurs combattants » agissant contre la société dont ils sont issus. Il n'est pas tant question du retour des générations combattantes formées dans le contexte du conflit contre l'Union soviétique sur son flanc sud (les fameux « Afghans ») que de la mutation humaine et géographique de la sociologie du jihad armé en vertu de laquelle ce sont désormais des acteurs en quelque sorte transnationalisés à domicile, sans avoir à être toujours mobiles (tous n'ayant pas, à titre d'illustration, à voyager dans le monde musulman et à entrer en contact avec des opérateurs d'Al-Qaïda[1]), qui vont constituer la part croissante du combat sacré pour l'islam.

Les recompositions du transnationalisme jihadiste au XXIe siècle : restauration califale et millénarisme offensif

Les vingt dernières années ont engendré un troisième cycle historique pour qui souhaite examiner de près le rapport et la compréhension du fait transnational au sein des cercles jihadistes les plus influents. La conjonction de conflits dans l'espace majoritairement musulman – dans la région moyen-orientale au premier chef – aux dimensions locale, nationale, régionale et globale intriquées, de faillites étatiques en nombre dans cette partie du monde, et de démultiplication des réseaux communicationnels et migratoires qui densifient les dynamiques étudiées dans les deux précédentes parties a ainsi engendré des recompositions d'importance dans la sociologie du transnational définissant les mobilisations jihadistes depuis plusieurs années. On commence à observer, dans le sillage

1. Marc Sageman, *Understanding Terror Networks*, University of Pennsylvania Press, 2004.

de la guerre d'Irak qui débute en 2003, un certain nombre des phénomènes qui vont aller croissant dans les deux décennies suivant la chute du régime de Saddam Hussein, mais également des ruptures idéologiques, politiques et militaires d'ampleur qui permettent d'évoquer un nouveau cycle qui obéit à trois grands traits. Un tel constat se vérifie d'autant plus lorsque l'on étudie le cas du jihadisme théorisé et porté par l'un des principaux visages de ce courant aujourd'hui, à savoir l'Organisation État islamique.

Il faut d'abord évoquer, avec cette dernière entité qui trouve sa source dans les nombreux débats qui caractérisent le champ jihadiste après l'invasion de l'Irak par les États-Unis et la Grande-Bretagne en 2003 et qui se verront amplifiés avec l'avènement des printemps arabes au nom desquels plusieurs peuples entreprennent de mettre à bas nombre de régimes autoritaires de la région, un transnationalisme de continuité sur le plan des dynamiques de désignation de l'ennemi et de recrutement de nouveaux combattants. Il y a, en effet, un grand nombre de tendances à l'œuvre depuis deux décennies qui sont déjà observables au sein des cycles précédemment mis en lumière, même s'il faut y voir des réalités largement amplifiées. Qu'il soit question du nombre de personnes qui rejoignent un théâtre de conflit où sont engagées des forces jihadistes (en Irak, en Syrie, au Mali…)[1], mais également des acteurs cherchant à porter le combat contre des cibles endogènes à leurs sociétés (en Europe par exemple), la tendance a été à l'expansion plus qu'à un changement de nature, bien qu'il convienne de garder à l'esprit une évolution majeure annoncée par les attentats de Madrid, en 2004, à savoir le fait de privilégier de manière croissante la société comme cible (des marchés, des lieux publics, des individus du commun…) plus parfois que l'État et ses représentants (militaires, policiers…). En cela, on peut parler de la perpétuation d'un transnationalisme organique, identitaire et opportuniste dans ces tentatives constantes de projeter

1. Daniel Byman, *Road Warriors : Foreign Fighters in the Armies of Jihad*, Oxford University Press, 2019.

l'impératif du combat armé à l'échelle mondiale correspondant à un souci constant de décloisonner et défragmenter le champ d'action du jihadisme contemporain. Tout territoire et tout contexte socioculturel peuvent, et doivent, faire l'objet d'une stratégie d'investissement par la violence, les théoriciens et les militants de l'Organisation État islamique innovant davantage sur deux autres plans.

Le premier est que la pratique du transnational porté par la génération ÉI se caractérise par un double mouvement jamais observé dans les cycles précédents. L'ambition est en effet de fondre désormais conquête territoriale et construction d'un nouvel ordre étatique, califal en l'occurrence. En faisant venir autant de musulmans (plus uniquement des profils combattants puisque la velléité affichée est d'édifier un modèle social et étatique censé avoir été celui des premières communautés musulmanes) que possible vers la terre conquise par les forces de l'ÉI se répartissant durant quelques années (2013-2016) à travers les territoires irakien et syrien, migration (*Hijra*) et combat sont liés dans cette vision. Il est autant question de combattre les ennemis de l'islam tous azimuts (sans surprise confondus avec les cibles de l'organisation jihadiste) que de (re)bâtir – ce que la génération Al-Qaïda s'était toujours refusée à faire – le califat perdu depuis la chute de l'Empire ottoman consécutivement au premier conflit mondial ; que de proposer un modèle étatique concurrent à l'ensemble des pays où sont établis les musulmans aujourd'hui. À cet égard, cette forme de transnationalisme diffère très largement des cycles historiques précédents. Il est question d'embrasser, autant par la prédication physique et virtuelle que par l'appel au combat contre des ennemis de plus en plus divers et qui peuvent être aussi bien locaux que régionaux ou globaux, tout musulman de la planète afin de le re-territorialiser dans le cadre d'une ambition hétérotopique[1]. En vertu de cette dernière, la géographie sur

1. Elyamine Settoul, *Penser la radicalisation djihadiste. Acteurs, théories, mutations*, Paris, Presses universitaires de France, 2022.

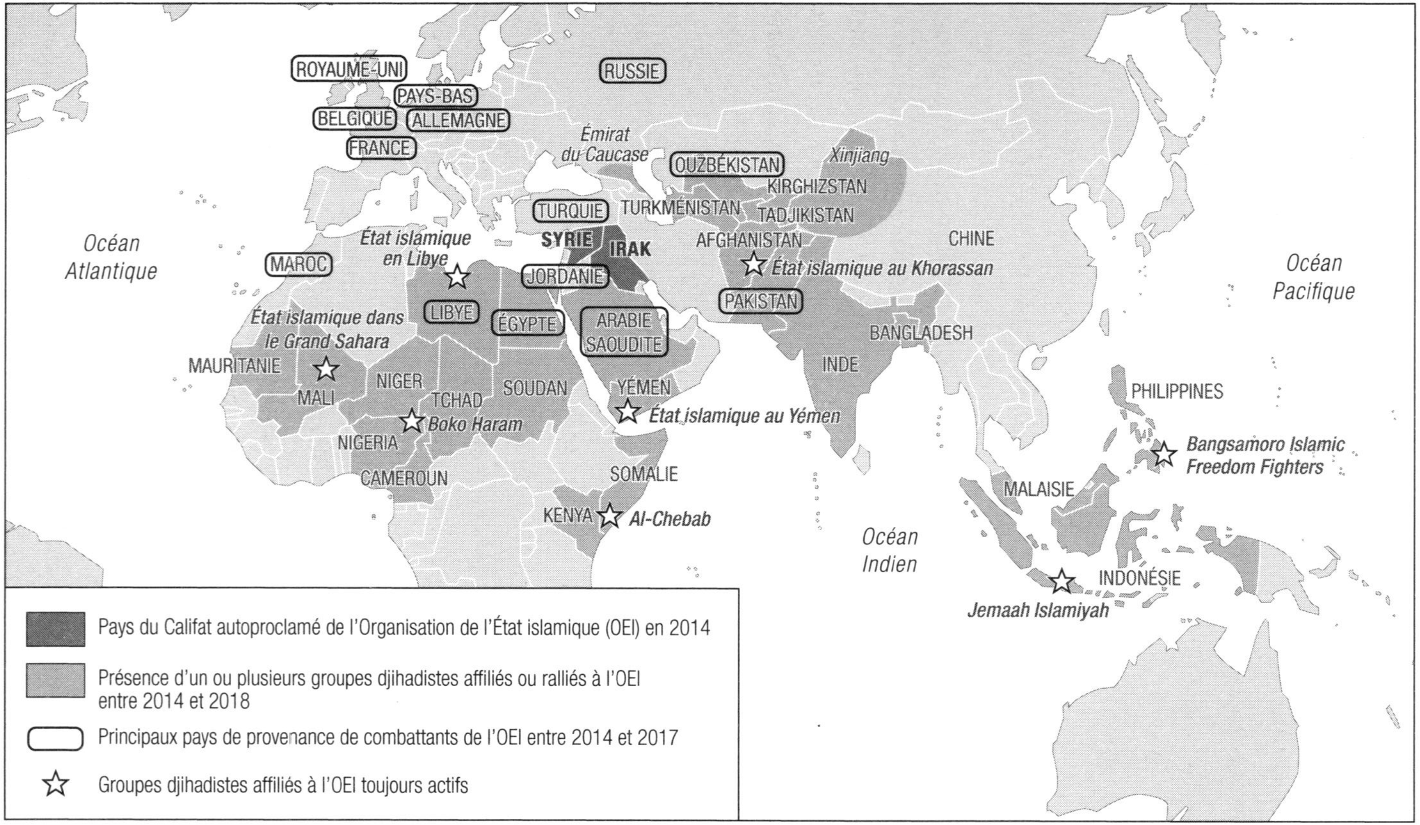

L'Organisation Etat islamique, un « califat » à vocation symbolique mondiale (D'après *Atlas des religions*, Autrement, 2023).

laquelle s'exerce la souveraineté de l'ÉI est censée offrir l'espace physique et social de réalisation de l'utopie califale telle que comprise par les théoriciens et cadres d'un mouvement représentant un cas unique de transnationalisme dans l'histoire longue des mobilisations jihadistes. Il est en effet question d'une transnationalité exacerbée et combinée à une farouche volonté de réancrer le combat dans une unité territoriale destinée à s'étendre constamment afin d'atteindre les frontières présentées comme historiques et naturelles de l'islam au cours des siècles, justifiant par là un état de conflit permanent envers toute entité s'opposant à ce dessein.

Le second est la croyance, fortement établie dans cette forme de jihadisme, au caractère finalement transitoire du transnationalisme qui n'est pas un ultime dessein, mais davantage un cycle historique amené à cesser à mesure qu'approche la fin des temps, qui doit même être hâtée à notre époque par les combattants du jihad armé. Tous les conflits ne se valent pas de ce point de vue, la lutte s'opérant en Syrie à partir de la contestation du régime baasiste qui débute en 2011 préfigure le retour des temps célestes en vertu desquels Bien et Mal s'affronteront de manière définitive sur cette terre afin de permettre la Fin des Temps et le retour d'une figure messianique (généralement rapprochée du prophète Jésus/'Issa dans l'islam) qui annoncera elle-même le Jour du jugement pour l'humanité dans son ensemble. La vision construite, à titre d'illustration, autour de la ville nord-syrienne de Dabiq, lieu supposé de la bataille finale entre « les armées de l'islam » et les groupes iniques (dont le nom servira également au magazine internet officiel de l'ÉI jusqu'en 2016), montre la forte dimension mythologique à l'œuvre dans cette forme jihadiste. Ce millénarisme offensif et cet eschatologisme précipité[1] sont des marqueurs centraux de l'expérience jihadiste contemporaine

1. Mohamed-Ali Adraoui, « Future and Prophecies in the World Vision of the Islamic State Organization : Between Offensive Millenarism and

telle qu'elle se dessine depuis le conflit en Syrie et en Irak dans les années 2010 notamment, qui illustrent non seulement le fait que le transnationalisme peut nourrir un imaginaire commun unissant le projet de rupture de dizaines de milliers d'acteurs de par le monde à même de migrer vers le lieu de réalisation d'un rêve réactualisé par l'idéologie portée par l'ÉI ; mais également et peut-être surtout incarner un indicateur cardinal de l'évolution historique de la pensée jihadiste, l'appétence pour le transnational devant également s'analyser dans le cadre de la dialectique fondatrice entre dessein terrestre et ambition céleste qui s'observe au sein des mobilisations jihadistes contemporaines.

Les derniers événements observables en Syrie depuis la chute du régime le 8 décembre 2024 semblent par ailleurs faire écho, pour d'autres mouvements héritiers du jihadisme tels que le Front Al-Nosra (devenu depuis 2017 Hayat Tahrir al-Sham soit l'« Organisation de libération du Levant »), à d'autres logiques entrant en complète opposition avec l'expérience portée par l'ÉI. Annonçant à titre d'hypothèse l'avènement d'un post-jihadisme sous l'effet des contingences liées à l'exercice du pouvoir et à des réajustements doctrinaux légitimant désormais la construction d'un ordre étatique non sectaire[1], il est néanmoins impossible pour le moment de conclure à la fin d'une appétence pour le transnationalisme guerrier tant les éléments empiriques manquent au chercheur encore trop près de l'événement pour pouvoir tirer des conclusions significatives.

En conclusion, il est possible de voir dans les liens entre jihadismes et transnationalismes les produits d'une construction

---

Precipitated Eschatologism », *in* Jenny Andersson et Sandra Kemp (dir.), *Oxford Twenty-First Century Approaches to Literature Futures*, Oxford University Press, 2021, pp. 296-310.

1. Patrick Haenni et Jerome Drevon, *Transformed by the People : Hayat Tahrir al-Sham's Road to Power in Syria*, Hurst, 2025.

historico-doctrinale en constante évolution. À la lumière des différentes époques brièvement présentées dans ce chapitre, il s'avère en effet difficile de constater un « transnationalisme intransigeant » lorsqu'il s'agit de définir le périmètre territorial, social et politique dans lequel se projettent des agendas jihadistes aujourd'hui plus disparates que jamais. Au contraire, c'est bien d'une sociologie plutôt que d'une ontologie du transnationalisme qu'il faut parler quand on envisage d'examiner ce concept à partir de ses lectures jihadistes. Il convient en conséquence de se garder d'exclure tout scénario potentiel pour l'avenir, l'ensemble de ces groupes, en termes de vision et de pratiques du transnational et de la transnationalité, s'avérant aussi bien à même d'évoluer vers des mobilisations de plus en plus globales comme ils sont capables de se nationaliser, voire de se localiser pour de bon selon les circonstances, contraintes et facteurs avec lesquels ils ont à composer.

17.

Les nationalistes hindous et la création d'une nouvelle forme d'« État profond »

Christophe Jaffrelot

La notion d'État profond est passée dans le langage courant pour désigner la dimension occulte, voire illicite de l'appareil d'État – en particulier tout ce qui relève des opérations de surveillance.

En Inde, on assiste à la mise en place, depuis 2014, d'un dispositif différent, à la fabrique d'un État profond d'un genre nouveau, car le pouvoir sur la société n'y repose pas seulement sur des institutions contrôlées par des acteurs politiques, plus ou moins secrètes, comme les services de renseignement, mais sur un réseau idéologique imbriqué dans le tissu social. Ce réseau est né du Rashtriya Swayamsevak Sangh (RSS, « Organisation des volontaires nationaux ») et se développe depuis 1925.

Pour comprendre l'emprise qu'exerce le mouvement nationaliste hindou aujourd'hui – et pour longtemps –, il faut, en effet, considérer les deux faces de ce Janus : d'un côté, le pouvoir politique a été conquis par le Bharatiya Janata Party (BJP, « Parti du peuple indien ») qui domine les institutions de la République ; de l'autre, le nationalisme hindou exerce aussi son autorité sur la société à travers le réseau de ses militants au niveau local sur un plan sociétal, lequel revêt une dimension morale.

Historiquement, ce quadrillage de l'espace social a toujours été la priorité des leaders nationalistes hindous qui n'accordaient que peu d'importance à l'État, incapable, à leurs yeux, de transformer la société, comme nous le verrons dans un premier temps. Avec la conquête récente du pouvoir par la voie des urnes, le mouvement nationaliste hindou a pu mettre l'État au service de son idéologie, non seulement en contrôlant l'appareil étatique, mais surtout en permettant à son réseau local d'exercer une autorité (y compris morale) accrue sur la société, donnant ainsi naissance à un État plus profond, comme nous le verrons dans un second temps.

Le Sangh Parivar : priorité à la conquête de la société

Le RSS ou le quadrillage de l'espace social.

Le RSS naît en 1925 en réponse à ce que ses créateurs – à commencer par son fondateur, K. B. Hedgewar – perçoivent comme une menace pour les hindous : la mobilisation des musulmans indiens pour la défense du Califat ottoman dans les années qui précèdent son abolition en 1924, mobilisation qui est de fait à l'origine d'émeutes intercommunautaires. Il s'agit pour eux de muscler les hindous, tant au plan moral qu'au physique. Les exercices physiques sont en effet précédés et suivis de séances de formation idéologique où les cadres locaux enseignent aux jeunes recrues la splendeur de l'Antiquité hindoue et la haine du musulman en présentant l'islamisation – partielle – de l'Inde comme le produit d'une conquête violente alors qu'elle était largement due à l'attrait des soufis et à la quête d'égalité qui travaillait les basses castes hindoues.

Cette généalogie est révélatrice de trois traits majeurs du RSS : son mimétisme[1] – sur lequel je ne reviendrai pas ici –, son caractère brahmanique et son désir d'être en osmose avec la société

1. J'ai centré mon premier livre sur cette question, pour démontrer que le nationalisme hindou s'est construit contre un Autre perçu comme menaçant – en lui empruntant les traits qu'il percevait à l'origine de sa supériorité (Christophe Jaffrelot, *Les Nationalistes hindous*, Paris, Presses de Sciences Po, 1993).

pour mieux la transformer. La dimension brahmanique ressort à la fois du profil sociologique des fondateurs – qui viennent tous de ce milieu – et de leur credo. Il s'agit, en effet, pour eux, de faire adopter par tous un style de vie brahmanique propre à unifier la communauté hindoue par-delà les divisions de caste dans lesquelles ils voient une faiblesse rédhibitoire par rapport à l'unité (largement fantasmée) des musulmans.

Pour mieux diffuser cet ethos et son idéologie en général, le RSS ne croit pas à une action venant d'en haut, par la conquête de l'État. Le successeur de K. B. Hedgewar, M. S. Golwalkar – qui dirigera le mouvement de 1940 à sa mort en 1973 – est très clair sur ce point dans la charte idéologique dont il dote le mouvement en 1938[1].

Hedgewar et Golwalkar ont pour objectif de créer la nation hindoue (le Hindu Rashtra) et, pour cela, de transformer la société par en bas, en quadrillant l'espace social grâce à la multiplication des *shakhas* ; l'échelle pertinente n'est pas l'État, mais le local, le quartier ou le village. Hedgewar, dans son dernier discours, en 1940, disait vouloir faire du RSS « the Hindu Rashtra in miniature », une avant-garde ayant vocation à absorber la société, à la changer à son image et donc, pour reprendre un terme que les cadres du RSS affectionnent, à l'« organiser », un verbe qui renvoie aussi à la vocation défensive du mouvement, appelé à protéger les hindous contre les musulmans. Golwalkar est plus précis encore, lorsqu'il se donne pour objectif de créer un homme nouveau, par un processus de longue haleine qui donne aux propos des nationalistes hindous des accents souvent millénaristes.

En résumé, dès sa création, le RSS cherche à transformer la communauté hindoue en une nation, en un Hindu Rashtra, en développant un réseau de *shakhas* dont le nombre n'a cessé de croître à l'époque coloniale, la perspective de la Partition – et

---

1. M. S. Golwalkar, *We, or our nationhood defined*, Nagpur, Bharat Prakashan, 1947, p. 50.

les violences qui la précédèrent et l'accompagnèrent – ayant un effet d'accélérateur. Chacune de ses branches était dirigée par un responsable à temps plein, un *pracharak* formé par le RSS et entièrement dévoué à sa cause. En parallèle, le RSS avait mis au point une variante féminine de son organisation à travers la Rashtra Sevika Samiti (National Volunteer Association for Women) dès 1936, une organisation aux principes comparables, mais au *modus operandi* bien sûr moins martial. Le RSS passe ainsi de 100 000 à 600 000 membres entre 1940 et 1948, année sombre pour le mouvement qui est interdit par le gouvernement après l'assassinat du Mahatma Gandhi par l'un de ses membres. Légalisé en 1949, le RSS reprend sa marche en avant, le nombre de *shakhas* passant à 10 000 en 1977, 13 000 en 1979, 17 000 en 1981, 20 000 en 1985, 25 000 en 1989, 27 265 en 1998, 32 075 en 2003, 33 758 en 2004, 37 827 en 2010 et 51 335 en 2015. En 2017, 2018, 2019, le nombre de *shakhas* se réunissant tous les jours était officiellement de 57 165, 58 967 et 59 266, auxquelles il fallait ajouter les 17 229 *shakhas* se réunissant une fois par semaine (les « Milan ») et les 9 382 autres se réunissant une fois par mois (les « Mandalis »). Sans compter les quelque 10 000 « IT Milan » (Information Technology Meetings). Le RSS a, en effet, inventé la *cybershakha*, une façon, pour les adhérents du mouvement appartenant à la classe moyenne urbaine, de se retrouver par écrans interposés pour des réunions très codifiées. Cette innovation a été utilisée dans la diaspora à partir de 1999.

En 2024, le secrétaire général du mouvement a indiqué que le RSS comptait désormais 73 117 *shakhas* quotidiennes, contre 68 651 en 2023, ce qui permettait à l'organisation d'être présente dans 45 600 localités, contre 42 613 en 2023, soit 88 % des cantons (*talukas*) de l'Inde[1].

1. Panigrahi, « How Rashtriya Swayamsevak Sangh is Spreading its Footprint Across the Nation », https://www.dnaindia.com/india/report-how-rashtriya-swayamsevak-sangh-is-spreading-its-footprint-across-the-nation-2728048

La famille du Sangh, ou comment pénétrer les milieux sociaux.

Dès 1947, et plus encore après son interdiction en 1948, le RSS a diversifié son mode opératoire de manière à pénétrer la société non plus seulement à travers les *shakhas*, mais en ciblant des milieux sociaux et/ou professionnels distincts en créant des filiales dédiées – ce qui implique un effort d'adaptation. Chaque fois, un *pracharak* senior a été chargé de mettre sur pied une structure nouvelle, liée organiquement au RSS (à travers la personne de ce dirigeant), mais autonome.

Cette galaxie qu'on finira par appeler le Sangh Parivar (« la famille du Sangh », c'est-à-dire du RSS) s'est développée d'une façon progressive et, au moins au début, sans plan préconçu, voire en réaction aux événements.

Le premier de ses éléments vit ainsi le jour en juillet 1948, sous la forme d'un syndicat étudiant, l'Akhil Bharatiya Vidyarthi Parishad (ABVP – « Forum des étudiants de l'Inde »), en réponse à la montée en puissance des syndicats étudiants de gauche (communistes surtout). Pour mieux résister aux mots d'ordre qu'ils propageaient sur les campus en termes de lutte des classes, l'ABVP s'est employé à promouvoir une idéologie fondée sur l'union de toutes les catégories sociales, symbolisée par le fait que ce syndicat accueillait autant les enseignants que les étudiants.

Cette approche s'est retrouvée au cœur d'un autre syndicat créé en 1955 par le RSS, le Bharatiya Mazdoor Sangh (BMS – « l'association des travailleurs indiens ») qui, lui, avait vocation à attirer les ouvriers et les employés, à nouveau pour contrer le principe de la lutte des classes. Le BMS a promu l'harmonie sociale dans l'entreprise, appelant à la collaboration du capital et du travail dans une perspective quasi gandhienne.

Un syndicat paysan, le Bharatiya Kisan Sangh (BKS – « l'association des paysans indiens »), n'a été fondé ensuite qu'en 1979. Cette création tardive traduit bien le caractère urbain – voire élitiste – du RSS, dont le BMS est resté plus attractif auprès des cols blancs que des cols bleus.

Le RSS s'est également efforcé de contrer les missionnaires chrétiens, accusés de convertir les aborigènes à leur religion, en créant une nouvelle organisation qui imiterait lesdits missionnaires : le Vanavasi Kalyan Ashram (VKA – « l'ashram pour l'amélioration de la condition tribale ») fut ainsi établi en 1952 dans la zone tribale du Chhattisgarh pour offrir aux Adivasis (populations tribales) une éducation et des soins gratuits. Le VKA serait aujourd'hui présent dans trois cent douze districts de l'Inde.

Dans cette même veine, le travail social, le RSS a institué, en 1979, une organisation destinée à œuvrer dans les bidonvilles, auprès des pauvres – et des Dalits –, Seva Bharati (« le service indien ») qui, lui aussi, a surtout pris pied parmi les plus déshérités en ouvrant des écoles et des dispensaires gratuits, mais également en jouant sur les ressorts de la sanskritisation : des membres du Sangh Parivar invitaient ainsi des Dalits (ex-« intouchables ») à partager un repas avec eux, voire chez eux, ou à participer ensemble à des cérémonies religieuses. Certains Dalits sont particulièrement sensibles à ces démarches pourtant empreintes de condescendance. Les nationalistes hindous de haute caste s'y adonnent volontiers – quitte à accomplir ensuite des rites de purification – dès lors que c'est le prix à payer pour désamorcer des tensions sociales qui pourraient conduire des Dalits à se convertir au christianisme, voire à l'islam, et même à se révolter contre les dominants.

Au-delà du milieu syndical et du travail social, le RSS s'est employé à conquérir les esprits d'une façon plus directe encore en créant deux autres types d'organisations, certaines éducatives, d'autres religieuses.

Façonner la psyché des jeunes hindous à leur image était déjà l'objectif des cadres du RSS dans les *shakhas*. Mais pour donner plus d'ampleur à ce projet, dès 1952, le RSS, sous l'impulsion de Nanaji Deshmukh, s'est doté d'un réseau d'écoles baptisées

Saraswati Sishu Mandirs (« les temples de la déesse Saraswati ») dont l'Uttar Pradesh a été le creuset. Ces écoles ont été fédérées en 1977 au sein d'une institution nationale appelé Vidya Bharati (« le savoir indien »).

Au plan religieux, le RSS s'est érigé en défenseur de l'hindouisme et cherche à ramener pour cela dans son giron des leaders aussi prestigieux que les *shankaracharyas*, c'est-à-dire les maîtres des monastères de la tradition d'Adi Shankara, qui – à l'image de Swami Karpatriji qui avait créé son propre parti dans les années 1950 – étaient souvent hostiles aux nationalistes hindous (voire en compétition avec eux). C'est à cette fin que le RSS a chargé un *pracharak* chevronné, S. S. Apte, de fonder la Vishva Hindu Parishad (VHP – World Hindu Council) en 1964. Cette organisation s'est d'emblée voulue le creuset de l'union de sectes de l'hindouisme, voire une sorte de consistoire – et s'est mise à défendre des symboles de cette religion comme la vache sacrée. En 1966, la VHP a orchestré un vaste mouvement de protection de la vache qui l'a conduite à faire le siège du Parlement indien auquel elle demandait de légiférer en la matière : si la Constitution indienne recommande de prohiber l'abattage des vaches, seuls quelques États de l'Union indienne avaient, à l'époque, osé voter des lois sur ce point. En 1966, le gouvernement d'Indira Gandhi avait réprimé les manifestants, faisant sept morts dans leurs rangs – des martyrs de la cause qui ne permirent toutefois pas au parti nationaliste hindou d'atteindre les 10 % de suffrages exprimés lors des élections de 1967.

Ces succursales du RSS ont peu à peu pénétré les milieux sociaux où elles étaient appelées à œuvrer, en s'adaptant aux spécificités de ceux-ci sans trop diluer leur socle commun, l'idéologie nationaliste hindoue. Les *pracharaks* envoyés dans telle ou telle filiale étaient d'ailleurs sélectionnés en fonction de leurs affinités personnelles avec les différents univers socioculturels.

L'ABVP est passé de 170 000 membres (étudiants et enseignants) en 1977 à 250 000 en 1982 et à 1 101 000 en 2003 – ce qui en faisait le premier syndicat étudiant de l'Inde. Aujourd'hui, l'ABVP compterait 2,8 millions d'adhérents. Le BMS, en 2000, avec 3 400 branches de métiers et 4,5 millions de membres était devenu le premier syndicat professionnel du pays. En 2009, il revendiquait 10 millions de membres. Le BKS, en 2000, se disait présent dans 301 districts et annonçait 250 000 membres. En 2009, il revendiquait 900 000 membres. Vidya Bharati, qui ne gérait que 700 écoles en 1977, en comptait 5 000 au début des années 1990 (soit 40 000 enseignants et 1,2 million d'élèves). En 2003, elle revendiquait 14 000 écoles, 73 000 enseignants et 1,7 million d'élèves. En 2016, le nombre d'écoles formelles n'avait pas augmenté, mais le nombre de leurs élèves était passé à 3,2 millions.

Au fil du temps, le RSS a ciblé des groupes de plus en plus précis. C'est ainsi que, en 1992, afin de pénétrer le monde de la Justice, il a créé une organisation visant à regrouper les « lawyers » de l'Inde – elle compte environ 15 000 membres aujourd'hui et est présente dans une moyenne de vingt districts par État[1]. L'influence du RSS se mesure aussi qualitativement à travers la présence de l'ABAP, une association de juges et d'avocats, au sein même de la Cour suprême, dont neuf des trente-trois membres en octobre 2024 ont participé à au moins une des « fonctions » de l'organisation sans craindre d'être vus en public avec ce genre de fréquentations, chose impensable il y a quelques années.

En 2001, le RSS, qui se veut une armée de réserve[2], s'est doté d'une filiale destinée à accueillir les militaires à la retraite. Cette organisation a aidé le RSS à influencer les militaires d'active.

---

1. Sushovan Patnaik, « Lowering the Bar. The RSS Legal Front's Increasing Hold Over the Judicial System », *The Caravan*, 1er oct. 2024 (https://caravanmagazine.in/law/adhivakta-parishad-rss-hold-judicial-system).

2. Si les membres du RSS affectionnent les armes blanches, leurs camps d'entraînement – et plus encore ceux du Bajrang Dal – forment des volontaires au maniement d'armes à feu, voire à la fabrication d'explosifs. En 2018, le chef du RSS avait prétendu qu'en cas de besoin le RSS pourrait lever une armée « en deux ou trois jours ».

Cette longue liste – loin d'être exhaustive – témoigne de l'effort du RSS pour couvrir un grand nombre de secteurs de la société, et pour les influencer de l'intérieur, mais pas seulement : la constitution d'un tel ensemble s'inscrit dans une stratégie plus large.

Discipliner la société – avec l'aide de l'État

Le RSS ne cherche pas à conquérir la société d'une façon purement pacifique. Certes, son mode opératoire de prédilection est celui qu'on observe dans les *shakhas*, le prêche (d'où les *pracharaks* tirent d'ailleurs leur nom). Mais il n'exclut pas la coercition et a d'emblée rejeté la non-violence prônée par Gandhi. Son hostilité viscérale au Mahatma – alimentée par les efforts pour maintenir les musulmans dans le giron de l'Inde – s'est d'ailleurs traduite par des actes violents, y compris plusieurs tentatives d'assassinats, jusqu'à celle, réussie, de Nathuram Godse, l'un d'entre eux, en 1948. Peu avant ce meurtre, M. S. Golwalkar lui-même s'était prononcé en faveur du recours à la violence pour éliminer le Mahatma. Or, ce genre de discours était tenu à huis clos et ne devait plus avoir cours après l'interdiction du mouvement – pour quelques mois – en 1949-1950. Non que le RSS ait renoncé à la violence : il préférait désormais la sous-traiter à d'autres composantes du Sangh Parivar, comme le Bajrang Dal.

Le Bajrang Dal, bras armé du vigilantisme hindou

Le Bajrang Dal a vu le jour au printemps de 1984 avec pour mission de mobiliser les hindous dans l'affaire d'Ayodhya[1] en

1. L'affaire d'Ayodhya concerne un terrain dans cette ville de l'Uttar Pradesh sur lequel a été bâtie en 1528, au début de l'Empire moghol, la mosquée de Babur; ce terrain est considéré par les nationalistes hindous contemporains comme le lieu de naissance du dieu Rāma et la dispute qui en a résulté a donné lieu à de nombreuses violences.

recourant, au besoin, à la violence. Le premier chef du Bajrang Dal, Vinay Katiyar, déclara d'ailleurs un jour dans une interview à la presse : « La force est la seule loi que je comprenne. Rien d'autre ne m'importe. L'Inde est dans une situation de quasi-guerre, à l'image du conflit entre Rama et Ravana[1]. »

Le 6 décembre 1992, les membres du Bajrang Dal participèrent activement à la démolition de la mosquée d'Ayodhya et à la construction, sur ses décombres, d'un temple de Ram (Ram Mandir) de fortune. Au même moment, le Bajrang Dal était également impliqué dans les émeutes innombrables qui opposaient hindous et musulmans à travers l'Inde.

C'est que, à partir des années 1990, le Bajrang Dal a mis sur pied des camps d'entraînement où les militants recevaient une formation physique poussée. Une pratique que le président de l'organisation justifiait en 2004 par la menace musulmane : il s'agissait pour lui de « défendre la société et le tissu social contre les ravisseurs, les satyres, les voleurs, les agents de l'Inter-Services pakistanais [le renseignement militaire] et les agents infiltrés du Bangladesh[2] ». Au demeurant, un responsable du camp d'Ahmedabad explique dans une des rares interviews publiées sur le sujet : « Les jihadistes n'ont pas peur de la mort. Ils apprennent cela très jeunes dans les madrasas [écoles religieuses]. Nous devons également cesser d'avoir peur de la mort[3]. » Cette rhétorique montre bien que les camps du Bajrang Dal s'inscrivent toujours dans la

1. V. Katiyar, « It is a war-like situation », *Frontline*, 24 avril 1992, pp. 9-12. Rama, le héros de l'épopée éponyme *Ramayana*, est considéré comme le septième avatar de Vishnou et l'incarnation de la noblesse d'âme, tandis que Ravana est son ennemi juré, incarnation du Mal.

2. Interview citée dans Smita Gupta et Christophe Jaffrelot, « The Bajrang Dal : the New Hindu Nationalist Brigade », *in* Mushirul Hasan (dir.), *Living with Secularism. The Destiny of India's Muslims*, Delhi, Manohar, 2007, p. 204.

3. Cité dans D. Bunsha, « At a Hindutva factory », *Frontline*, 7-20 juin 2003 (https://www.frontline.in/static/html/fl2012/stories/20030620003210000.htm).

logique d'un mimétisme stratégique visant à imiter l'Autre pour mieux lui résister.

Si le maniement des armes à feu a fait son apparition dans les camps d'entraînement du Bajrang Dal à partir du milieu des années 1990, c'est toutefois celui des armes blanches qui a pris le plus d'ampleur. L'instrument de prédilection du mouvement est ici le *trishul* (trident), arme associée à Shiva qui, du coup, ne tombe pas sous le coup de l'Indian Arms Act. Si cet objet est présenté par l'organisation comme un simple symbole religieux, les lames mesurent tout de même plus de 10 centimètres, et nombre de victimes d'émeutes dans lesquelles des membres du Bajrang Dal étaient impliqués sont tombées sous ses coups. Au total, le mouvement considérait en avoir distribué plus de 500 000 entre 1986 et 2004. Il est vrai qu'au début des années 2000, le Bajrang Dal revendiquait deux fois plus de membres. En 2001 ses effectifs s'élevaient d'après son président à 1 250 000 membres[1].

À partir des années 1990, le Bajrang Dal est devenu l'instrument de la stratégie de coercition du Sangh Parivar qui s'inscrit dans ce qu'on désigne aujourd'hui sous le vocable de « vigilantisme ».

Le vigilantisme hindou ou la coercition au quotidien

Gilles Favarel-Garrigues et Laurent Gayer définissent le vigilantisme comme « une gamme d'actions collectives, souvent violentes et généralement illégales, dont la vocation est de maintenir l'ordre et/ou d'exercer la justice, au nom de normes juridiques ou morales[2] ». De fait, les milices nationalistes hindoues ont exercé une police culturelle vis-à-vis de tous les cas de « déviance ».

1. Entretien de Surendra Jain, ancien président du Bajrang Dal, par Smita Gupta, cité dans Smita Gupta et Christophe Jaffrelot, « The Bajrang Dal ».

2. Gilles Favarel-Garrigues et Laurent Gayer, « Violer la loi pour maintenir l'ordre. Le vigilantisme en débat », *Politix*, n° 115, vol. 29, 2016, p. 9.

Leurs cibles privilégiées ont d'abord été les artistes, comme le célèbre peintre musulman M. F. Husain. En 1996 des militants du Bajrang Dal ont attaqué sa galerie à Ahmedabad, la cause officielle de leur ire venant d'une toile montrant la déesse Saraswati trop dénudée à leur goût[1]. Husain fut à nouveau la victime du Bajrang Dal le 2 mai 1998 lorsque des militants du mouvement saccagèrent son appartement à Bombay pour protester contre sa toile, *Sita Rescued* qui dépeignait la fameuse scène du *Ramayana* montrant la libération de Sita des griffes de Ravana[2].

La mise en scène de la condition féminine est un autre enjeu à l'origine d'interventions musclées du Bajrang Dal, comme en témoignent les attaques visant les films de Deepa Mehta. Cette réalisatrice – qui, elle, n'était pas musulmane – avait choisi, en 2000, de tourner un film sur la vie des veuves hindoues à Bénarès dans les années 1930, contraintes au célibat et à la mendicité. Le président de la VHP déclara aussitôt que ce film serait une insulte « à la culture et aux traditions de l'Inde ancienne[3] ». Le plateau installé au bord du Gange fut totalement saccagé par des militants du Bajrang Dal.

Les vigilantistes hindous s'efforcent de faire respecter leurs traditions au sein de la communauté en faisant la chasse aux jeunes membres qui remettraient en cause l'endogamie de caste – un des piliers du système social. Ils s'emploient ainsi à empêcher les mariages inter-castes et poursuivent – souvent avec la bénédiction des parents de la fille, qui craignent un déshonneur familial – les couples illégitimes lorsqu'ils ont fui en ville (souvent à Mumbai, réputée cosmopolite).

---

1. P. Swami, « Predatory Pursuit of Power », *Frontline*, 23 mai 1998 (https://www.frontline.in/static/html/fl1511/15110990.htm).

2. Voir « BJP – The Saffron Years », Sabrang Alternate News Network (http://www.countercurrents.org/comm-sann290603:htm) et K. S. Narayanan, « When Might is Right », *Deccan Herald*, 1er juillet 2001.

3. Cité dans *The Hindu*, 5 février 2000.

Dans ce domaine, les premières victimes de cette police des mœurs sont toutefois les garçons musulmans accusés de séduire les jeunes hindoues pour les convertir, les épouser et leur faire des enfants. Ce qui, pour eux, relève d'une sombre conspiration visant à transformer les hindous en une minorité dans leur propre pays, et s'apparente à un « love jihad » – qui justifie le déploiement des gros bataillons de leurs militants. Il en va de même pour ce qu'ils désignent d'un terme analogue, le « land jihad », ou la tentative des musulmans pour acheter des logements dans les quartiers mixtes : l'entreprise d'invisibilisation de la minorité musulmane que mènent les nationalistes hindous passe par une stricte ghettoïsation de cette communauté. Les musulmans ne peuvent plus non plus prier en public aussi facilement qu'avant sans prendre le risque d'être expulsés d'un parc ou d'un terrain vague *manu militari*.

Les opérations de ces milices qui ont connu le plus grand écho dans la presse indienne et au-delà concernent toutefois la défense de la vache, l'animal sacré par excellence dans l'hindouisme. Au nom de cette cause, des groupes de vigilantistes spécialisés patrouillent sur les autoroutes de l'Inde du Nord – le bastion de leur mouvement – pour inspecter les camions susceptibles de transporter des bovins. Lorsque le chauffeur est un musulman, le soupçon qu'il conduise ses bêtes à l'abattoir est tel qu'il est souvent passé à tabac – parfois à mort. Ces lynchages sont filmés et diffusés sur les réseaux sociaux pour marquer les esprits.

Légitimation – puis légalisation – des hors-la-loi

Les agissements analysés plus haut n'ont pu se donner libre cours qu'en raison de la neutralité, ou de la bienveillance, voire de la complicité de l'État après l'arrivée au pouvoir du BJP au niveau régional et/ou national. Les mécanismes à l'œuvre demandent ici à être examinés en détail.

Si la sphère politique a été revalorisée par le RSS de façon croissante depuis sa création, trois épisodes font figure de tournant dans cette évolution. Après l'interdiction du mouvement par

Nehru et l'arrestation de 20000 de ses activistes après l'assassinat du Mahatma Gandhi, le RSS s'est trouvé tellement isolé sur la scène publique qu'il a pris la décision d'entrer en politique en créant un parti, le Jana Sangh. En 1979, lorsque les Jana Sanghis ont été accusés de « double allégeance » par d'autres membres du Janata Party (formé en 1977 par la réunion de plusieurs partis, dont le Jana Sangh, unis dans leur opposition à Indira Gandhi) en raison de leur allégeance au RSS et ont dû former le BJP, le RSS en a conclu qu'il n'y avait pas d'alternative à la formation d'un « vote hindou » pour faire entendre raison aux politiciens – d'où le lancement du mouvement pour le temple d'Ayodhya. Dans les années 1990-2000, enfin, le RSS a jugé indispensable d'aider le BJP à prendre le pouvoir[1] pour éviter que la politique de la caste[2] ne remette en cause l'ordre social – d'où son soutien à Narendra Modi, un nationaliste hindou de basse caste –, une équation gagnante à l'heure de la montée en puissance de la plèbe des castes inférieures.

À partir de 2014, l'arrivée au pouvoir de Modi a permis aux vigilantistes du mouvement nationaliste hindou de monter en puissance, au point de créer un nouvel État profond en rendant la police complice, et en votant des lois légalisant certains de leurs agissements.

Bien des photos et des enquêtes réalisées par des journalistes d'investigation témoignent de l'existence d'un lien quasi

1. Le BJP a été créé par le RSS et tous ses leaders viennent de l'organisation mère. Mais le parti a acquis une certaine autonomie – avec la bénédiction du RSS qui, d'une part ne cherche pas à micro-manager ses filiales, et d'autre part tient à tenir ses membres à l'écart de la politique – « sale » par définition.

2. On désigne ainsi la défense des basses castes par certains partis à des fins électorales, chose doublement problématique pour les nationalistes hindous qui souhaitent maintenir la domination des castes dites supérieures d'où viennent leurs leaders et qui cherchent à éviter toute division des hindous, leur « banque de votes ».

organique entre la police et les vigilantistes. C'est ainsi que l'on voit ces derniers revêtir des éléments de l'uniforme officiel (un casque le plus souvent) ou utiliser des véhicules des forces de l'ordre locales. Sur des vidéos mal floutées, les gardiens de la paix assistent même, les bras croisés, aux exactions de défenseurs de la vache dont le front, ceint d'un bandeau safran, atteste leur appartenance au Bajrang Dal. C'est que la police dépend de gouvernements BJP qui appartiennent à la même mouvance idéologique que les vigilantistes. En fait, les États gouvernés par le BJP ont, pour la plupart, créé des brigades chargées de faire la même chose que ces derniers, qu'il s'agisse de protéger la vache sacrée ou les filles hindoues – et ces policiers d'un genre nouveau sont bien souvent recrutés parmi les milices du Sangh Parivar. Les pratiques des uns et des autres sont bien souvent illégales, mais légitimes car il n'y a pas de tâche plus noble – et même plus morale – que celle relevant de la défense de l'hindouisme.

La question de l'illégalité des agissements cités plus haut ne se pose de toute façon plus guère, car dans bien des États gouvernés par le BJP, le parti a fait voter des lois permettant de les couvrir devant les juges. Des lois interdisant l'abattage des vaches ont été adoptées ou durcies là où elles existaient déjà en Uttar Pradesh, au Gujarat, au Maharashtra, en Haryana, etc. D'autres ont été adoptées pour rendre les mariages interreligieux (et les conversions) quasi impossibles, l'autorisation de l'administration étant désormais nécessaire pour valider ce genre de rituels jusque-là reconnus comme relevant d'un droit individuel. De même, des règlements municipaux ont vu le jour dans certaines villes du Gujarat, qui subordonnent une transaction immobilière qui impliquerait des personnes de deux communautés religieuses différentes à l'assentiment du préfet – qui n'autorise jamais un musulman à s'installer dans un bâtiment habité principalement par des hindous.

Dé-différenciation et formation de l'État : le triomphe du majoritarisme

La relation de connivence – voire l'osmose – qui existe entre la police et les milices nationalistes hindoues reflète un processus de dé-différenciation de l'État. Par la Constitution de 1950, bâtie sur les institutions du Raj britannique, l'Inde indépendante avait mis sur pied un régime où l'État était en surplomb de la société : sa neutralité religieuse s'incarnait dans la notion de sécularisme (par laquelle toutes les communautés étaient reconnues sur un pied d'égalité) ; et son indépendance par rapport aux forces sociales se déduisait de son réformisme visant tant les castes que l'émancipation des femmes, tous les citoyens étant libres et égaux en droit. L'Inde actuelle revient sur cet effort de construction de l'État en versant dans un processus de « formation de l'État », pour reprendre la formule de Bruce Berman et John Lonsdale, qui distinguent fort à propos la formation de l'État comme institution sociale et la construction de l'État comme appareil administratif[1]. Cette approche permet en effet de relativiser le caractère a-étatique, non étatique, voire antiétatique, du RSS dans la mesure où, en un sens, le Sangh Parivar est et fait l'État, qu'il exerce l'autorité concrète ou qu'il influence la bureaucratie (y compris la police).

Former l'État, c'est en fait le projet initial du RSS. Depuis 1925, on l'a dit, cette organisation aspire à fonder un Hindu Rashtra, « une nation hindoue », qui repose, non sur des bases constitutionnelles, ou légalo-rationnelles pour reprendre les termes de Max Weber, mais sur la culture d'une société érigée en nation et s'autorégulant. À la légalité de l'État webérien, le RSS oppose la légitimité d'une identité sacralisée. De fait, les milices chargées de la police culturelle contribuent à l'avènement

1. Bruce Berman et John Lonsdale, *Unhappy Valley. Conflict in Kenya and Africa*, vol. 1, *State and Class*, vol. 2, *Violence and Ethnicity*, Londres/Nairobi/Athens, James Currey/Heinemann Kenya/Ohio University Press, 1992.

d'une nation hindoue fondée moins sur l'État que sur des pratiques sociales puisant aux sources des traditions hindoues. Car les vigilantistes ne se contentent pas de disqualifier la loi, ils la remplacent par les normes sociétales – on peut même parler d'orthopraxie – des hautes castes hindoues. Certes le RSS valorise l'État d'une manière nouvelle, mais pour autant que sa conquête lui permette d'influencer les esprits et de créer ainsi ce qu'il appelle un « Hindu Rashtra ».

Le Hindu Rashtra est donc en marche, et sur ses deux jambes. Cette appellation traduit en effet à la perfection l'ambivalence du processus : elle désigne autant une communauté de civilisation, une *Gemeinschaft*, un peuple uni par une culture et des codes sociétaux, qu'une structure politique ; c'est à la fois une société, une culture, une nation et un État – comme le Reich allemand qui procède de la même racine étymologique indo-européenne. À ce titre, l'action du Sangh Parivar participe à la formation d'un État plus profond : l'appareil d'État qu'il contrôle à travers le BJP se branche sur le réseau que le RSS a développé depuis un siècle pour pénétrer la société et l'influencer de l'intérieur. Le pouvoir politique n'y est pas valorisé en tant que tel, comme dans d'autres idéologies véhiculant une mystique de l'État. Ce n'est qu'un « facilitateur », le rôle le plus important échouant aux organisations suffisamment ancrées dans la société pour guider la nation. Le Hindu Rashtra (fait de la société et de l'État) apparaît ici comme plus profond que l'État officiel.

Conclusion

À la différence de bien des mouvements ethno-religieux d'obédience chrétienne, juive, musulmane ou bouddhiste, le RSS a toujours accordé la priorité à la conquête de la société par en bas plutôt qu'à celle de l'État. Pour atteindre cet objectif, le mouvement s'est employé à quadriller et à pénétrer la société en suivant deux méthodes complémentaires. D'une part, il a tissé un vaste et dense réseau de *shakhas*. D'autre part, il a développé des filiales au sein des catégories sociales et des milieux professionnels les plus variés, qu'il s'agisse de syndicats ou d'associations corporatistes.

Cette démarche, en un siècle, lui a permis de se doter de cadres et d'acquérir une base considérable, mais bien sûr insuffisante pour neutraliser ceux qui ne pensent pas comme lui et en qui il voit des ennemis : le Congrès et la gauche, les libéraux sécularistes, les membres de basses castes et bien sûr les minorités.

Pour les affronter, le RSS a mis au point deux stratégies complémentaires. Au niveau sociétal, il a recouru à la contrainte, à la coercition, et donc à la violence, en sous-traitant l'imposition d'un ordre social et moral de type brahmanique à des milices vigilantistes. Au niveau politique, il s'est résigné à entrer dans l'arène en considérant qu'il ne pourrait pas créer le Hindu Rashtra sans influencer et même capturer l'État : il a créé un premier parti après que Nehru l'a dissous ; il a lancé le mouvement d'Ayodhya pour créer une banque de votes hindous et il a soutenu le national-populisme de Narendra Modi.

L'arrivée au pouvoir du BJP dans certains États, et plus encore celle de Modi en 2014, a permis au RSS de créer des synergies nouvelles, et même un joint-venture, un État plus profond, en branchant l'administration sur le Sangh Parivar, en particulier les groupes vigilantistes exerçant une police culturelle.

L'État de droit n'a pas résisté à la création de ce nouveau type d'État profond contrôlant non seulement l'appareil administratif, mais aussi la société au niveau local au nom de valeurs religieuses et même sacrées. La preuve en est que la Cour suprême s'en remet au répertoire du majoritarisme hindou : plutôt que de dire le droit, les juges cherchent à adhérer aux désirs de la communauté majoritaire – comme le verdict de 2020 justifiant la construction d'un temple sur les ruines de la mosquée d'Ayodhya. Le chef de cette Cour a lui-même avoué en 2024 : « Très souvent nous sommes confrontés à des affaires pour lesquelles nous n'arrivons pas à trouver de solution. Une chose comme ça s'est produite dans le cas [du temple/mosquée] d'Ayodhya que j'ai eu à traiter pendant trois mois. Je me suis assis devant [la statue du] dieu et lui ai dit qu'il fallait qu'il trouve une solution[1]. »

Les implications de ces évolutions sont doubles.

La fabrique de cet État profond se traduit par un contrôle sur la société d'une ampleur inconnue : la condition des femmes, le respect des normes de caste, la marginalisation des minorités et des libéraux, le régime alimentaire de tout un chacun, etc. sont maintenant appelés à être régulés à la fois par l'État et ses relais du Sangh Parivar, un processus facilité par la sophistication des techniques de surveillance et la délation.

Par ailleurs, la fabrique de ce nouveau Léviathan relativise les possibilités d'un retour en arrière par la voie politique. Si l'opposition reprenait le pouvoir aujourd'hui, il lui serait en effet très difficile de ramener l'Inde au *statu quo ante* : non seulement contrer les réseaux du Sangh Parivar serait très difficile étant donné la légitimité qu'ils ont acquise, mais revenir sur les lois votées au niveau des États serait presque impossible (les gouvernements du Karnataka, de l'Himachal Pradesh et du Rajasthan ne l'ont d'ailleurs pas fait quand le Congrès y a gagné les élections régionales). Certains chefs du Congrès eux-mêmes se reconnaissent dans les politiques de l'Hindutva – et c'est en partie pour cela que l'alternance au pouvoir ne change guère les choses pour les minorités dans les États où elle a lieu.

---

1. « Prayed to God for a solution to Ayodhya dispute, says CJI Chandrachud », *The Hindu*, 21 octobre 2024. (https://www.thehindu.com/news/national/prayed-to-god-for-a-solution-to-ayodhya-dispute-says-cji-chandrachud/article68776644.ece#:~:text=%22Very%20often%20we%20have%20cases,solution%2C%22 %20the%20CJI%20said).

18.

Mouvements nationalistes bouddhistes au Myanmar : discrimination, violence et émeutes

Niklas Foxeus

Ce chapitre se concentre sur la période dite « de transition » (2011-2021), de démocratisation et de libéralisation politique et économique en Birmanie (Myanmar). Cependant, il est nécessaire d'examiner d'abord les évolutions qui se sont fait jour au cours de la période coloniale britannique, dans la mesure où elles ont façonné et engendré des récits et des discours sur la victimisation et la vulnérabilité telles que perçues par le groupe majoritaire bouddhiste.

Nationalisme bouddhiste birman et identité nationale

La Birmanie a été colonisée en trois étapes (1824-1826, 1852-1853 et 1885) ; la période coloniale, qui a duré jusqu'en 1948, a transformé la société, en particulier dans les zones urbaines. Le pays est devenu une province des Indes britanniques et les Britanniques y ont encouragé l'immigration de main-d'œuvre en provenance de l'Inde. Dans le nationalisme bouddhiste birman, l'identité ethnique s'est retrouvée intrinsèquement liée à une identité bouddhiste et s'est trouvée façonnée par les développements de la période coloniale. En raison des classifications bureaucratiques britanniques, notamment selon la race et la religion, les identités religieuses et ethniques, auparavant plutôt fluides, se sont sclérosées. En outre, les diverses ethnicités, probablement sous l'effet des théories raciales britanniques, en sont venues à être considérées comme des « races » biologiques et immuables. Ces différenciations fondées sur la race et la religion ont également contribué au communautarisme, c'est-à-dire à des identités de groupe fondées sur la race et la religion, et à l'éclatement de conflits dans la colonie britannique, en particulier à partir des années 1930.

Depuis la période coloniale, les mouvements nationalistes bouddhistes se nourrissent d'un discours de victimisation et d'un sentiment d'amertume et de ressentiment d'abord envers les Indiens puis, dans un second temps, envers les musulmans. Les trois mots clés de ce discours sont *amyou-bhāthā-thāthanā* (« nation ou race », « langue ou religion[1] » et « enseignement du Bouddha » [du pāli *sāsana*]). La volonté de protéger ces trois marqueurs d'appartenance semble avoir émergé au sein de l'organisation laïque bouddhiste Young Men's Buddhist Association (YMBA), fondée en 1906. Depuis lors, le discours nationaliste bouddhiste sur le déclin de l'*amyou* et du *sāsana* du Bouddha est récurrent. Dans les premières décennies du XXe siècle, *amyou* en est venu à désigner la « nation » au sens moderne du terme ainsi que le concept occidental moderne de « race » biologique. Le *sāsana* du Bouddha, que les mouvements nationalistes bouddhistes cherchent à protéger – phénomène intrinsèquement social –, renvoie à un bouddhisme localisé, institutionnalisé et ancré dans la société, incarné par la communauté monastique et

1. Le mot *bhāthā* est la prononciation birmane du mot pāli *bhāsā*, qui signifie « parole », « langue », etc. Durant la période coloniale, il était généralement employé en référence à la « langue » dans les mouvements nationalistes, car la langue birmane se trouvait alors marginalisée. Dans les mouvements nationalistes ultérieurs, il en est venu à renvoyer plutôt à la « religion » – sachant que c'est au cours de la période coloniale que le mot a été employé pour rendre le concept occidental de « religion ».

les laïcs. Il s'agit d'une religion collective constitutive des identités de groupe, dans laquelle l'identité religieuse est confondue avec l'identité nationale birmane.

Dans le discours nationaliste bouddhiste birman, deux problèmes à la fois liés et récurrents se posent depuis la période coloniale jusqu'à aujourd'hui : les mariages interreligieux de femmes bouddhistes birmanes avec des Indiens (musulmans et hindous) pendant la période coloniale et, par la suite, avec des musulmans de toute ethnie; la concurrence commerciale, perçue comme déloyale, entre les bouddhistes birmans et les Indiens (plus tard, les musulmans). Ces deux problèmes, considérés comme un danger pour la race/nation bouddhiste birmane et l'enseignement du Bouddha, sont étroitement liés : les riches musulmans indiens sont accusés d'user de leur richesse pour séduire les femmes bouddhistes birmanes et les épouser, les convertissant par ce biais à l'islam. Ainsi, la race/nation birmane bouddhiste déclinerait, et, en quelque sorte diluée, finirait par disparaître. Les femmes sont vues comme le maillon faible de la communauté, car par elles le bouddhisme et la race birmane seraient corrompus en raison du « mélange de sang » jusqu'à être détruits par les musulmans. Ces deux questions ont créé des tensions et contribué à provoquer des émeutes depuis la période coloniale.

Le nationalisme birman a d'abord pris la forme d'une réaction anti-indienne avant de devenir anticolonial. Les tensions croissantes s'expliquent par l'inquiétude des Birmans face à l'immigration non régulée et à l'influence politique, économique et sociale disproportionnée des Indiens, lesquels en sont venus à occuper une position dominante par rapport aux Birmans. Une élite d'Indiens s'est vu offrir les postes les plus prestigieux de l'administration coloniale, tandis que les Birmans occupaient pour la plupart des postes subalternes et n'avaient guère de succès dans les affaires. Les Indiens ont dominé l'économie et les entreprises dans les zones urbaines. Dans les grandes villes, les Birmans constituaient une minorité et les Indiens la majorité.

De nombreux Indiens (des musulmans, mais aussi des hindous) épousaient des femmes bouddhistes birmanes. Il a été rapporté que les femmes bouddhistes birmanes qui épousaient des Indiens avaient tendance à croire qu'elles étaient mariées à ces derniers, conformément au droit coutumier bouddhiste birman, alors qu'elles n'étaient que des concubines sans droit de succession, conformément aux lois hindoues et islamiques qui définissaient leurs droits. En raison des règles de castes, les femmes bouddhistes birmanes ne pouvaient pas légalement épouser des hommes hindous, et pour se marier légalement avec des musulmans indiens, elles devaient – selon la loi islamique – se convertir à l'islam et perdre ainsi leur religion (le bouddhisme). Le problème des mariages mixtes, considéré comme un problème racial de « races mélangées » (*kapyā*) et de dilution de la race birmane, faisait craindre l'extinction du bouddhisme, de la race et de la nation. Au début des années 1920, une importante organisation de femmes, faisant de cette question un enjeu national, déclara, lors d'une manifestation à Rangoon, que les femmes birmanes bouddhistes ne devaient épouser que des hommes bouddhistes. Des lois furent adoptées afin de résoudre le problème interreligieux des droits de succession et de divorce. En 1927, un projet de loi sur le mariage et le divorce bouddhistes fut présenté au Conseil législatif; il ne fut promulgué qu'en 1939 : il s'agit de la Loi spéciale sur le mariage et la succession des femmes bouddhistes (Buddhist Women's Special Marriage and Succession Act).

L'humiliant statut subalterne des Birmans, la marginalisation de leur langue et de leur culture, la prédominance des Indiens dans l'économie et la question des mariages mixtes suscitèrent de l'amertume, de l'envie et du ressentiment à l'égard des immigrés indiens. Les tensions s'accrurent à la fin des années 1930, pendant la dépression économique et avec les incertitudes créées par la séparation d'avec l'Inde en 1937. En 1938, des émeutes indo-birmanes éclatèrent entre bouddhistes birmans et musulmans indiens, qui firent 240 morts. Les mariages entre femmes bouddhistes et hommes indiens (en particulier musulmans) et l'exploitation au plan économique font partie des causes déterminantes de ces émeutes.

Les stéréotypes concernant les bouddhistes et les musulmans remontent à la période coloniale, bien qu'ils se soient développés au fil des ans. Une construction d'identités religieuses incompatibles, façonnée par l'orientalisme et les principales catégories taxonomiques coloniales de « race » et de « religion » qu'imposa l'administration coloniale britannique, prit de l'ampleur, les bouddhistes étant stéréotypés comme tolérants, et les Indiens (musulmans et hindous) comme intolérants. Cette prétendue tolérance bouddhiste fait désormais partie intégrante du discours nationaliste bouddhiste et est aujourd'hui perçue comme un aspect essentiel de l'identité nationale bouddhiste. Les discours nationalistes bouddhistes regorgent de stéréotypes positifs (pour les bouddhistes) et négatifs (pour les musulmans). Les premiers sont décrits comme doux, remplis d'amour, bienveillants, propageant la non-violence et pratiquant la méditation, au contraire des seconds, décrits comme agressifs, rusés, violents, expansionnistes, égoïstes et libidineux.

Ces stéréotypes se sont répandus dans des pamphlets qui faisaient la part belle à des théories du complot antimusulmans, en particulier pendant la période du gouvernement militaire SLORC-SPDC (1988-2011), et après 2011. Une de ces théories, concernant la prise de contrôle de la Birmanie et du monde entier par les musulmans au XXIe siècle, par le biais du commerce et des mariages interreligieux, est apparue dans la période qui a suivi l'indépendance. On peut la comparer à la théorie du complot antisémite, fondée sur les *Protocoles des Sages de Sion*, célèbre faux élaboré en 1903 en Russie et utilisé plus tard par les nazis. La théorie du complot birmane est surtout connue grâce à une brochure anonyme non datée *Amyou-pyauk-hmā-sou-kyauk-sayā*, « Craignant que la nation/race ne disparaisse », qui semble avoir été distribuée vers la fin des années 1980 ou un peu plus tard.

Des documents soi-disant secrets, destinés à être diffusés uniquement parmi les musulmans, y sont reproduits. On y apprend que ceux-ci doivent marquer leurs magasins du chiffre 786, qu'ils ne doivent faire des affaires qu'entre eux et qu'ils doivent épouser des femmes bouddhistes afin d'agrandir leur groupe. Le nombre 786 est utilisé en Asie du Sud et dans certaines parties de l'Asie du Sud-Est par les musulmans comme équivalent numérique du premier verset du Coran, *Bismi Llahi r-rahmani r-rahimi*, « Au nom de Dieu, le Clément, le Miséricordieux ». Ces chiffres sont utilisés pour indiquer que les magasins et les restaurants vendent de la nourriture halal, ainsi que dans d'autres contextes[1]. Cependant, les nationalistes bouddhistes ont interprété 786 selon leur théorie du complot, affirmant que ces chiffres, une fois additionnés, s'élèvent à vingt et un et que ce nombre fait référence à leur prétendu plan visant à transformer la Birmanie en un État islamique au cours du XXIe siècle, et à étendre leur domination sur le monde entier. Des récompenses seraient accordées aux musulmans qui parviendraient à épouser des bouddhistes autochtones, et plus particulièrement celles au statut social élevé et issues de familles influentes. Dans les sermons prononcés en 2012-2015, les moines nationalistes reprirent cette théorie d'un plan secret des musulmans.

La « période de transition » (2011-2021) : mouvements nationalistes bouddhistes et émeutes

En 2010, le parti Union Solidarity and Development Party (USDP), soutenu par l'armée, a remporté des élections qui

---

1. Nyi Nyi Kyaw, « Islamophobia in Buddhist Myanmar : The 969 Movement and Anti-Muslim Violence », in *Islam and the State in Myanmar : Muslim-Buddhist Relations and the Politics of Belonging*, Melissa Crouch (dir.), New Delhi, Oxford University Press, 2016, p. 12-16.

n'étaient ni libres ni équitables, et Thein Sein, un ancien général de la dictature militaire, est devenu président en mars 2011. L'USDP était le parti politique mandataire de l'armée, impopulaire auprès de la population. La Constitution du Myanmar de 2008 réservait 25 % des sièges du Parlement aux représentants de l'armée birmane (Tatmadaw). Cette Constitution a été perçue comme un moyen pour l'armée de contrôler le processus politique à l'ère de la « démocratisation » à partir de 2011 et de protéger ses intérêts. L'armée contrôlerait également les ministères clés (Affaires intérieures, Affaires frontalières et Défense). Ce programme de démocratisation limitée, appelé « Feuille de route pour une démocratie florissante et disciplinée », fut défini le 30 août 2003 par le général Khin Nyunt. En 2011, le gouvernement semi-civil et semi-démocratique de l'USDP lança ainsi un processus de démocratisation (limitée), mais de libéralisation économique étendue, et de poursuite de la mise en œuvre du capitalisme libéral. La libéralisation de l'économie entraîna la résurgence du stéréotype de l'homme d'affaires musulman prospère et réveilla la crainte d'une domination de l'économie par les musulmans. Des émeutes éclatèrent dans l'État de Rakhine, dans l'ouest de la Birmanie/Myanmar, entre bouddhistes et musulmans (en particulier des Rohingyas) en juin 2012 et reprirent en octobre de la même année. D'autres émeutes éclatèrent dans d'autres régions en 2013-2014, notamment à Mandalay et à Meiktila, dans le centre. La majorité des personnes tuées étaient des musulmans, et la plupart des maisons et des biens détruits appartenaient à des musulmans. Le nombre de victimes varie selon les rapports : entre 176 et 211 morts lors des violences de juin et octobre 2012 dans l'État de Rakhine; 500 pour le seul mois d'octobre 2012 selon une source[1] ; 44 lors des émeutes de Meiktila en 2013 (mais des estimations non vérifiées suggèrent

1. Physicians for Human Rights, *Patterns of Anti-Muslim Violence in Burma : A Call for Accountability and Prevention*, Cambridge, 2013, p. 12.

un chiffre allant jusqu'à 148 personnes[1]), et deux personnes tuées lors des émeutes de Mandalay en juillet 2014.

La libéralisation politique, avec l'abolition du Conseil de censure, l'autorisation d'organiser des manifestations, etc., et l'accès de tous aux téléphones portables et à l'Internet, a ouvert un espace social et politique qui a permis aux mouvements nationalistes bouddhistes d'avoir un large impact. Une islamophobie mondialisée liée à des formes extrémistes d'islam comme l'État islamique (ÉI) a été un facteur supplémentaire qui a façonné les discours nationalistes bouddhistes à l'époque. En réponse aux émeutes de 2012 dans l'État de Rakhine, de nombreux mouvements – réseaux et organisations nationalistes bouddhistes – furent créés. Avant les élections générales de novembre 2015, ils furent tacitement soutenus par le gouvernement dirigé par le président Thein Sein et par le parti USDP soutenu par l'armée.

Le mouvement 969 est un célèbre groupe nationaliste bouddhiste. Ce réseau monastique informel a été créé par un moine le 30 octobre 2012 à Mawlamyine, en Basse-Birmanie. Le nombre 969 était présenté comme un « symbole du bouddhisme » (*bouddha-bhāthā-ahmat-tan-hseip*) qui unirait les bouddhistes et éveillerait en eux un « esprit nationaliste » (*amyou-thā-yay-seit-dhāt*). Le nombre 969 représente les qualités des Trois Gemmes : le Bouddha (neuf qualités), le Dhamma (six qualités) et la Sangha (neuf qualités). Comme l'a déclaré un célèbre représentant du mouvement, Hitadhara Hsayādaw (alias U Wimala Bhiwuntha), dans une interview publiée dans la revue nationaliste bouddhiste *Mahāwīra Yatha-soun Magazine* en septembre 2015, ce mouvement a été fondé pour protéger la nation/race, la religion (le bouddhisme) et l'enseignement du Bouddha. Selon ce moine, la stratégie du mouvement se résume en cinq points : être loyal (*thissā-shi-deh*) envers la race/nation, la religion et le *sāsana* du

1. Physicians for Human Rights, *Muslim Students Terrorized and Killed in Meiktila*, Cambridge, 2013, p. 4.

Bouddha (dans les affaires et le mariage) ; être discipliné en protégeant ces éléments, être uni, aider les autres bouddhistes birmans (« les personnes de la même race et de la même religion »), et être ferme (*khaing-mā*) dans le dévouement au *sāsana* du Bouddha et la nation/race birmane en cultivant un état d'esprit d'amour nationaliste. L'appel à l'unité bouddhiste doit être compris dans le contexte où le bouddhisme était perçu comme menacé par l'islam. Plusieurs moines de 969 ont également exhorté les bouddhistes à rompre leurs liens sociaux avec ceux d'une « race et d'une religion différentes » (*bhāthā-khya, lū-myou-khyā*), c'est-à-dire les musulmans, et à éviter de les fréquenter et de se lier d'amitié avec eux. Il s'agissait là d'une tentative concertée de faire en sorte que les bouddhistes se considèrent comme appartenant à une communauté unifiée et délimitée, clairement différenciée du groupe extérieur, les musulmans, une forme de construction communautaire qui a créé une condition propice à l'aggravation des tensions et de la violence communautaires.

Le mouvement 969 incita les bouddhistes à apposer sur leurs magasins et restaurants des autocollants portant le symbole 969 afin de les identifier comme bouddhistes. Il fut utilisé en représailles à la pratique des musulmans consistant à apposer sur leurs commerces et leurs restaurants le symbole 786, qui vise principalement à signaler qu'ils servent de la nourriture halal. Le mouvement 969 était particulièrement connu pour sa campagne « Achetez bouddhiste », le boycott des entreprises appartenant à des musulmans, et sa campagne « Épousez un bouddhiste ». Les bouddhistes étaient invités à n'acheter que dans des magasins appartenant à des bouddhistes et à n'épouser que des bouddhistes birmans. La campagne commerciale fut toutefois étendue à toutes sortes d'entreprises, y compris aux compagnies de bus. Ces activités de protection concernant les affaires commerciales et sociales (dont le mariage) incarnent les cinq points mentionnés ci-dessus.

Le 27 juin 2013, le mouvement 969 fut intégré dans une organisation plus importante et mieux structurée, Amyoubhāthā-thāthanā-saung-shauk-yay-ahpwe, l'« Organisation pour la protection de la nation (race), de la religion et de la dispensation du Bouddha » (abrégée en Ma Ba Tha). Contrairement au mouvement 969, Ma Ba Tha était dirigé par des moines âgés, respectés et vénérés, ce qui a renforcé l'impact et élargi le soutien du mouvement nationaliste. La plupart des moines du mouvement 969 sont devenus membres et/ou dirigeants du Ma Ba Tha. Leur programme n'est pas devenu obsolète avec la fondation de Ma Ba Tha, car il était soutenu par de nombreux moines de Ma Ba Tha, y compris par son plus haut dirigeant, Bhaddanta Tillawka Bhiwuntha, le président de l'organisation nationale. Cependant, Ma Ba Tha s'est concentré sur ses quatre lois familiales nationalistes pour la protection de la nation et de la religion. Ces lois étaient appelées *amyou-saung-upaday*, « lois de protection de la nation/race », raison pour laquelle elles sont qualifiées de « nationalistes ». La protection du bouddhisme était donc implicite, la nation/race étant considérée comme liée au « bouddhisme ». Dans la littérature anglaise sur le sujet, ces lois sont souvent appelées « *race and religion laws* ». Ma Ba Tha a servi de groupe de pression pour persuader Thein Sein de faire ratifier ces quatre lois nationalistes par le Parlement en 2015 : une loi sur les mariages mixtes, une loi sur la conversion, une loi sur la monogamie et une loi sur le contrôle des naissances. Leur objectif était d'empêcher l'expansion redoutée des minorités musulmanes et leur infiltration dans la communauté bouddhiste par le biais des mariages. Les deux premières visaient à protéger les bouddhistes birmanes et à faire en sorte qu'il soit plus difficile et moins attrayant pour les musulmans de les épouser. Elles s'appuyaient sur des théories du complot antimusulmans et des rumeurs concernant des musulmans prétendument prospères dans les affaires, qui usaient de leur argent pour persuader des femmes bouddhistes birmanes pauvres et peu instruites de les épouser avant de les forcer à se convertir à l'islam, ce qui faisait diminuer la population bouddhiste et suscitait des craintes apocalyptiques quant à la disparition du bouddhisme, et de la nation ou de la race birmane. Ces quatre lois étaient similaires à celle de 1939 sur le mariage et l'héritage des femmes bouddhistes, ré-adoptée et modifiée en 1954.

Le mouvement 969 et le Ma Ba Tha ne présentèrent pas de programmes officiels concernant certaines pratiques religieuses; ces programmes comprenaient principalement des actions socio-religieuses concrètes visant à protéger leur race/nation et l'enseignement du Bouddha contre la menace que semblaient faire peser les minorités musulmanes, à la suite des émeutes de 2012. Ils visaient à isoler les musulmans et à cesser toute interaction avec eux, interactions et amitiés qui étaient courantes avant l'émergence de cette situation tendue. Certains moines prestigieux, comme Bhaddanta Tillawaka Bhiwuntha, affirmèrent que la discrimination à l'encontre des musulmans dans les affaires commerciales et matrimoniales visait à protéger la nation/race birmane et le *sāsana* du Bouddha, et qu'il s'agissait donc d'une forme de mérite bouddhiste, c'est-à-dire d'un moyen de générer un bon karma. L'objectif des deux mouvements était bien de protéger la race/nation et le *sāsana* du Bouddha, et de réveiller un esprit nationaliste. En outre, ce qu'ils protégeaient n'était pas le bouddhisme au sens général, mais le bouddhisme birman qui a une histoire spécifique remontant au Royaume de Pagan (1044-1287) et qui, surtout depuis le concile bouddhiste (*saṅgāyana*) tenu à Rangoon en 1954-1956, constitue une source de fierté nationale. La Birmanie est parfois considérée par les nationalistes comme le pays où le bouddhisme Theravāda est resté dans sa forme la plus pure, et comme le dernier bastion au monde de cette forme de bouddhisme. Il s'agit d'une forme de nationalisme culturel. Ces aspects, ainsi que les stéréotypes positifs selon lesquels les bouddhistes sont essentiellement tolérants et pleins d'amour bienveillant, font partie intégrante du sentiment d'identité nationale bouddhiste birmane.

Programmes et sermons nationalistes bouddhistes

Le mouvement 969 a été fréquemment accusé par les médias d'avoir provoqué des émeutes en prononçant des prêches antimusulmans, bien que les moines aient toujours nié toute responsabilité. Même si ces prêches ne justifient pas les actions violentes et n'exhortent ni n'encouragent les laïcs à attaquer les musulmans, leurs thèmes privilégiés sont traités de manière incendiaire. Il est probable qu'ils ont non seulement exacerbé les tensions et accru la haine à l'encontre des musulmans, mais qu'ils ont aussi, selon toute vraisemblance, provoqué des émeutes en 2013-2014 : on a observé qu'elles ont parfois éclaté dans des villes peu de temps après que des « sermons 969 » y ont été prononcés. Le moine nationaliste U Wirathu, visage public le plus connu du mouvement 969, a prononcé de nombreux « sermons 969 » en 2013. Le 1er juillet 2013, il a fait la couverture de *Time* sous le titre « The Face of Buddhist Terror » (« Le visage de la terreur bouddhiste »). L'article a été interdit en Birmanie parce qu'il aurait blessé les sentiments du public bouddhiste birman. Nous l'avons vu, l'identité nationale bouddhiste véhicule l'image de bouddhistes essentiellement non violents et pacifiques. Le titre était donc une anomalie, un oxymore, pour de nombreux bouddhistes birmans. Pour les nationalistes bouddhistes (et d'autres), les vrais terroristes (*akyan-hpek-thamā*) sont les musulmans, ce qu'ils ont clairement exprimé dans leurs sermons, leurs journaux, leurs livres, leurs brochures et sur les médias sociaux.

Les exemples de sermons de 2013-2015 ci-dessous sont tirés des sermons de 969 et de Ma Ba Tha. Leur principale différence est que le premier mouvement s'est davantage attardé sur la prétendue domination économique des musulmans et sur la campagne « achetez bouddhiste » qui en découle. Toutefois, l'un comme l'autre se focalisent sur la prétendue infiltration des musulmans dans la communauté bouddhiste par le biais de mariages. En 2013, U Wirathu a exhorté, dans des sermons, les bouddhistes à adopter un point de vue nationaliste (*amyou-thā-yay-amyin-ne*) dans tout ce qu'ils font, y compris l'achat et la vente d'une maison, l'éducation, la recherche d'un emploi, l'embauche de personnel, les activités politiques, le mariage, etc. Il a même affirmé qu'acheter dans un magasin musulman revenait à acheter un couteau pour se trancher la gorge, car les musulmans utiliseraient leur argent pour détruire le bouddhisme. En 2012-2013, cette campagne nationaliste bouddhiste a conduit à un boycott des commerces musulmans. La « Chanson 969 », souvent jouée lors des événements 969 et Ma Ba Tha, résume ce programme : éviter d'acheter dans des magasins appartenant à des musulmans, n'épouser que des bouddhistes birmans.

Dans leurs prêches, de nombreux moines nationalistes ont raconté des histoires horrifiques concernant des femmes ayant épousé des musulmans, afin de diaboliser ces derniers, et de créer une panique morale antimusulmane et un sentiment de peur accru à leur égard dans la société. Les musulmans forceraient les bouddhistes à se convertir à l'islam et à piétiner des images du Bouddha, ils les battraient, les maltraiteraient et les tortureraient, voire les tueraient, ils les violeraient, en particulier les mineures et même les enfants. Une théorie du complot affirme que les musulmans prétendent être amoureux des femmes bouddhistes de manière stratégique, pour les utiliser comme instruments de reproduction et de mise en œuvre de leur plan visant à étendre leur groupe pour prendre le contrôle du pays. Ces discours ont renforcé la méfiance à l'égard des musulmans et suscité de l'animosité, bien que la violence domestique ne soit pas liée à la religion et qu'elle se produise dans de nombreuses familles indépendamment de la religion. Ce discours idéologique nationaliste bouddhiste vise à créer des divisions dans la société et à maintenir les communautés à l'écart.

Dans un sermon 969 prononcé en janvier 2013 dans la ville de Bilin, Ashin Pyinnyā Wara, un moine du mouvement 969 devenu par la suite un dirigeant de Ma Ba Tha, a repris cette théorie du complot en disant que les musulmans avaient un plan pour prendre le contrôle de la Birmanie au XXIe siècle, symbolisé par le nombre 786. Affirmant à tort que les musulmans représentaient 22 % de la population du pays en 2012, il prédisait qu'ils déploieraient la stratégie des mariages et des affaires pour réduire la population bouddhiste et, enfin, mèneraient un violent jihad dans lequel le bouddhisme et tous les bouddhistes de Birmanie seraient anéantis avant la fin du XXIe siècle. Dans un sermon Ma Ba Tha prononcé en septembre 2015 dans la ville de Mawlamyine, le moine Ashin Thawpaka a expliqué qu'une « religion différente » (l'islam) utilise diverses méthodes pour « avaler » les autres religions. Premièrement, elle « avale les gens les uns après les autres » par des taux de reproduction élevés et des mariages avec des bouddhistes. Deuxièmement, elle utilise la persuasion : par exemple, lorsque les musulmans deviennent puissants en affaires, ils manipulent et avalent les femmes pauvres et ignorantes. Troisièmement, ils utilisent le terrorisme comme méthode, à l'instar de l'État islamique (ÉI), pour avaler les autres nations et religions. Quatrièmement, ils cherchent à s'emparer du pouvoir de l'État. Ainsi, le Myanmar perdrait sa souveraineté, et leur pays, leur nation, leur religion et l'enseignement du Bouddha disparaîtraient.

Un thème récurrent dans les sermons et les publications des nationalistes bouddhistes, ainsi que dans les entretiens que j'ai menés, et qui est façonné par les stéréotypes négatifs sur les musulmans, est que ceux-ci ne représentent pas un danger tant qu'ils sont faibles et pauvres, mais qu'ils chercheront à dominer et à s'emparer du pays s'ils deviennent plus forts. C'est l'une des raisons explicitement invoquées pour inciter les bouddhistes à discriminer les entreprises appartenant à des musulmans. Ainsi, ils resteraient faibles, pauvres et impuissants, et seraient incapables de mettre en œuvre leur prétendu plan. Les bouddhistes devraient donc cesser toute relation sociale avec les musulmans et n'avoir de relations sociales et commerciales qu'entre eux.

Bien que les musulmans ne dominent pas l'économie nationale, ils peuvent dominer localement certaines petites et moyennes entreprises. Comme nombre d'entre eux sont des hommes d'affaires, des commerçants, des propriétaires d'hôtels, de compagnies de bus ou d'entreprises de construction, ils peuvent donner l'impression d'avoir plus d'influence économique que ce n'est le cas, et ils ont donc souvent été pris pour cibles dans les périodes de difficultés économiques. Au niveau national, cependant, l'économie est dominée par l'armée et ses sociétés commerciales, ainsi que par des capitalistes qui disposent de relations au sein de l'armée, mais aussi par les Chinois. Les musulmans ne constituent pas une réelle menace démographique. Selon le recensement de 2014, la population musulmane représente 4,3 % et la population bouddhiste 87,9 %, mais les chiffres de chaque religion n'ont été rendus publics qu'en 2016. Avant les élections générales de 2015, beaucoup pensaient que le nombre de musulmans avait considérablement augmenté depuis le recensement de 1983 (3,9 %), une vision approximative qui a contribué à accroître les tensions entre bouddhistes et musulmans. Le mouvement 969 et le Ma Ba Tha ont instrumentalisé la peur de l'autre groupe, de l'Autre, afin de créer un sentiment de communauté et de solidarité entre bouddhistes face à un ennemi commun ; ce sentiment d'insécurité partagé est devenu un facteur de cohésion à une époque de changements politiques, économiques et sociaux rapides qui ont créé un climat d'incertitude et d'inquiétude au cours de la « période de transition ». La discrimination et la diabolisation des musulmans doivent donc également être comprises comme s'ils servaient de bouc émissaire, un phénomène récurrent dans l'histoire de la Birmanie : chaque fois que le pays a connu des changements rapides, autrement dit des périodes caractérisées par l'incertitude et la peur, les musulmans ont souvent été attaqués. Ils ont servi de cibles incarnées, comme s'ils représentaient les défis et les problèmes plus complexes auxquels le pays était confronté, ainsi que les frustrations que les Birmans pouvaient ressentir pendant les périodes de difficultés économiques.

Bibliographie

Se retirer du monde ou prendre le pouvoir

Steve Bruce, *Fundamentalism*, Cambridge, Polity, 2008.

José Casanova, *Public Religions in the Modern World*, Chicago, University of Chicago Press, 1994.

Jean-Pierre Deconchy, *L'Orthodoxie religieuse. Essai de logique psycho-sociale*, Paris, Éditions ouvrières, 1971.

Alain Dieckhoff et Philippe Portier (dir.), *Religion et politique*, Paris, Presses de Sciences Po, 2017.

Danièle Hervieu-Léger, *La Religion pour mémoire*, Paris, Cerf, 1993.

Hans Joas, *Les Pouvoirs du sacré. Une alternative au récit du désenchantement*, Paris, Éditions du Seuil, 2020.

Gilles Kepel, *La Revanche de Dieu. Chrétiens, juifs et musulmans à la reconquête du monde*, Paris, Éditions du Seuil, 1991.

Stéphane Lacroix, *Le Crépuscule des Saints. Histoire et politique du salafisme en Égypte*, Paris, CNRS Éditions, 2023.

Martin E. Marty et R. Scott Appleby, *The Fundamentalism Project*, Chicago, The University of Chicago Press, 1991-1995, 5 volumes.

Émile Poulat, « Intégrisme religieux. Essai comparatif », *Social Compass*, 1985, p. 337-448.

Olivier Roy, *La Sainte Ignorance. Le temps de la religion sans culture*, Paris, Éditions du Seuil, 2008.

Jean-Louis Schlegel, *La Loi de Dieu contre la liberté des hommes. Intégrismes et fondamentalismes*, Paris, Éditions du Seuil, 2003.

Les sciences sociales et la violence au nom de la religion

Arjun Appadurai, *Géographie de la colère. La violence à l'âge de la globalisation*, traduit de l'anglais par Françoise Bouillot, Paris, Payot et Rivages, 2007.

Talal Asad, *Attentats-suicides. Questions anthropologiques* (2007), traduit de l'anglais par Rémi Haddad, préface de Mohamed Amer-Meziane, s.l., Zones sensibles, 2018.

Jan Assmann, *Violence et monothéisme*, traduit de l'allemand par Jacob Schmutz, Paris, Bayard, 2009.

Stéphane Audoin-Rouzeau, *Une initiation. Rwanda (1994-2016)*, Paris, Éditions du Seuil, 2017.

William T. Cavanaugh, *The Myth of Religious Violence : Secular Ideology and the Roots of Modern Conflict*, Oxford, Oxford University Press, 2009.

Élisabeth Claverie, *Les Guerres de la Vierge. Une anthropologie des apparitions*, Paris, Gallimard, 2003.

Denis Crouzet, Jean-Marie Le Gall, *Au péril des guerres de religion. Réflexions de deux historiens sur notre temps*, Paris, Presses universitaires de France, 2015.

Alain Dieckhoff, Philippe Portier (dir.), *Religion et politique*, Paris, Presses de Sciences Po, 2017, coll. « L'enjeu mondial », 6e partie, « Des violences religieuses ? ».

Jérémie Foa, *Tous ceux qui tombent. Visages du massacre de la Saint-Barthélemy*, Paris, La Découverte, 2021.

Gilles Kepel, *Le Prophète et la Pandémie. Du Moyen-Orient au jihadisme d'atmosphère*, Paris, Gallimard, 2021.

Denis Pelletier, « La démocratie, la violence religieuse et le conflit des interprétations », dans Jean Baubérot, Philippe Portier, Jean-Paul Willaime (dir.), *La Sécularisation en question. Religions et laïcités au prisme des sciences sociales*, Paris, Classiques Garnier, 2019, p. 661-673.

Marc-Antoine Pérouse de Montclos, *Prophètes en armes ! Des « violences religieuses » en Afrique*, Paris, Maisonneuve & Larose, Hémisphères Éditions, 2024.

Olivier Roy, *Le Djihad et la Mort*, Paris, Éditions du Seuil, 2016.

–, *La Sainte Ignorance. Le temps des religions sans culture*, Paris, Éditions du Seuil, 2012.

Nationalisme, religion, ethnicité

Pierre Birnbaum (dir.), *Sociologie des nationalismes*, Paris, PUF, 1997.
Hamit Bozarslan, *L'Anti-démocratie au XXIe siècle. Iran, Russie, Turquie*, Paris, CNRS, 2021.
John Breuilly, *Nationalism and the State*, Chicago, The University of Chicago Press, 2e éd., 1985.
Gil Delannoi et Pierre André Taguieff (dir.), *Théories du nationalisme. Nation, nationalité, ethnicité*, Paris, Kimé, 1991.
Alain Dieckhoff, Christophe Jaffrelot (dir.), *Repenser le nationalisme. Théories et pratiques*, Paris, Presses de Sciences Po, 2006.
Shmuel N. Eisenstadt, *Les Antinomies de la modernité*, trad. fr. L. Cassagnau, Paris, L'Arche, 1997.
Mathieu Guidère, *La Guerre des islamismes*, Paris, Gallimard, « Folio », 2017.
Pierre Hassner, *La Revanche des passions. Métamorphoses de la violence et crises du politique*, Paris, Fayard, 2015.
Michael Ignatieff, *Blood and Belonging. Journeys into the new Nationalism*, New York, The Noonday Press, 2e éd., 1998.
Mark Juergensmeyer, *The New Cold War? Religious Nationalism Confronts the Secular State*, Berkeley, CA, University of California Press, 1993.
Farhad Khosrokhavar, *Radicalisation*, Paris, MSH, 2014.
Hugo Micheron, *La Colère et l'Oubli. Les démocraties face au jihadisme européen*, Paris, Gallimard, 2e éd., « « Folio », 2024.
Yascha Mounk, *Le Piège de l'identité*, trad. fr. B. Peylet, Paris, L'Observatoire, 2023.
Véronique Nahoum-Grappe, « Guerre et différence des sexes : les viols systématiques (ex-Yougoslavie, 1991-1995) », dans Cécile Dauphin et Arlette Farge (dir.), *De la violence et des femmes*, Paris, Albin Michel, 1997.
Pascal Ory, *Peuple souverain. De la révolution populaire à la radicalité populiste*, Paris, Gallimard, 2017.

Radicalités catholiques

Céline Béraud, Philippe Portier, *Métamorphoses catholiques. Acteurs, enjeux et mobilisations depuis le mariage pour tous*, Paris, Éditions de la Maison des sciences de l'homme, 2015.

Blandine Chelini-Pont, « Les ressources chrétiennes de l'illibéralisme états-unien : une généalogie intellectuelle », *20&21. Revue d'histoire*, 153, janvier-mars 2022, p. 33-48.

Alain Dieckhoff, Christophe Jaffrelot, Élise Massicard (dir.), *Populismes au pouvoir*, Paris, Presses de Sciences Po, 2019.

Massimo Faggioli, « How to Recognize "What is Right" ? The Church and Democracy at the dawn of Trump II », *Commonweal*, 7 février 2025, en ligne, *https://www.commonwealmagazine.org/vance-trump-vatican-ii-francis-biden-faggioli* (consulté le 14 avril 2025).

Sara Garbagnoli, Massimo Prearo, *La Croisade anti-genre. Du Vatican aux manifs pour tous*, Paris, Textuel, 2017.

Patrick Michel, « Droites et catholicisme : éléments d'une généalogie du national-catholicisme polonais », dans Olivier Dard, Bruno Dumons (dir.), *Droites et catholicisme en France et en Europe des années 1960 à nos jours*, Lyon, Chrétiens et sociétés – Documents et mémoires, 2021, p. 91-106.

David Paternotte, Sophie van der Dussen, Valérie Piette (dir.), *Habemus gender! Déconstruction d'une riposte religieuse*, Sextant, 2015, 31.

Denis Pelletier, « Le catholicisme après le concile Vatican II. Essai de périodisation », *Cristianesimo nella storia*, n° 45, 2024/3, p. 625-662.

Yann Raison du Cleuziou, *Une contre-révolution catholique. Aux origines de La Manif pour tous*, Paris, Éditions du Seuil, 2019.

Iacopo Scaramuzzi, *Dieu ? Au fond à droite. Quand les populistes instrumentalisent le christianisme*, Paris, Salvator, 2022.

Andrew L. Whitehead et Samuel L. Perry, *Taking America Back for God : Christian Nationalism in the US*, New York, Oxford University Press, 2020.

L'identitarisme chrétien irréligieux en Europe

Bertrand Badie et Dominique Vidal (dir.), *Le Retour des populismes*, La Découverte, 2018.

Rogers Brubaker, « Between Nationalism and Civilizationism : the European Populist Moment in Comparative Perspective », *Ethnic and Racial Studies*, vol. 40, n° 8, p. 1191-1226.

Critique (revue) *Guerres civiles*, n° 932-933, 2025.

Alain Dieckhoff, Christophe Jaffrelot, Élise Massicard (dir.), *Populismes au pouvoir*, Presses de Sciences Po, 2019.

Alain Dieckhoff et Philippe Portier (dir), Numéro spécial sur religion et populisme, *Journal of Religion in Europe*, vol. 16 (2), 2023.

Éric Fassin, *Populisme : le grand ressentiment*, Textuel, 2017.

Hervé Le Bras, *Le Grand Enfumage. Populisme et immigration dans sept pays européens*, La Tour-d'Aigues, Éd. de L'Aube/Fondation Jean-Jaurès, 2022.

Nadia Marzouki, Duncan McDonnell, Olivier Roy (dir.), *Saving the People : How Populists Hijack Religion*, Hurst, 2016.

Daniel Nilsson DeHanas et Marat Shterin, « Religion and the Rise of Populism », *Religion, State & Society*, 2018, 46:3, p. 177-185.

John A. Rees, « Religion, Populism, and the Dynamics of Nationalism », *Religion, State & Society*, 2021, 49:3, p. 195-210.

Dominique Reynié, *Les Nouveaux Populismes*, Fayard/Pluriel, 2013.

Jose Pedro Zúquete, « Populism and religion », *in* Cristóbal Rovira Kaltwasser, Paul Taggart, Paulina Ochoa Espejo et Pierre Ostiguy (dir.), *The Oxford Handbook of Populism*, Oxford, 2017.

Le nationalisme chrétien aux États-Unis

Tim Alberta, *The Kingdom, The Power and The Glory. American Evangelicals in an Age of Extremism*, New York, Harper, 2023.

Hannah Allam, « In a Race They Cast as Good vs. Evil, Christian Hard-Liners Are Fired up for Trump », *Washington Post*, 29 octobre 2024.

Joseph Baker, Samuel Perry et Andrew Whitehead, « Keep America Christian (and White) : Christian Nationalism, Fear of Ethnoracial Outsiders, and Intention to Vote for Donald Trump in the 2020 Presidential Election », *Sociology of Religion*, 81:3, 14 mars 2020.

Célia Belin, *Jésus est juif en Amérique. Droite évangélique et lobbies pro-Israël*, Paris, Fayard, 2011.

Anthea Butler, *White Evangelical Racism : The Politics of Morality in America*, Chapel Hill, University of North Carolina Press, 2021.

Christian Nationalism Survey, « A Christian Nation ? Understanding the Threat of Christian Nationalism to American Democracy and Culture », PRRI/Brookings, 8 février 2023. *https://www.prri.org/research/a-christian-nation-understanding-the-threat-of-christian-nationalism-to-american-democracy-and-culture/*

Sébastien Fath, « États-Unis : Les nationalistes chrétiens sont bruyants parce qu'ils sont inquiets : la société leur échappe », entretien, *Le Monde*, 19 janvier 2025.

Philip Gorski et Samuel Perry, *The Flag and the Cross : White Christian Nationalism and the Threat to American Democracy*, New York, Oxford University Press, 2022.

Melissa Gira Grant, « Mike Johnson Is the Christian Nationalist We Should Have Seen Coming », *New Republic*, 20 décembre 2023.

Ran Halévi, *Le Chaos de la démocratie américaine*, Paris, Gallimard, « Folio actuel », 2e éd., 2025.

Pete Hegseth et David Goodwin, *Battle for the American Mind : Uprooting a Century of Miseducation*, New York, Harper Collins, 2022.

Thomas Jefferson, *The Life and Morals of Jesus of Nazareth Extracted Textually from the Gospels* [1904], Washington D.C., Smithsonian Books, 2011 (réédition en facsimile, introduite par Harry Rubenstein, Barbara Smith et Janice Ellis).

Isaac Kramnick et Laurence Moore, *The Godless Constitution. The Case Against Religious Correctness*, New York, Norton, 1966.

Denis Lacorne, *De la religion en Amérique*, Paris, Gallimard, « Folio essais », 2e éd., 2012.

–, « Des Pionniers puritains au réveil des évangéliques », *L'Histoire*, nº 104, 1er juillet 2024.

–, « Les sionistes chrétiens américains et le conflit entre Israël et le Hamas, *Études*, 2024/1 (janvier).

Kris Maher et Aaron Zitner, « The Evangelicals Calling for "Spiritual Warfare" to Elect Trump », *Wall Street Journal*, 10 octobre 2024.

National Immigration Forum, « The "Great Replacement Theory" Explained », 2 novembre 2023.

Robert Pape, Kyle Larson, Keven Ruby, « The Political Geography of the January 6 Insurrectionists », *PS : Political Science*, 11 avril 2024.

Pew Research Center, « Religious Landscape Study », 26 février 2025. *https://www.pewresearch.org/religion/2025/02/26/religious-landscape-study-religious-identity/*

–, « Christianity's Place in Politics, and "Christian Nationalism" », 15 mars 2024. *https://www.pewresearch.org/religion/2024/03/15/christianitys-place-in-politics-and-christian-nationalism/*

–, « In U.S., Far More Support Than Oppose Separation of Church and State », 28 octobre 2021.

Steve Rose, « A Deadly Ideology : How the "Great Replacement Theory" Went Mainstream », *The Guardian*, 8 juin 2022.

Geoffrey R. Stone, « The World of the Framers : A Christian Nation ? », *UCLA Law Review*, n° 1, 2008.

Amanda Tyler, « Opinion : Marjorie Taylor Greene's Words on Christian Nationalism Are Wake-Up Call », *CNN*, 27 juillet 2022. *https://edition.cnn.com/2022/07/27/opinions/christian-nationalism-marjorie-taylor-greene-tyler/index.html*

Donald J. Trump, "*God Bless the USA*" *Holy Bible*, 2024, *Godbless theusabible.com*

Russ Vought, « Is There Anything Actually Wrong with "Christian Nationalism" ? », *Newsweek*, 22 mars 2021. *https://www.newsweek.com/there-anything-actually-wrong-christian-nationalism-opinion-1577519*

Andrew Whitehead, et Samuel Perry, *Taking America Back for God : Christian Nationalism in the United States*, New York, Oxford University Press, 2020.

Jason Wilson, « Trump Pentagon Nominee Endorses Extremist Christian Doctrine », *The Guardian*, 24 janvier 2024.

La droite évangélique ultraradicale dans le Brésil contemporain

Ronaldo de Almeida, « The Broken Wave : Evangelicals and Conservatism in the Brazilian Crisis », *Hau : Journal of Ethnographic Theory*, 2020, 10 (1), p. 1-9.

Yochai Benkler, Robert Faris, Hal Roberts, *Network, Propaganda, Manipulation, Desinformation and Radicalization in American Politics*, Oxford, University Press, 2018.

Wendy Brown, *In the Ruins of Neoliberalism : the Rise of Antidemocratic Politics in the West*, New York, Columbia University Press, 2009.

Joanildo Burity, « Conservative Wave, Religion and Secular State in Post-Impeachment Brazil », *International Journal of Latin American Religions*, 2020, v. 4, 1, p. 83-107.

Marcelo Ayres Camurça, Carlos Eduardo Pinto Procópio, Dirceu André Gerardi, « From Mysticism to Politics : Protagonism of Conservative Charismatic Catholic Parliamentarians in the Brazilian National Congress (2015-2018 ; 2019) », *International Journal of Latin American Religions*, 2022, v. 6, 2, p. 281-298.

Stanley Cohen, *Folk Devils and Moral Panics*, Londres, MacGibbon & Kee, 1972.

William Connolly, *Capitalism and Christianity, American Style*, Durham, NC/Londres, Duke University, 2008.

Roger Eatwell et Matthey Goodwin, *National Populism*, Londres, Penguin, 2018.

Paul Freston, *Evangelical Christianity and Democracy in Latin America*, New York, Oxford University Press, 2008.

Camila Ginella, Rachel Sieder, Maria Angélica Peñas Defago, « A New Conservative Social Movement ? Latin American Regional Strategies to Restrict Abortion Rights », *CMI Brief*, Lugar, Bergen, 2017, v. 16, p. 1-5.

James Davison Hunter, *Culture Wars : the Struggle to Define America*, New York, Basic Books, 1991.

Maria das Dores Campos Machado, « Religion and Moral Conservatism in Brazilian Politics », *Politics and Religion Journal*, 2019, v. 12, nº 1, p. 55-77.

Iacopo Scaramuzzi, *Dieu ? Au fond à droite : quand les populistes instrumentalisent le christianisme*, Paris, Salvator, 2020.

Les usages politiques de la radicalité orthodoxe en Russie

Dmitry Adamsky, *Russian Nuclear Orthodoxy. Religion, Politics, and Strategy*, Stanford University Press, 2019.

Alexander Agadjanian, « Pandemic, Homo Somatis, and Transformations of the Russian Orthodox Ethos », *Entangled Religions*, 12(3), 2022.

Boris Knorre et Alexei Zygmont, « Militant Piety in 21st Century Orthodox Christianity : Return to Classical Traditions or Formation of a New Theology of War ? », *Religions*, 2020, vol. 11.

Boris Knorre, « Masculine Strategies in Russian Orthodoxy : From Asceticism to Militarization », *in* Katharina Bluhm, Gertrud Pickan, Justina Stypinska et Agnieszka Wierzcholska (dir.), *Gender and Power in Eastern Europe. Changing Concepts of Femininity and Masculinity in Power Relations*, Springer, 2021.

Zhanna Kormina, « Fervent Christians : Orthodox Activists in Russia as Publics and Counterpublics », *Religion, State and Society*, 51(1), 2023, pp. 11-29.

Anastasia Mitrofanova, « Russian Ethnic Nationalism and Religion Today », *The New Russian Nationalism : Imperialism, Ethnicity and Authoritarianism 2000-2015*, Pål Kolstø et Helge Blakkisrud (dir.), Edinburgh University Press, 2016, pp. 104-31.

Irina Papkova, *The Orthodox Church and Russian Politics*, Woodrow Wilson Center Press & Oxford University Press, 2011.

Kathy Rousselet, « Russian Orthodox Imaginaries and Their Family Resemblance to Populism », *Journal of Religion in Europe*, 16 (2), 2023, pp. 172-198.

Victor Shnirelman, « « To Take the Katechon Out of the Milieu » : The Murder of Czar Nicholas II and its Interpretation by Russian Orthodox Fundamentalists », *Antisemitism Studies*, 4(2), 2020, p. 326-370.

Kristina Stoeckl et Dmitri Uzlaner, *The Moralist International : Russia in the Global Culture Wars*, Fordham University Press, 2022.

Mikhail Suslov et Jan Surer, « The Genealogy of the Idea of Monarchy in the Post-Soviet Political Discourse of the Russian Orthodox Church », *State, Religion, and Church*, 3 (1), 2016, p. 27-62.

Aleksandr Verkhovsky, « The Role of the Russian Orthodox Church in Nationalist, Xenophobic and Antiwestern Tendencies in Russia Today : Not Nationalism, but Fundamentalism », *Religion, State & Society*, 30 (4), 2002, p. 333-345.

Les radicalités religieuses en Israël

Alain Dieckhoff, *L'Invention d'une nation. Israël et la modernité politique*, Paris, Gallimard, 1993, p. 155-204.

–, « Nationalisme et religion en Israël », *in* Alain Dieckhoff et Philippe Portier (dir.), *Religion et politique*, Paris, Presses de Sciences Po, 2017, p. 117-127.

Noah Efron, *Real Jews : Secular Versus Ultra-Orthodox and the Struggle for Jewish Identity in Israel*, New York, Basic Books, 2003.

Yuval Elizur et Lawrence Malkin, *The War Within : Israel's Ultra-Orthodox Threat to Democracy and the Nation*, New York, Overlook Duckworth, 2013.

Charles Enderlin, *Au nom du Temple. Israël et l'arrivée au pouvoir des juifs messianiques*, Paris, Éditions du Seuil/points, 2023.

Michael Feige, *Settling in the Hearts : Jewish Fundamentalism in the Occupied Territories*, Detroit, Wayne State University Press, 2009.

Menachem Friedman, « About Miracles : the Flourishing of the Torah World of Yeshivot and Kollelim in Israel », *in* Eliezer Ben-Rafael *et al.*, *Handbook of Israel : Major Debates*, vol. 1, Berlin et Boston, De Gruyter Oldenbourg, 2016, p. 233-244.

Motti Inbari, *Jewish Fundamentalism and the Temple Mount*, Albany, Suny Press, 2009.

Maurice Kriegel, « Nation et religion : aux origines des néo-messianismes dans l'Israël d'aujourd'hui », *Annales*, 1999, p. 3-28.

Ami Pedahzur, *The Triumph of Israel's Radical Right*, New York, Oxford University Press, 2012.

Emmanuel Sivan, « The Enclave Culture », *in* Martin E. Marty et R. Scott Appleby, *Fundamentalisms Comprehended*, Chicago, University of Chicago Press, 1995, p. 11-68.

Claire Snegaroff et Michaël Blum, *Qui sont les colons ? Une enquête de Gaza à la Cisjordanie*, Paris, Flammarion, 2005.

Ehud Sprinzak, *The Ascendance of Israel's Radical Right*, Oxford, Oxford University Press, 1991.

De l'islamisme et du salafisme comme catégories analytiques distinctes : les cas de l'Égypte et de l'Arabie saoudite

Gilles Kepel, *Le Prophète et le Pharaon*, Paris, La Découverte, 1984.

Stéphane Lacroix, *Les Islamistes saoudiens : une insurrection manquée*, Paris, PUF, 2010.

–, *Le Crépuscule des saints : histoire et politique du salafisme en Égypte*, Paris, CNRS Éditions, 2024.

Henri Lauzière, *The Making of Salafism : Islamic Reform in the Twentieth Century*, New York, Columbia University Press, 2015.

Roel Meijer (dir.), *Global Salafism : Islam's New Religious Movement*, Londres, Hurst, 2009.

Sabrina Mervin, Nabil Mouline (dir.), *Islams politiques : courants, doctrines et idéologies*, Paris, CNRS Éditions, 2017.
Richard Mitchell, *The Society of the Muslim Brothers*, Londres, Oxford University Press, 1969.
Nabil Mouline, *Les Clercs de l'islam : autorité religieuse et pouvoir politique en Arabie saoudite, XVIIIe-XXIe siècle*, Paris, PUF, 2011.
Aaron Rock-Singer, *In the Shade of the Sunna : Salafi Piety in the Twentieth-Century Middle East*, Oakland, University of California Press, 2022.
Olivier Roy, *L'Islam mondialisé*, Paris, Éditions du Seuil, 2002.
Carrie Rosefsky Wikcham, *The Muslim Brotherhood : Evolution of an Islamist Movement*, Princeton, Princeton University Press, 2013.

Une révolution religieuse face à elle-même : l'Iran depuis 1979

Alexia al-Azzaoui-Martin et Stéphane Dudoignon (dir.), *Fait tribal et fait religieux dans les sociétés de frontière d'Asie occidentale (1880-1920)*, Paris, Éditions de l'ÉHÉSS (*Archives de sciences sociales des religions*, 199), 2022.
Stéphane A. Dudoignon, *Les Gardiens de la Révolution islamique d'Iran : sociologie politique d'une milice d'État*, Paris, CNRS Éditions, 2022.
Hessam Habibi Doroh, *Sunni Communities in the Islamic Republic of Iran, 2013-2021 : Securitization, Secularization, and Privatization*, Leyde, Brill, 2023.
Chowra Makaremi, *Femmes ! Vie ! Liberté ! Échos d'un soulèvement révolutionnaire en Iran*, Paris, La Découverte, 2023.
Sabrina Mervin et Sepideh Parsapajouh (dir.), *Religions en Iran*, Paris, Éditions de l'ÉHÉSS (*Archives de sciences sociales des religions*, 189), 2020.

Entre islamisme et nationalisme, la difficile marche turque vers un modèle libéral et démocratique

Yalçin Akdogan, *Ak Parti ve Muhafazakar Demokrasi*, Ankara, Afla, 2004, 160 p.

Alain Dieckhoff, *Nationalism and the Multination State*, Londres, Hurst et New York, Oxford University Press, 2016.

Michael Gunter, *Erdoğan's Path to Authoritarianism, The Continuing Journey*, Lexington Books, 2024.

Şebnem Gümüşçü, « The AKP and Stealth Islamization in Turkey », *Turkish Studies*, 2024, 3, p. 371-397.

Thomas Hegghammer, « Should I Stay or Should I Go ? Explaining Variation in Western Jihadists' Choice between Domestic and Foreign Fighting », *American Political Science Review 107* (1), 2013, p. 1-15.

Ahmet Kuru, « Islamism and Nationalism : How did Old Enemies Become New Allies ? », *Zeitschrift für Religion, Gesellschaft und Politik*, 2024, septembre, 1-12.

Ahmet Erdi Öztürk et Semia Özeri, « Diyanet as a Turkish Foreign Policy Tool : Evidence from the Netherlands and Bulgaria », *Politics and Religion*, vol. 11, 3, 2018, pp. 624-648.

Adnan Türegün, « The Political Ideology of Turkey's Islamist Swing under Erdoğan », *Journal of Political Ideologies*, 2023, décembre, p. 1-23.

Hakan Yavuz, *Secularism and Muslim Democracy in Turkey*, Cambridge, Cambridge University Press, 2009.

Évangélisme et salafisme en Afrique de l'Ouest

Barbara M. Cooper, *Evangelical Christians in the Muslim Sahel*, Bloomington, Indiana University Press, 2006.

Toyin Falola, *Violence in Nigeria : The Crisis of Religious Politics and Secular Ideologies*, Rochester, University of Rochester Press, 1998.

Michael Farquhar, *Circuits of Faith : Migration, Education, and the Wahhabi Mission*, Stanford, Stanford University Press, 2016.

Marloes Janson, « Unity Through Diversity : A Case Study of Chrislam in Lagos », *Journal of the International African Institute* 86, n° 4, 2016, p. 646-672.

Ousmane Kane, *Muslim Modernity in Postcolonial Nigeria : A Study of the Society for the Removal of Innovation and Reinstatement of Tradition*, Leiden, Brill, 2003.

Stéphane Lacroix, *Awakening Islam : The Politics of Religious Dissent in Contemporary Arabia*, Cambridge, Harvard University Press, 2011.

David D. Laitin, *Hegemony and Culture : Politics and Religious Change among the Yoruba*, Chicago, Chicago University Press, 1986.

Brian Larkin et Birgit Meyer, « Pentecostalism, Islam and Culture : New Religious Movements in West Africa », dans Emmanuel K. Akyeampong (dir.), *Themes in West Africa's History*, Oxford, James Currey, 2006.

Murray Last, « Muslims and Christians in Nigeria : An Economy of Political Panic », *The Round Table : The Commonwealth Journal of International Affairs* 96, n° 392, 2007, p. 605-616.

Henri Lauzière, *The Making of Salafism : Islamic Reform in the Twentieth Century*, New York, Columbia University Press, 2015.

Roman Loimeier, « Is There Something Like "Protestant Islam" ? », *Die Welt des Islams* 45, n° 2, 2005, p. 216-254.

–, *Islamic Reform and Political Change in Northern Nigeria*, Evanston, Northwestern University Press, 1997.

–, « Nigeria : The Quest for a Viable Religious Option », dans William F. S. Miles (dir.), *Political Islam in West Africa : State-Society Relations Transformed*, Boulder, Lynne Rienner, 2007.

Ruth Marshall, *Political Spiritualities : The Pentecostal Revolution in Nigeria*, Chicago, University of Chicago Press, 2009.

Ruth Marshall-Fratani, « Mediating the Global and Local in Nigerian Pentecostalism » *Journal of Religion in Africa* 28, n° 3, 1998, p. 278-315.

Insa Nolte, « Religion, Development and Politics in Nigeria » dans Matthew Clarke (dir.), *Handbook of Research on Religion and Development*, Cheltenham, Edward Elgar Publishing, 2013.

Ebenezer Obadare, « Response to "Similarity and Difference, Context and Tradition, in Contemporary Religious Movements in West Africa" par J. D. Y. Peel », *Journal of the International African Institute* 86, n° 4, 2016, p. 640-645.

Stephen Offutt, *New Centers of Global Evangelicalism in Latin America and Africa*, New York, Cambridge University Press, 2015.

John D. Y. Peel, *Christianity, Islam, and Orișa Religion : Three Traditions in Comparison and Interaction*, Oakland CA, University of California Press, 2015.

–, « Similarity and Difference, Context and Tradition, in Contemporary Religious Movements in West Africa », *Journal of the International African Institute* 86, n° 4, 2016, p. 620-627.

Shobana Shankar, « Between the Crescent and Cross : Politicized Remains of Local Religious Traditions in the North of Nigeria » dans Janson Marloes, Kai Kresse, Benedikt Pontzen, et Hassan Mwakimako (dir.), *Religious Plurality in Africa : Coexistence, Conviviality, Conflict*, Rochester, Boydell & Brewer, 2024.

Abdoulaye Sounaye, « Révolution salafiste en Afrique de l'Ouest », dans *Politique africaine* 1, n° 161-162, 2021.

Alexander Thurston, *Salafism in Nigeria : Islam, Preaching, and Politics*, Cambridge, Cambridge University Press, 2016.

Muhammad Sani Umar, « Changing Islamic Identity in Nigeria from the 1960s to the 1980s : from Sufism to anti-Sufism », dans Louis Brenner (dir.), *Muslim Identity and Social Change in Sub-Saharan Africa*, Londres, Hurst & Company, 1993.

Le renouveau islamique en Asie du Sud entre piétisme, islamisme et jihadisme

Irfan Ahmad, *Islamism and Democracy in India. The Transformation of the Jamaat-e-Islami in India*, Princeton, Princeton University Press, 2009.

Amélie Blom et Aminah Mohammad-Arif, « Réislamisation des jeunes et (a)politisation en Inde et au Pakistan », *Purusartha*, 2012, 30, p. 325-362.

Amélie Blom, « Conflit d'émotions : les émeutes anti-"caricatures danoises" de 2006 à Lahore (Pakistan) », *in* Amin Allal, Gilles Dorronsoro et Olivier Grojean (dir.), *Politiques de la violence. Organiser la lutte de la Colombie au Pakistan*, Paris, Karthala, 2021, pp. 167-187.

Christophe Jaffrelot, *Les Nationalistes hindous*, Paris, Presses de la FNSP, 1993.

Denis Matringe, *Un islam non arabe, horizons indiens et pakistanais*, Paris, Tétraèdre, 2005.

Barbara Metcalf, *Islamic Revival in British India, Deoband 1860-1900*, Princeton, Princeton University Press, 1982.

Aminah Mohammad-Arif, *Conversion de jeunes musulmans à l'islam : religion, piété et mobilité symbolique en Inde*, thèse de HDR, IEP de Paris, 2019.

Nabil Mouline, *Les Clercs de l'islam*, Paris, PUF, 2011.

Muhammad Qasim Zaman, *Islam in Pakistan. A History*, Princeton, Princeton University Press, 2018.

Les Taliban, de la guerre civile à la mainmise des religieux

Adam Baczko, *La Guerre par le droit. Les tribunaux Taliban en Afghanistan*, Paris, CNRS Éditions, 2021.

Gilles Dorronsoro, *Le Gouvernement transnational en Afghanistan. Une si prévisible défaite*, Paris, Karthala, 2021.

Alex Strick van Linschoten et Felix Kuehn, *An Enemy we Created : the Myth of the Taliban-al Qaeda Merger in Afghanistan*, Oxford, Oxford University Press, 2012.

Torunn Wimpelmann, *The Pitfalls of Protection : Gender, Violence, and Power in Afghanistan*, Berkeley, University of California Press, 2017.

D'un transnationalisme l'autre : les jihadismes

Mohamed-Ali Adraoui, « Future and Prophecies in the World Vision of the Islamic State Organization : Between Offensive Millenarism and Precipitated Eschatologism », *in* Jenny Andersson et Sandra Kemp (dir.), *Oxford Twenty-First Century Approaches to Literature Futures*, Oxford University Press, 2021, p. 296-310.

Abdullah Azzam, *Defence of the Muslim Lands*, Azzam Publications, 1994 (préface d'Oussama Ben Laden).

Rainer Bauböck, *Diaspora and Transnationalism : Concepts, Theories and Methods*, Amsterdam University Press, 2010.

Daniel Byman, *Road Warriors : Foreign Fighters in the Armies of Jihad*, Oxford University Press, 2019.

David Cook, *Understanding Jihad*, University of California Press, 2005.

Sajjan M. Gohel, *Doctor, Teacher, Terrorist : The Life and Legacy of Al-Qaeda Leader Ayman al-Zawahiri*, Oxford University Press, 2023.

Patrick Haenni et Jerome Drevon, *Transformed by the People : Hayat Tahrir al-Sham's Road to Power in Syria*, Hurst, 2025.
Marc Sageman, *Understanding Terror Networks*, University of Pennsylvania Press, 2004.
Elyamine Settoul, *Penser la radicalisation jihadiste. Acteurs, théories, mutations*, Presses universitaires de France, 2022.

Les nationalistes hindous et la création d'une nouvelle forme d'« État profond »

Walter Andersen et Shridhar Damle, *The RSS. A View from Inside*, Delhi, Penguin, 2018.
Laurent Gayer et Christophe Jaffrelot (dir.), *Milices armées d'Asie du sud. Privatisation de la violence et implication des États*, Paris, Presses de Sciences Po, 2008.
Bruce Graham, *Hindu Nationalism and Indian Politics. The Origin and Development of the Bharatiya Jana Sangh*, Cambridge, Cambridge University Press, 1990.
Christophe Jaffrelot, *Les Nationalistes hindous – idéologie, implantation et mobilisation des années 1920 aux années 1990*, Paris, Presses de la FNSP, 1993.
–, *L'Inde de Modi. National-populisme et démocratie ethnique*, Paris, Fayard, 2019.
–, *Gujarat under Modi. Laboratory of today's India*, Londres, Hurst, New York, Oxford University Press et Bangalore, Context, 2024.
Krishna Jha et Direndhra K. Jha, *Ayodhya : the Dark Night. The Secret History of Rama's Appearance in Babri Masjid*, New Delhi, Harper Collins, 2012.
Manjari Katju, *Vishva Hindu Parishad and Indian Politics*, Hyderabad, Orient Longman, 2003.
Nilanjan Mukhopadhyay, *Narendra Modi : the Man. The Times*, New Delhi, Tranquedar, 2013.
Steven I. Wilkinson, « Froids calculs et foules déchaînées. Les émeutes intercommunautaires en Inde », *Critique internationale*, 6, hiver 2000.

Mouvements nationalistes bouddhistes au Myanmar

N. R. Chakravarti, *The Indian Minority in Burma : The Rise and Decline of an Immigrant Community*, Londres, Oxford University Press, 1971.

Renaud Égreteau, *Caretaking Democratization : The Military and Political Change in Myanmar*, Oxford, Oxford University Press, 2016.

Niklas Foxeus, « Performing the Nation in Myanmar : Buddhist Nationalist Rituals and Boundary-Making », *Bijdragen tot de taal-, land- en Volkenkunde/Journal of the Humanities and Social Sciences of Southeast Asia*, 2022, vol. 178, p. 272-305.

–, « Buddhist Nationalist Sermons in Myanmar : Anti-Muslim Moral Panic, Conspiracy Theories, and Sociocultural Legacies », *Journal of Contemporary Asia*, 2023a, vol. 53, n° 3, p. 423-449.

–, « Buddhist Nationalism in Burma/Myanmar : Collective Victimhood and Ressentiment », in *The Routledge Handbook of Nationalism in East and Southeast Asia*, Lu Zhouxiang (dir.), Londres, Routledge, 2023b, p. 441-458.

Penny Green, Thomas McManus, et Alicia de la Cour Venning, *Countdown to Annihilation : Genocide in Myanmar*, Londres, International State Crime Initiative, 2015.

Chie Ikeya, *Refiguring Women, Colonialism, & Modernity in Burma*, Honolulu, University of Hawai'i Press, 2011.

Andrew R. C. Marshall, « Myanmar's Embrace of Extreme Buddhism », *Reuters*, Special Report 1, 22 juin 2013.

Nyi Nyi Kyaw, « Islamophobia in Buddhist Myanmar : The 969 Movement and Anti-Muslim Violence », in *Islam and the State in Myanmar : Muslim-Buddhist Relations and the Politics of Belonging*, Melissa Crouch (dir.), New Delhi, Oxford University Press, 2016, p. 183-210.

–, « The Role of Myth in Anti-Muslim Buddhist Nationalism in Myanmar », in *Buddhist-Muslim Relations in a Theravada World*, Iselin Frydenlund et Michael Jerryson (dir.), Singapour, Palgrave Macmillan, 2020, p. 197-226.

Phyo Win Latt, « Protecting Amyo : The Rise of Xenophobic Nationalism in Colonial Burma, 1906-1941 », PhD Diss, National University of Singapore, 2020.

Physicians for Human Rights, *Patterns of Anti-Muslim Violence in Burma : A Call for Accountability and Prevention*, Cambridge, 2013.
–, Muslim Students Terrorized and Killed in Meiktila, Cambridge, 2013.
Matthew J. Walton et Susan Hayward, « Contesting Buddhist Narratives : Democratization, Nationalism, and Communal Violence in Myanmar », *Policy Studies*, n° 71, Honolulu, East-West Center, 2014.

Notices biobibliographiques des auteurs

Mohamed-Ali Adraoui est professeur des universités en Science politique à Sorbonne Paris Nord. Spécialiste des mouvements salafistes et jihadistes contemporains ainsi que de la politique américaine au Moyen-Orient, il s'intéresse aux phénomènes de violence politico-religieuse ainsi qu'aux liens entre religion et politique sous un angle historique et transnational. Il est l'auteur, entre autres, de *Comprendre le salafisme*, L'Harmattan, 2020 et *Du Golfe aux banlieues. Le salafisme mondialisé*, PUF, 2013.

Brahim Afrit, chercheur affilié au Center for Global Islamic Studies, University of Florida, est spécialiste de l'Islam dans le contexte de la mondialisation. Il travaille sur la réforme de l'Islam à l'ère post-9 Septembre au Moyen-Orient et en Afrique du Nord ainsi que sur la place de la religion dans la construction de l'État-nation dans les sociétés postcoloniales, particulièrement en Afrique du Nord et de l'Ouest.

Adam Baczko est chargé de recherche CNRS, Centre de recherches internationales, Sciences Po. Ses travaux portent sur la formation d'institutions dans des contextes de conflits armés, avec une attention particulière portée à l'Afghanistan, à la Syrie et au Mali. Il est l'auteur de *La Guerre par le droit : les tribunaux Taliban en Afghanistan*, CNRS Éditions, 2021 et, avec Gilles Dorronsoro et Arthur Quesnay, de *Syrie. Anatomie d'une guerre civile*, CNRS Éditions, 2016.

Bayram Balci est chercheur au CNRS, Centre de recherches internationales, Sciences Po. Spécialiste de la politique étrangère de la Turquie, il a également mené, avec une approche sociopolitique, des recherches sur les liens entre religion et politique dans l'espace post-soviétique. Auteur du *Renouveau de l'islam en Asie centrale et dans le Caucase*, CNRS Éditions, 2017 ; *Turkey, a Century of Change in State and Society* (avec Nicolas Monceau), Palgrave Mc Millan, 2023.

Amélie Blom est maîtresse de conférences en science politique à Sciences Po Lyon et enseignante-chercheure au laboratoire Triangle et au Centre d'études sud-asiatiques et himalayennes (EHESS). Ses recherches portent sur la société politique pakistanaise, et sur les mobilisations à référent religieux, dans leur dimension locale et transnationale. Membre de l'ERC-2018-COG « Religion and Its Others in South Asia and the World (ROSA) ». Co-autrice de *Emotions, Mobilisations, and South Asian Politics*, Routledge, 2019.

Marcelo Ayres Camurça est directeur d'études à l'Université fédérale de Juiz de Fora (Brésil) et chercheur au Conseil national pour le développement scientifique et technologique (CNPQ). Ses principaux objets de recherche portent sur le champ religieux brésilien (relation entre religion et politique, espace public et laïcité). En dehors de ses publications en portugais, il est l'auteur de contributions sur le Brésil telles que « Le syncrétisme brésilien face au nouveau marché du religieux » (*in* Alain Dieckhoff et Philippe Portier, *Religion et politique*, Presses de Sciences Po, 2017) et "Agnosticism and people without religion in Brazil" (*in* Henri Gooren, *Encyclopedia of Latin American Religions*, Springer International Publishing, 2017).

Alain Dieckhoff est directeur de recherche CNRS au Centre de recherches internationales (Sciences Po) qu'il a dirigé de 2014 à 2023. Spécialiste de la société israélienne et du conflit israélo-arabe, il a également mené, dans une perspective comparatiste, des recherches sur le nationalisme contemporain, le populisme et les rapports entre politique et religion. Il est l'auteur de *Israël-Palestine, une guerre sans fin ?,* Dunod Poche, 2024 ; *Politique et religion* (codir.), Presses de Sciences Po, 2017 ; *La Nation dans tous ses états. Les identités nationales en mouvement*, Flammarion, 2012.

Stéphane Dudoignon est directeur de recherche CNRS, Groupe Sociétés, religions, laïcités (PSL/EPHE). Historien des mobilisations politiques de l'islam en Asie centrale et occidentale. Il a publié : *Les Gardiens de la révolution islamique d'Iran : sociologie politique d'une milice d'État*, CNRS Éditions, 2022 ; *Fait tribal et fait religieux dans les sociétés de frontière d'Asie occidentale (1880-2020)* (codir.), Éditions de l'ÉHÉSS, 2022 ; *The Baluch, Sunnism and the State in Iran : from Tribal to Global*, Hurst & Oxford University Press, 2017.

Niklas Foxeus est professeur associé au département d'histoire des religions de l'Université de Stockholm. Spécialiste du bouddhisme au Myanmar, il a conduit des recherches autour de quatre projets : les formes birmanes de bouddhisme ésotérique (2005-2011) ; l'articulation bouddhisme-capitalisme (2013-2015) ; le nationalisme bouddhiste et les tensions avec les musulmans (2015-2020) ; les conflits entre une « hérésie » bouddhiste, les autorités monastiques et l'État (depuis 2020). Il a publié des articles et chapitres d'ouvrage en lien avec ces quatre thématiques.

Christophe Jaffrelot est directeur de recherche CNRS, au CERI/Sciences Po, président de l'Association française de science politique, consultant permanent au Centre d'analyse, de prospective et de stratégie du Quai d'Orsay et Non Resident Scholar à la Carnegie Endowment for International Peace. Il a rejoint l'Académie des sciences morales et politiques comme membre correspondant en 2019. Spécialiste de l'Asie du Sud, il a récemment publié *L'Inde de Modi. National-populisme et démocratie ethnique*, Fayard, 2019 et, avec Vanessa Caru, *Histoire de Bombay/Mumbai*, Fayard, 2024.

Denis Lacorne est directeur de recherches émérite au CERI-Sciences Po, où ses recherches ont principalement porté sur l'histoire politique et religieuse des États-Unis, les politiques d'immigration et la fabrication des identités ethno-raciales. Il a publié, entre autres, *La Crise de l'identité américaine. Du melting-pot au multiculturalisme*, rééd. Gallimard, coll. « Tel », 2003, *De la religion en Amérique*, rééd. Gallimard, « Folio Essais », 2012, et *De la race en Amérique*, Gallimard, 2025.

Stéphane Lacroix est professeur associé HDR de science politique à Sciences Po, chercheur au Centre de recherches internationales (CERI), et co-directeur de la chaire d'études sur le fait religieux de Sciences Po. Parmi ses publications : *Politiques de lutte contre la radicalisation* (avec Juliette Galonnier et Nadia Marzouki, Presses de Sciences Po, 2022) et *Le Crépuscule des saints. Histoire et politique du salafisme en Égypte* (CNRS Éditions, 2024).

Aminah Mohammad-Arif est directrice de recherche CNRS, Centre d'études sud-asiatiques et himalayennes, CNRS-ÉHÉSS. Spécialiste de l'islam et des musulmans en Inde, elle s'intéresse particulièrement au renouveau islamique, à la pluralité religieuse et au sécularisme indien. Autrice de *Politique et religions en Inde. Le sécularisme dans tous ses états ?* (codir.), Éditions de l'ÉHÉSS, 2012 ; *Figures d'islam après le 11 Septembre. Disciples et martyrs, réfugiés et migrants* (codir.), Karthala, 2006 ; *Salaam America. South Asian Muslims in New York*, Anthem Press, 2002.

Denis Pelletier, historien, est directeur d'études à l'École pratique des hautes études (ÉPHÉ, PSL). Sur le catholicisme européen et mondial, il a récemment publié « Entre totalitarisme et sécularisation. Les chrétiens européens à l'épreuve du xxe siècle », *Revue suisse d'histoire religieuse et culturelle*, 117, 2023, p. 159-182 ; « Naissance d'un catholicisme global (1965-2017) », *in* Alain Dieckhoff (dir.), Philippe Portier, *L'Enjeu mondial. Religion et politique*, Presses de Sciences Po, 2017, p. 23-34. Son dernier ouvrage paru est *Les Catholiques en France de 1789 à nos jours*, Albin Michel, 2019.

Kathy Rousselet, directrice de recherche à Sciences Po, Centre de recherches internationales, dirige le groupement de recherche du CNRS « Empire russe, URSS et États ex-soviétiques » (GDR Est). Spécialiste des questions religieuses en Russie, elle a notamment travaillé et publié sur les relations entre l'Église orthodoxe russe et l'État, le patriotisme et la mémorialisation religieuse des répressions politiques. Auteure de *La Sainte Russie contre l'Occident* (Salvator, 2022) et *La Russie contemporaine* (Fayard, 2010 ; codir.).

Olivier Roy est professeur à l'Institut universitaire européen de Florence, où il a dirigé le projet ReligioWest au Centre Robert Schuman. Il est agrégé de philosophie, diplômé de l'Inalco (persan) et docteur en science politique de Sciences Po Paris. Il est, entre autres, l'auteur de *L'Échec de l'Islam politique* (1992), *L'Islam mondialisé* (2002), *La Sainte Ignorance* (2008). *En quête de l'Orient perdu* (avec J.-L. Schlegel, 2014), *Le Djihad et la Mort* (2016), *L'Europe est-elle chrétienne ?* (2018) et *L'Aplatissement du monde* (2022), tous parus aux Éditions du Seuil (Paris).

Paul Zawadzki enseigne la philosophie politique et les sciences sociales à l'Université Paris 1 Panthéon-Sorbonne et est rattaché au Groupe Sociétés, religions, laïcité (PSL/EPHE). Rédacteur des *Archives des sciences sociales des religions*, il a notamment dirigé *Malaise dans la temporalité* (Publications de la Sorbonne, 2002), *Écriture de l'histoire et identité juive. L'Europe ashkénaze* XIXe-XXe *siècle* (avec D. Bechtel, E. Patlagean et J.-Ch. Szurek, Les Belles Lettres, 2003), *Le Sacré hors religions* (avec F. Champion et S. Nizard, L'Harmattan, 2007), *L'Homme démocratique. Perspectives de recherche* (avec M. Golebiewska et A. Leder, Peter Lang, 2014), *Rire sans foi ni loi ? Rire des dieux, rire avec les dieux* (avec F. Gugelot, Hermann, 2021), *L'Antisémitisme contemporain en France. Rémanences ou émergences ?* (avec J. Allouche-Benayon, C. Attias-Donfut et G. Jikeli, Hermann, 2022) et *Politiques de la destructivité. Sciences sociales et psychanalyse* (avec F. Bafoil, Hermann, 2024).

Table

Composition : IGS-CP
Impression : CPI Black Print (Barcelone) en septembre 2025
Éditions Albin Michel
22, rue Huyghens, 75014 Paris
www.albin-michel.fr

ISBN : 978-2-226-50140-0
N° d'édition : 26362/01
Dépôt légal : octobre 2025
Imprimé en Espagne